파이썬 플레이그라운드

파이썬 플레이그라운드

호기심 많은 프로그래머를 위한
14가지 창의적 프로젝트

마헤시 벤키타찰람 지음 | 이정문 옮김

i!i
에이콘

세상에서 가장 큰 선물인

배움의 기회를 주신 부모님

A.V. 벤키타찰람과 N. 사라스와티에게

&

헤마에게

$$H = M^2A$$

지은이 소개

마헤시 벤키타찰람 Mahesh Venkitachalam

20년 이상의 경력을 지닌 소프트웨어 엔지니어다. 중학교 3학년 시절부터 기술에 대한 열정을 키워왔으며, 인기 있는 전자공학 및 프로그래밍 블로그 electronut.in을 운영 중이다.

감사의 글

책을 쓰는 것은 마라톤과 같습니다. 적어도 저는 그렇다고 들었습니다. 지금 돌아보면, 이 책의 집필은 제 인내심의 한계를 시험했으며 가까운 친구와 가족의 응원이 없었다면 불가능했을 것입니다.

무엇보다도, 이 일을 끝내는 데 걸린 2년 동안 변치 않는 사랑과 격려, 그리고 인내를 보여준 아내에게 감사합니다. 내 친구 라비프러카시 저여라먼은 이 책의 모든 프로젝트에 함께 참여해주었고, 기술 감수자 역할을 해주었을 뿐만 아니라 흥미로운 점심 식사, 영화, 그리고 폴란드 여행의 동반자이기도 했습니다. 내 친구 세비 컬래러컬은 제가 이 책을 포기하지 않도록 저를 독려했으며 흥미로운 토론 주제를 제공했습니다. 나의 친구이자 박사인 산토시 헤마찬드라는 고속 푸리에 변환 설명에 많은 도움을 주었으며, 카티커엔 첼라파는 파이썬 모듈의 설치 및 테스트를 도와주었습니다. (레딧에서 대화를 주고받는 사이인) 매튜 던햄은 스파이로그래프의 수학적 이론에 관해 도움을 도와주었습니다.

이 책을 출판하자는 저의 제안을 수용해주신 No Starch Press의 타일러 오트먼과 빌 폴락에게 감사드리며, 책 편집에 전문적 실력을 발휘하신 세레나 양에게도 고마운 마음을 표시하고 싶습니다. 이 책의 기술적 검토를 해주신 니콜라스 크레이머에게 감사드립니다.

저의 부모님이신 A.V. 벤키타찰람과 N. 사라스와티에게 진정으로 감사드립니다. 두 분은 단순한 재정적 후원을 넘어서는 교육 기회를 저에게 주셨습니다. 마지막으로, 저에게 영감을 불어주셨던 제 인생의 모든 선생님께 감사합니다. 저는 언제나 학생으로 남아 있고 싶습니다.

이정문(kamui73@hotmail.com)

컴퓨터공학을 전공했으며 폭넓은 분야에 관심을 갖고 있다. 번역서로 『Rational XDE 로 하는 UML 객체지향 모델링』(에이콘, 2006), 『비기닝 ANSI C++』(에이콘, 2008), 『안드로이드앱 마케팅』(에이콘, 2011), 『데이터 과학으로 접근하는 정보보안』(에이콘, 2016) 등이 있다.

옮긴이의 말

파이썬이 처음 발표된 지도 벌써 25년이 되었습니다. 네덜란드 출신 프로그래머로서 구글을 거쳐 현재 드롭박스에서 근무 중인 귀도 반 로섬Guido Van Rossum이 창조한 프로그래밍 언어 파이썬은 실행 시간에 데이터 타입을 검사하는 동적 타이핑을 제공하며 객체 지향적 성격을 갖고 있는 대화식 언어입니다. 많은 수의 유용한 라이브러리가 존재해 데이터 과학 등의 분야에서 사용이 확대되고 있으며, 무엇보다도 코드를 작성한 뒤에 컴파일과 링크 과정 없이 곧바로 실행해볼 수 있기 때문에 사용하기가 무척 편리합니다.

이 책은 파이썬으로 뭔가 재미있는 걸 만들어보고 싶은 프로그래머를 대상으로 합니다. 따라서 파이썬의 기본 문법은 어느 정도 알고 있다고 가정하며, 약간의 수학적 지식도 요구합니다. 프로그래밍 공부는 기초 개념을 탄탄히 하는 것도 물론 중요하지만, 실제 실행 결과를 눈으로 확인하는 과정도 함께 할 때 지루함을 덜 수 있습니다. 그런 측면에서 파이썬 초심자라고 하더라도 이 책에서 제공하는 소스 코드를 내려받아서 실제로 실행해봄으로써 파이썬을 배우고자 하는 의욕을 다지고 동기를 부여받는 효과를 얻을 수 있을 것입니다.

이 책은 총 5부 14개 장으로 구성되어 있습니다. 1부의 1장에서는 아이튠즈 재생목록의 구조를 이해하고 조작하는 방법을 설명하며, 2장에서는 스파이로그래프라는 재미있는 곡선을 파이썬으로 생성할 것입니다. 2부에서는 수학적 모델을 바탕으로 몇 가지 시뮬레이션을 파이썬으로 구현합니다. 인공 생명을 위한 시뮬레이션으로서 많은 관심을 모은 콘웨이의 생명 게임을 비롯해, 현악기의 음을 컴퓨터로 재생하는 방법, 그리고 장거리를 이동하는 새의 무리가 그 대오를 유지하며 이동하는 모습을 구현하는 알고리즘을 배울 수 있습니다. 3부에서는 주로 이미지를 조작하는 방법을 다룹니다. 아스키 코드(영화 〈마션〉에서 아스키 코드로 통신을 주고받는 모습이 어찌나 반갑던지요)를 이용한 이미지 생성, 포토모자이크 처리, 3차원 환상을 일으키는 오토스테레오그램 등이 파이썬으로 구현됩니다. 4부에서는 OpenGL을 사용한 3D 처리 방법을 설명합니다. 다소 어려운 주제이니만큼, 우선 OpenGL의 기초를 설명하는 데 하나의 장을 할애하며, 이후에는 불꽃이 분수처럼 퍼져나가는 입자 시스템을 시뮬레이션하고, 볼륨(체적) 데이터를 렌더링하는 알고리즘도 구현합니다. 마지막으로 5부에서는 아두이노와 라즈베리파이와의 연동을 통해 간단한 하드웨어를 제어하는 방법을 소개합니다. 또한 파이썬 기반의 경량 웹 서버를 통해 간단한 날씨 모니터링 시스템도 구축해봅니다.

좋은 책을 소개하고 지원해주신 에이콘출판사의 권성준 사장님을 비롯한 관계자 여러분께 감사드립니다. 그리고 저에게 건강한 신체를 물려주신 부모님, 언제나 후원을 아끼지 않는 아내와 두 아들에게도 고마움을 전하고 싶습니다.

이정문

차 례

들어가며

 『파이썬 플레이그라운드』에 온 것을 환영한다! 이 책에서 여러분은 파이썬 프로그래밍의 세계를 탐험하기 위해 설계된 14가지의 흥미로운 프로젝트를 만날 수 있다. 스파이로그래프와 유사한 패턴 그리기, 아스키ASCII 아트 생성하기, 3D 렌더링, 음악과 동기화되는 레이저 패턴 투영하기 등 다양한 주제를 다룬다. 이러한 프로젝트들은 그 자체로 재미있을 뿐만 아니라, 여러분의 아이디어를 펼쳐나가기 위한 기초가 될 수 있도록 설계됐다.

이 책의 대상 독자

이 책은 어떤 개념을 이해하고 탐구하기 위해 프로그래밍을 이용하고자 하는 모든 이를 대상으로 한다. 그리고 기본적인 파이썬 구문과 프로그래밍 개념을 알고 있고, 고등학교 수준의 수학에 익숙하다고 가정한다. 그리고 본문에서는 수학을 알기 쉽게 설명하기 위해 최선을 다했다.

이 책은 파이썬을 처음으로 접하는 사람을 대상으로 하지 않으며, 기초 지식을 친절하게 설명하지는 않는다. 하지만 현실 세계의 다양한 문제를 해결하기 위해 파이썬을 어떻게 사용할 수 있는지 구체적인 방법을 보여준다. 이 책의 프로젝트를 실습하면서 여러분은 파이썬 언어의 미묘한 사용법을 접할 수 있으며 널리 쓰이는 파이썬 라이브러리들의 사용 방법도 배울 수 있다. 가장 중요한 것은, 어떤 문제를 여러 부분으로 나누고 문제를 해결하기 위한 알고리즘을 개발한 뒤, 파이썬을 사용해 기초부터 해결책을 구현하는 방법을 배울 수 있다는 점이다. 현실 세계의 문제들은 경계가 명확하지 않고 특정 분야의 전문적인 지식을 요구하기 때문에 해결하기 어려울 때가 많다.

하지만 파이썬은 문제 해결을 도와주는 다양한 도구를 제공한다. 어려움을 극복하고 문제의 해결책을 찾을 줄 아는 것은 프로그래밍 고수가 되기 위한 여행에서 가장 중요한 부분이다.

이 책의 구성

이 책을 구성하는 각 장의 내용은 다음과 같다.

1부: 워밍업

1장 '아이튠즈 재생목록 다루기'에서는 아이튠즈iTunes의 재생목록 파일을 파싱해 트랙 길이와 공통 트랙 등의 유용한 정보를 수집하는 방법을 보여준다. 2장 '스파이로그래프'에서는 매개변수 방정식과 turtle 그래픽 모듈을 사용해 스파이로그래프와 유사한 곡선을 그려볼 것이다.

2부: 생명체 시뮬레이션

2부에서는 어떤 현상을 시뮬레이션하기 위해 수학적 모델을 사용한다. 3장 '콘웨이의 생명게임'에서는 콘웨이의 생명게임 알고리즘을 구현하는 방법을 배운다. 이 알고리즘은 일종의 인공 생명 시뮬레이션으로서 동적 패턴을 생성할 수 있다. 4장 '카플러스 스트롱 알고리즘을 이용한 배음 생성'에서는 카플러스 스트롱Karplus-Strong 알고리즘을 사용해 현악기의 현이 튕길 때 나는 소리를 생성하는 방법을 보여준다. 그다음 5장 '보이즈: 군집 시뮬레이션'에서는 새의 무리를 시뮬레이션하는 보이즈Boids 알고리즘을 구현하는 방법을 배울 수 있다.

3부: 이미지 갖고 놀기

3부는 파이썬으로 2D 이미지를 읽고 조작하는 방법을 소개한다. 6장 '아스키 아트'에서는 이미지로부터 아스키 아트를 만드는 방법을 보여준다. 7장 '포토모자이크'에서는 포토모자이크를 생성하며, 8장 '오토스테레오그램'에서는 3D 이미지 환상을 생성하는 오토스테레오그램을 생성하는 방법을 배울 것이다.

4부: 3D 입문

4부의 프로젝트는 OpenGL 3D 그래픽 라이브러리를 사용한다. 9장 'OpenGL의 이해'에서는 OpenGL을 사용해 간단한 3D 그래픽을 만드는 기초 개념을 설명한다. 10장 '입자 시스템'에서는 입자 시뮬레이션을 생성하는데, 수학적 지식과 OpenGL 셰이더를 사용해 입자의 이동 경로를 계산하고 화면에 불꽃 분수를 렌더링한다. 그리고 11장 '볼륨 렌더링'에서는 볼륨 데이터를 렌더링할 때 사용되는 볼륨 레이 캐스팅 알고리즘을 OpenGL 셰이더를 사용해 구현한다. 이 기법은 MRI나 CT 스캔 같은 의료 영상에 널리 사용된다.

5부: 하드웨어 해킹

마지막 5부에서는 파이썬을 사용해 아두이노 마이크로컨트롤러와 라즈베리파이를 탐구한다. 12장 '아두이노 소개'에서는 아두이노를 사용해 간단한 회로로부터 센서 데이터를 읽고 그래프로 나타낸다. 13장 '레이저 오디오 디스플레이'에서는 파이썬과 아두이노를 사용해 음악 소리에 반응하는 레이저 쇼를 연출하기 위해서 2개의 회전 거울과 레이저를 제어한다. 14장 '라즈베리파이 기반의 날씨 모니터'에서는 웹 기반의 날씨 모니터링 시스템을 라즈베리 파이를 사용해 구축한다.

왜 파이썬인가?

파이썬은 프로그래밍 연구에 이상적인 언어다. 프로그램을 구성하는 방법에 상당한 유연성을 제공하는 다중 패러다임 언어이기 때문이다. 단순히 코드를 실행하는 스크립팅 언어로 파이썬을 사용할 수도 있고, 서로 호출하는 함수들로 프로그램을 구성하는 절차적 언어로 사용할 수도 있으며, 클래스, 상속, 모듈을 사용해 계층구조를 형성하는 객체 지향 언어로 사용할 수도 있다. 이러한 유연성 덕분에 여러분은 프로젝트별로 가장 적합한 프로그래밍 스타일을 선택할 수 있다.

　C 또는 C++ 같은 전통적인 언어로 개발을 할 때는 컴파일 및 링크 과정을 거쳐야 코드를 실행할 수 있다. 하지만 파이썬에서는 코드를 편집하자마자 바로 실행할 수 있다(파이썬은 여러분이 작성한 코드를 바이트코드로 컴파일하며 파이썬 코드는 이 바이트코드를 실행한

다. 이러한 과정은 개발자에게 투명하게 드러난다). 따라서 파이썬을 사용하면 코드를 반복해서 수정하고 실행하는 과정이 훨씬 수월해진다.

게다가 파이썬 인터프리터는 코드 구문을 검사하고 모듈에 대한 도움말을 제공하며, 간단한 계산을 신속하게 수행할 수 있을 뿐만 아니라, 심지어 개발 중인 코드를 테스트할 때도 매우 편리하다. 예를 들어 나는 파이썬 코드를 작성할 때 3개의 창만 띄워놓는다. 텍스트 편집기, 셸, 그리고 파이썬 인터프리터가 전부다. 편집기에서 코드를 개발하면서, 함수나 클래스를 인터프리터로 가져와서 즉석에서 테스트를 진행할 수 있다.

파이썬은 간단하면서도 강력한 자료 구조들을 제공한다. 여러분이 문자열, 리스트, 튜플, 딕셔너리, 지능형 리스트, 그리고 for와 while 루프 같은 기본적인 제어 구조를 알고 있다면, 파이썬 프로그래밍의 절반은 이해한 것이나 다름없다. 파이썬의 간결하면서도 표현력이 풍부한 구문은 몇 줄의 코드만으로도 복잡한 연산을 수행할 수 있으며, 파이썬의 수많은 내장 모듈과 서드파티 모듈에 어느 정도 익숙해지면 이 책에서 볼 수 있듯이 현실의 문제를 해결할 수 있는 도구들이 쌓여 있는 무기고를 얻은 것이나 다름없다. 파이썬에서 C/C++ 코드를(혹은 그 반대 방향으로) 호출할 수 있는 표준적인 방법들이 존재하며, 거의 모든 작업용으로 파이썬 라이브러리를 찾을 수 있기 때문에 대형 프로젝트에서 파이썬과 다른 언어의 모듈을 쉽게 결합할 수 있다. 이런 이유로 파이썬은 좋은 접착제 언어로 취급되곤 한다. 다양한 소프트웨어 컴포넌트를 쉽게 결합할 수 있기 때문이다. 이 책 후반부의 하드웨어 관련 프로젝트는 파이썬이 아두이노 코드 및 자바스크립트와 나란히 동작하는 방법을 보여준다. 실무에서 소프트웨어 프로젝트는 여러 소프트웨어 기술을 조합해 사용할 때가 많으며, 파이썬은 이러한 아키텍처에 아주 잘 맞는다.

다음의 예는 파이썬이 얼마나 작업하기 쉬운 언어인지 보여준다. 14장에서 라즈베리파이 날씨 모니터를 위한 코드를 개발할 때, 나는 온도/습도 센서의 오실로스코프 출력을 바라보면서 아래의 문자열을 기록했다.

```
0011011100000000000110100000000001010001
```

나는 2진수 언어로 말하지 않기 때문에(특히 일요일 아침 오전 7시에는), 파이썬 인터프리터에 다음과 같이 입력했다.

```
>>> str = '0011011100000000001101000000001010001'
>>> len(str)
40
>>> [int(str[i:i+8], 2) for i in range(0, 40, 8)]
[55, 0, 26, 0, 81]
```

이 코드는 40비트 문자열을 내가 실제로 해석할 수 있는 5개의 8비트 정수로 분할한다. 위 데이터는 습도가 55.0퍼센트고, 온도는 섭씨 26.0도며, 체크섬checksum은 55 + 26 = 81임을 의미한다.

이 예제는 파이썬 인터프리터를 강력한 계산기로 사용하는 실용적인 사례를 보여준다. 여러분은 신속한 계산을 수행하기 위해 완전한 프로그램을 작성할 필요가 없다. 인터프리터를 열어서 입력만 하면 된다. 이것은 내가 파이썬을 사랑하는 수많은 이유 중하나이며, 여러분도 역시 사랑하게 될 것이다.

파이썬 버전

이 책은 파이썬 3.3.3 버전으로 작성됐다. 하지만 모든 코드가 파이썬 2.7.x 및 3.x와 호환된다.

이 책의 코드

각 프로젝트의 코드를 자세히 부분별로 설명하기 위해 최대한 노력했다. 여러분이 코드를 직접 입력할 수도 있고, https://github.com/electronut/pp/에서 소스 코드를 다운로드할 수도 있다(Download ZIP 버튼을 클릭한다).

이제부터 흥미로운 프로젝트들이 여러분을 맞이할 것이다. 내가 이 프로젝트들을 작성하면서 느꼈던 즐거움을 독자 여러분도 느낄 수 있었으면 좋겠다. 그리고 각 장의 끝에 주어지는 실습 과제들도 잊지 말자. 여러분이 『파이썬 플레이그라운드』와 함께 행복한 프로그래밍 시간을 갖기를 기원한다!

1부

워밍업

"초보자의 생각 속엔 경우의 수가 많다.
하지만 전문가의 생각 속엔 경우의 수가 거의 없다."

– 스즈키 슌류(Shunryu Suzuki)

1장
아이튠즈 재생목록 다루기

우리의 파이썬 탐험은 아이튠즈iTunes 재생목록에서 중복 트랙을 발견하고, 트랙의 길이와 평점 등의 다양한 통계수치를 그래프로 나타내는 프로젝트부터 시작한다. 먼저 아이튠즈 재생목록 파일의 포맷을 살펴보고, 파이썬을 사용해 이 파일에서 정보를 추출하는 방법을 학습한다. 그리고 추출된 데이터를 그래프로 그리기 위해 matplotlib 라이브러리를 사용할 것이다.

이번 프로젝트에서 다루는 내용은 다음과 같다.

- XML과 프로퍼티 리스트p-list, property list 파일
- 파이썬 리스트와 딕셔너리
- 파이썬 set 객체들의 사용법
- numpy 배열의 사용법
- 히스토그램과 산점도
- matplotlib 라이브러리로 간단한 플롯 그리기
- 데이터 파일의 생성 및 저장 방법

아이튠즈 재생목록 파일 분석

iTunes 라이브러리 내의 정보는 재생목록 파일로 저장할 수 있다(파일File ➤ 보관함Library
➤ 재생목록 내보내기Export Playlist). 아이튠즈의 재생목록 파일은 XMLeXtensible Markup Language
포맷으로 기록되는데, XML은 텍스트 기반의 정보를 계층적으로 표현하기 위해 설계
된 텍스트 기반 언어다. 트리와 유사한 구조의 사용자 정의 태그들로 구성되고, 태그마
다 자체적으로 속성을 가지며 추가 정보를 담은 자식 태그도 가질 수 있다.

임의의 텍스트 편집기에서 재생목록 파일을 열어보면, 다음과 비슷한 코드를 볼 수
있다.

```
     <?xml version="1.0" encoding="UTF-8"?>
❶ <!DOCTYPE plist PUBLIC "-//Apple Computer//DTD PLIST 1.0//EN
     "http://www.apple.com/DTDs/PropertyList-1.0.dtd">
❷ <plist version="1.0">
❸ <dict>
❹     <key>Major Version</key><integer>1</integer>
       <key>Minor Version</key><integer>1</integer>
       --생략--
❺     <key>Tracks</key>
       <dict>
           <key>2438</key>
           <dict>
               <key>Track ID</key><integer>2438</integer>
               <key>Name</key><string>Yesterday</string>
```

```
                    <key>Artist</key><string>The Beatles</string>
                    <key>Composer</key><string>Lennon [John], McCartney [Paul]</string>
                    <key>Album</key><string>Help!</string>
                </dict>
                --생략--
            </dict>
❻      <key>Playlists</key>
        <array>
            <dict>
                <key>Name</key><string>Now</string>
                <key>Playlist ID</key><integer>21348</integer>
                --생략--
                <array>
                    <dict>
                        <key>Track ID</key><integer>6382</integer>
                    </dict>
                    --생략--
                </array>
            </dict>
        </array>
    </dict>
</plist>
```

<dict> 및 <key> 태그는 프로퍼티 리스트_{p-list} 파일이 객체를 딕셔너리로 표현하는 것과 관련이 있다. 딕셔너리_{dictionary}는 키에 대응되는 값을 쉽게 찾을 수 있는 자료 구조로서, p-list 파일은 딕셔너리의 딕셔너리를 사용한다. 즉 키와 연관된 값이 또 다른 딕셔너리(심지어 딕셔너리의 리스트)일 수 있다.

<xml> 태그는 이 파일이 XML 포맷임을 의미한다. 이 태그 뒤에 오는 DTD_{document type declaration}(문서 타입 선언)는 XML 문서의 구조를 정의한다❶. 애플은 이 태그 내에 보이는 URL_{uniform resource locator}에서 XML 문서의 구조를 정의하고 있다.

❷에서는 최상위 레벨의 <plist> 태그를 선언하며, 이 태그의 유일한 자식 엘리먼트는 <dict> 딕셔너리다❸. 이 딕셔너리는 Major Version, Minor Version 등의 다양한 키를 포함하고 있지만❹, 이번 프로젝트에서 주로 다룰 것은 Tracks이다❺. 이 키에 대응하는 값도 역시 딕셔너리로서, 정수 값인 트랙 ID를 Name, Artist 등의 엘리먼트를 포함하는 또 다른 딕셔너리에 매핑한다는 점을 주의하자. 모든 트랙은 고유한 트랙 ID 키를 갖고 있다.

재생목록의 순서는 최상위 레벨 딕셔너리의 자식인 Playlists에 정의되어 있다❻.

요구사항

이번 프로젝트에서는 재생목록 파일을 읽기 위해 내장 모듈 plistlib을 사용한다. 또한 그래프를 그리기 위해 matplotlib 라이브러리를 사용하며, 데이터를 저장하기 위해 numpy 배열을 사용한다.

코드

이번 프로젝트의 목표는 중복되는 곡을 찾아내고, 둘 이상의 재생목록에 공통으로 들어 있는 트랙을 식별하며, 트랙 길이의 분포를 산점도로 그리고, 노래의 평점과 길이 사이의 관계를 그래프로 나타내는 것이다.

수집된 음악의 개수가 늘어나면 필연적으로 중복되는 곡의 개수도 증가하기 마련이다. 중복곡을 식별하기 위해 Tracks 키와 연관된 딕셔너리 내의 곡명을 사용하되, 보조 기준으로서 트랙 길이도 사용할 것이다. 이름이 같지만 길이가 다르다면 다른 노래일 가능성이 높기 때문이다.

2개 이상의 재생목록에서 공유 중인 트랙을 찾기 위해서는 우선 음악 컬렉션을 재생목록 파일들로 내보내고, 재생목록별로 트랙 이름들을 수집한 뒤 이 중에서 교집합을 찾는 방법으로 공통 트랙을 찾을 것이다.

음악 컬렉션으로부터 데이터 수집이 끝나면, 고故 존 헌터John Hunter가 개발한 강력한 플롯 생성 패키지 matplotlib(http://matplotlib.org/)으로 몇 개의 그래프를 생성할 것이다. 트랙 길이의 분포는 히스토그램으로 표현되고, 노래의 평점과 길이 간의 관계는 산점도로 보여준다.

이 프로그램의 전체 코드는 42페이지의 '전체 코드' 절에서 확인할 수 있다.

중복곡 찾기

우선, findDuplicates() 메소드로 중복 트랙을 찾는 것부터 시작하자.

```
    def findDuplicates(fileName):
        print('Finding duplicate tracks in %s...' % fileName)
        # 재생목록을 읽어들인다
❶      plist = plistlib.readPlist(fileName)
        # 트랙을 얻는다
❷      tracks = plist['Tracks']
        # 트랙 이름 딕셔너리를 생성한다
❸      trackNames = {}
        # 루프를 돌며 트랙들을 반복 수행한다
❹      for trackId, track in tracks.items():
            try:
❺              name = track['Name']
                duration = track['Total Time']
                # 이미 존재하는 항목인가?
❻              if name in trackNames:
                    # 이름과 길이가 동일하다면, 카운트를 1 증가시킨다
                    # 길이는 가장 근접한 초로 반올림된다
❼                  if duration//1000 == trackNames[name][0]//1000:
                        count = trackNames[name][1]
❽                      trackNames[name] = (duration, count+1)
                else:
                    # 항목(길이와 카운트)을 추가한다
❾                  trackNames[name] = (duration, 1)
            except:
                # 아무 일도 하지 않는다
                pass
```

❶에서 readPlist() 메소드는 p-list 파일을 입력받아서 최상위 딕셔너리를 반환한다. ❷에서 Tracks 딕셔너리에 접근하고, ❸에서는 중복되는 곡들을 추적하기 위한 (비어 있는) 딕셔너리를 생성한다. ❹에서 items() 메소드를 사용해 Tracks 딕셔너리를 반복 수행하는데, 이 메소드는 루프 내에서 딕셔너리의 키와 값을 차례로 조회하기 위해 파이썬에서 널리 사용된다.

❺에서는 딕셔너리 내의 각 트랙의 이름과 길이를 조회한다. ❻에서 in 키워드를 사용해 현재의 트랙 이름이 현재 구축 중인 딕셔너리에 이미 존재하는지 여부를 확인한다. 이미 존재한다면, 기존 트랙의 길이와 새롭게 발견된 트랙의 길이가 동일한지 검

사하는데, 이때 // 연산자로 각 트랙 길이를 1,000으로 나눠서 비교하는 이유는 밀리
초를 초로 변환한 뒤 비교하기 위해서다(따라서 두 트랙의 길이 차이가 밀리초 단위일 경우 같
은 곡으로 간주된다). 두 트랙의 길이가 동일한 것으로 판정되면, ❽에서 name과 연관된
값인 (duration, count) 튜플을 얻어오고 count의 값을 1 증가시킨다. 트랙 이름이
처음으로 나타난 경우라면 새로운 엔트리를 생성하고 count를 1로 설정한다❾.

음악 트랙에 이름이 정의되지 않은 경우에 대비하기 위해 for 루프의 안쪽을 try
블록으로 감싸고 있다. 트랙 이름이 정의되지 않은 트랙은 건너뛰며, except 부분에는
(아무 일도 하지 않는) pass만이 포함되어 있다.

중복곡 추출하기

다음 코드를 사용해 중복곡을 추출한다.

```
    # 중복곡을 (name, count) 튜플로 저장한다
❶  dups = []
    for k, v in trackNames.items():
❷      if v[1] > 1:
            dups.append((v[1], k))
    # dups를 파일에 저장한다
❸  if len(dups) > 0:
        print("Found %d duplicates. Track names saved to dup.txt" % len(dups))
    else:
        print("No duplicate tracks found!")
❹  f = open("dups.txt", 'w')
    for val in dups:
❺      f.write("[%d] %s\n" % (val[0], val[1]))
    f.close()
```

❶에서는 중복곡들을 저장할 (비어 있는) 리스트를 생성한다. 다음으로, trackNames
딕셔너리를 반복 수행하면서 count의 값이 1보다 크면 (name, count) 튜플을 목록
에 추가한다(튜플 내의 두 번째 요소이므로 v[1]은 count를 의미한다). ❸에서는 발견된 트
랙의 정보를 출력하고, ❹에서 이 정보를 open() 메소드를 사용해 파일에 저장한다.
❺에서는 dups 리스트를 반복 수행하면서 중복 항목들을 기록한다.

둘 이상의 재생목록에 공통되는 트랙 찾기

이제, 여러 재생목록에 공통되는 음악 트랙을 찾는 방법을 살펴보자.

```
      def findCommonTracks(fileNames):
          # 트랙 이름의 세트들로 이뤄진 리스트
❶        trackNameSets = []
          for fileName in fileNames:
              # 새로운 세트를 생성한다
❷            trackNames = set()
              # 재생목록을 읽어들인다
❸            plist = plistlib.readPlist(fileName)
              # 트랙을 얻는다
              tracks = plist['Tracks']
              # 트랙들을 반복 수행한다
              for trackId, track in tracks.items():
                  try:
                      # 이름을 세트에 추가한다
❹                    trackNames.add(track['Name'])
                  except:
                      # 아무 일도 하지 않는다
                      pass
              # 리스트에 추가한다
❺            trackNameSets.append(trackNames)
          # 공통 트랙들로 이뤄진 세트를 얻는다
❻        commonTracks = set.intersection(*trackNameSets)
          # 파일에 기록한다
          if len(commonTracks) > 0:
❼            f = open("common.txt", 'w')
              for val in commonTracks:
                  s = "%s\n" % val
❽                f.write(s.encode("UTF-8"))
              f.close()
              print("%d common tracks found. "
                  "Track names written to common.txt." % len(commonTracks))
          else:
              print("No common tracks!")
```

먼저, findCommonTracks() 메소드에 재생목록 파일명의 리스트가 전달된다. 이 메소드는 각 재생목록으로부터 생성되는 객체들의 세트를 저장하기 위해 리스트를 새로 생성한다❶. 그런 다음 재생목록 파일명의 리스트에 들어 있는 각 파일별로 trackNames

라는 이름의 파이썬 세트 객체를 생성하고❷, 앞서 다룬 findDuplicates() 메소드에서와 마찬가지로 plistlib을 사용해 파일을 읽어들이고❸ Tracks 딕셔너리를 얻는다. 다음으로, 이 딕셔너리 내의 각 트랙을 반복 수행하면서 trackNames 객체를 추가한다❹. 파일 내의 모든 트랙을 완료하고 나면, trackNameSets에 이 세트를 추가한다❺.

❻에서는 set.intersection() 메소드를 사용해 여러 세트에 공통되는 트랙들의 세트를 얻을 수 있다(인수 목록의 내용을 얻기 위해 * 연산자를 사용한다). 공통 트랙이 발견되면, 그 트랙의 이름은 파일에 기록된다. ❼에서 파일을 열고, 그다음에 파일에 기록을 한다. 출력 결과의 포맷을 지정하고 유니코드 문자가 올바르게 처리되도록 encode() 메소드가 사용되고 있다❽.

통계 값 수집하기

이번에는 plotStats() 메소드를 사용해 각종 통계 값을 수집한다.

```
      def plotStats(fileName):
          # 재생목록을 읽어들인다
❶        plist = plistlib.readPlist(fileName)
          # 트랙 정보를 얻어온다
          tracks = plist['Tracks']
          # 평점 리스트와 길이 리스트를 생성한다
❷        ratings = []
          durations = []
          # 트랙들을 반복 수행한다
          for trackId, track in tracks.items():
              try:
❸                    ratings.append(track['Album Rating'])
                     durations.append(track['Total Time'])
              except:
                  # 아무 일도 하지 않는다
                  pass

          # 유효한 데이터가 수집됐는지 확인한다
❹        if ratings == [] or durations == []:
              print("No valid Album Rating/Total Time data in %s." % fileName)
              return
```

이 코드는 평점 및 트랙 길이 정보를 수집해 그래프로 나타내는 것이다. ❶과 그 이하에서는 재생목록 파일을 읽어서 Tracks 딕셔너리에 접근할 수 있게 된다. 다음으로, 평점과 트랙 길이를 저장하기 위해 2개의 목록을 새로 생성한다(아이튠즈 재생목록의 평점은 [0, 100] 범위의 정수로서 저장된다). 트랙들을 반복 수행하면서 평점과 길이 정보를 얻고 이 정보를 적절한 리스트에 추가한다❸. 마지막으로, ❹에서 재생목록 파일에서 수집된 데이터가 유효한 데이터인지 여부를 확인한다.

데이터를 플롯으로 나타내기

이제 수집된 데이터를 그래프로 나타내보자.

```
    # 산점도
❶ x = np.array(durations, np.int32)
    # 분으로 전환한다
❷ x = x/60000.0
❸ y = np.array(ratings, np.int32)
❹ pyplot.subplot(2, 1, 1)
❺ pyplot.plot(x, y, 'o')
❻ pyplot.axis([0, 1.05*np.max(x), -1, 110])
❼ pyplot.xlabel('Track duration')
❽ pyplot.ylabel('Track rating')

    # 히스토그램으로 나타낸다
    pyplot.subplot(2, 1, 2)
❾ pyplot.hist(x, bins=20)
    pyplot.xlabel('Track duration')
    pyplot.ylabel('Count')

    # 그래프를 표시한다
❿ pyplot.show()
```

❶에서 numpy.array()를 사용해 트랙 길이 데이터를 32비트 정수 배열에 저장한다(numpy는 프로그램 내에서 np로서 참조되고 있다). ❷에서는 numpy를 사용해 배열 내의 모든 요소에 어떤 계산을 수행하는데, 밀리초 단위로 수집된 트랙 길이 데이터를 초 단위로 변환하기 위해 모든 값을 60×1000으로 나누고 있다. 트랙의 평점 정보는 또 다른 numpy 배열인 y에 저장된다❸.

이제 matplotlib을 사용해 하나의 그림 안에 2개의 플롯을 그린다. ❹에서 subplot()에 전달되는 인수 (2, 1, 1)은 플롯이 2개의 행과 1개의 열을 가지며, 그다음 플롯은 첫 번째 행에 위치해야 한다고 matplotlib에게 지시한다. ❺에서는 plot() 메소드를 호출해 플롯을 그리는데, 인수 o는 데이터를 원으로 표현하도록 matplotlib에게 지시하는 것이다.

❻에서는 플롯과 축 사이에 여유공간을 두기 위해 x축과 y축 모두에 약간 부풀린 범위를 설정한다. ❼과 ❽에서는 x축과 y축에 텍스트로 레이블을 지정한다.

❾에서는 matplotlib의 hist() 메소드를 사용해 그림의 두 번째 행에 트랙 길이 히스토그램을 그린다. bins 인수는 데이터 파티션의 개수를 설정하는데, 각 파티션마다 그 범위에 해당하는 곡의 개수를 나타낸다. 마지막으로 ❿에서 show()가 호출되고, matplotlib은 새 창에서 아름다운 그래프를 표시한다.

명령 라인 옵션

이제, 명령 라인 인수의 처리 방법을 알기 위해 main() 메소드를 살펴보자.

```
    def main():
        # 파서를 생성한다
        descStr = """
        이 프로그램은 아이튠즈에서 내보내기된 재생목록 파일(.xml)을 분석한다.
        """
❶      parser = argparse.ArgumentParser(description=descStr)
        # 상호배제적인 인수 그룹을 추가한다
❷      group = parser.add_mutually_exclusive_group()

        # 예상되는 인수들을 추가한다
❸      group.add_argument('--common', nargs = '*', dest='plFiles',
                            required=False)
❹      group.add_argument('--stats', dest='plFile', required=False)
❺      group.add_argument('--dup', dest='plFileD', required=False)

        # args를 파싱한다
❻      args = parser.parse_args()
```

```
    if args.plFiles:
        # 공통 트랙들을 찾는다
        findCommonTracks(args.plFiles)
    elif args.plFile:
        # 통계 값을 그래프로 그린다
        plotStats(args.plFile)
    elif args.plFileD:
        # 중복 트랙들을 찾는다
        findDuplicates(args.plFileD)
    else:
❼        print("These are not the tracks you are looking for.")
```

이 책의 예제 프로젝트들은 대부분 명령 라인 인수를 갖고 있다. 명령 라인 인수를 파싱하는 귀찮은 작업을 여러분이 직접 코딩할 필요는 없고, 파이썬의 argparse 모듈에게 위임할 것이다. ❶에서는 우선 ArgumentParser 객체를 생성한다. 예제 프로그램은 여러 재생목록의 공통 트랙 찾기, 통계 값을 그래프로 그리기, 하나의 재생목록 내에 중복되는 트랙 찾기라는 세 가지 일을 할 수 있지만 한 번에 할 수 있는 일은 이 중 하나뿐이므로, 사용자가 2개 이상의 작업을 한꺼번에 실행하는 인수들을 지정할 수 있도록 허용해서는 안 된다. argparse 모듈의 상호배제적 인수 그룹을 사용하면 이 문제를 해결할 수 있으며, ❷에서 parser.add_mutually_exclusive_group() 메소드를 사용해 이러한 그룹을 만들고 있다.

❸, ❹, ❺에서는 명령 라인 옵션을 지정하고, 파싱된 값이 저장될 변수 이름(args.plFiles, args.plFile, args.plFileD)을 입력한다. 실제 파싱은 ❻에서 수행되며, 파싱된 인수들은 적절한 함수, 즉 findCommonTracks(), plotStats(), findDuplicates() 중 하나로 전달된다.

인수가 제대로 파싱됐는지 알고 싶으면, args 내의 변수 이름을 확인한다. 예를 들어, 사용자가 --common 옵션(여러 재생목록의 공통 트랙을 찾는 옵션)을 사용하지 않았다면 args.plFiles 변수의 값은 파싱 후 None일 것이다.

사용자가 아무 인수도 입력하지 않은 경우는 ❼에서 처리한다.

전체 코드

아래에 프로그램의 전체 코드가 실려 있다. 이 코드와 테스트 데이터를 https://github.com/electronut/pp/tree/master/playlist/에서 다운로드할 수 있다.

```python
import re, argparse
import sys
from matplotlib import pyplot
import plistlib
import numpy as np


def findCommonTracks(fileNames):
    """
    주어진 재생목록 파일들에 공통되는 트랙을 찾고,
    발견된 트랙을 common.txt에 저장한다.
    """
    # 트랙 이름의 세트들로 이뤄진 리스트
    trackNameSets = []
    for fileName in fileNames:
        # 새로 세트를 생성한다
        trackNames = set()
        # 재생목록을 읽어들인다
        plist = plistlib.readPlist(fileName)
        # 트랙 정보를 얻어온다
        tracks = plist['Tracks']
        # 트랙들을 반복 수행한다
        for trackId, track in tracks.items():
            try:
                # 세트에 트랙 이름을 추가한다
                trackNames.add(track['Name'])
            except:
                # 아무 일도 하지 않는다
                pass
        # 리스트에 추가한다
        trackNameSets.append(trackNames)
    # 공통 트랙들의 세트를 얻는다
    commonTracks = set.intersection(*trackNameSets)
    # 파일에 기록한다
    if len(commonTracks) > 0:
        f = open("common.txt", 'w')
        for val in commonTracks:
            s = "%s\n" % val
```

```
                f.write(s.encode("UTF-8"))
            f.close()
            print("%d common tracks found. "
                  "Track names written to common.txt." % len(commonTracks))
        else:
            print("No common tracks!")


def plotStats(fileName):
    """
    재생목록에서 트랙 정보를 읽어와서 통계 값을 그래프로 나타낸다.
    """
    # 재생목록을 읽어들인다
    plist = plistlib.readPlist(fileName)
    # 트랙 정보를 얻어온다
    tracks = plist['Tracks']
    # 평점 리스트와 길이 리스트를 생성한다
    ratings = []
    durations = []
    # 트랙들을 반복 수행한다
    for trackId, track in tracks.items():
        try:
            ratings.append(track['Album Rating'])
            durations.append(track['Total Time'])
        except:
            # 아무 일도 하지 않는다
            pass

    # 유효한 데이터가 수집됐는지 확인한다
    if ratings == [] or durations == []:
        print("No valid Album Rating/Total Time data in %s." % fileName)
        return

    # 산점도
    x = np.array(durations, np.int32)
    # 분으로 전환한다
    x = x/60000.0
    y = np.array(ratings, np.int32)
    pyplot.subplot(2, 1, 1)
    pyplot.plot(x, y, 'o')
    pyplot.axis([0, 1.05*np.max(x), -1, 110])
    pyplot.xlabel('Track duration')
    pyplot.ylabel('Track rating')

    # 히스토그램을 그린다
```

```python
    pyplot.subplot(2, 1, 2)
    pyplot.hist(x, bins=20)
    pyplot.xlabel('Track duration')
    pyplot.ylabel('Count')

    # 그래프를 표시한다
    pyplot.show()


def findDuplicates(fileName):
    """
    주어진 재생목록 내에서 중복되는 트랙을 찾는다.
    """
    print('Finding duplicate tracks in %s...' % fileName)
    # 재생목록을 읽어들인다
    plist = plistlib.readPlist(fileName)
    # 트랙 정보를 얻어온다
    tracks = plist['Tracks']
    # 트랙 이름 딕셔너리를 생성한다
    trackNames = {}
    # 트랙들을 반복 수행한다
    for trackId, track in tracks.items():
        try:
            name = track['Name']
            duration = track['Total Time']
            # 이미 존재하는 항목인가?
            if name in trackNames:
                # 이름과 길이가 동일하다면, 카운트를 1 증가시킨다
                # 길이는 가장 근접한 초로 반올림된다
                if duration//1000 == trackNames[name][0]//1000:
                    count = trackNames[name][1]
                    trackNames[name] = (duration, count+1)
            else:
                # 항목(길이와 카운트)을 추가한다
                trackNames[name] = (duration, 1)
        except:
            # 아무 일도 하지 않는다
            pass
    # 중복곡을 (name, count) 튜플로 저장한다
    dups = []
    for k, v in trackNames.items():
        if v[1] > 1:
            dups.append((v[1], k))
    # dups를 파일에 저장한다
```

```
        if len(dups) > 0:
            print("Found %d duplicates. Track names saved to dup.txt" % len(dups))
        else:
            print("No duplicate tracks found!")
        f = open("dups.txt", 'w')
        for val in dups:
            f.write("[%d] %s\n" % (val[0], val[1]))
        f.close()


# main() 함수에서 코드를 모은다
def main():
    # 파서를 생성한다
    descStr = """
이 프로그램은 아이튠즈에서 내보내기된 재생목록 파일(.xml)을 분석한다.
    """
    parser = argparse.ArgumentParser(description=descStr)
    # 상호배제적인 인수 그룹을 추가한다
    group = parser.add_mutually_exclusive_group()

    # 예상되는 인수들을 추가한다
    group .add_argument('--common', nargs = '*', dest='plFiles', required=False)
    group .add_argument('--stats', dest='plFile', required=False)
    group .add_argument('--dup', dest='plFileD', required=False)

    # args를 파싱한다
    args = parser.parse_args()

    if args.plFiles:
        # 공통 트랙들을 찾는다
        findCommonTracks(args.plFiles)
    elif args.plFile:
        # 통계 값을 그래프로 그린다
        plotStats(args.plFile)
    elif args.plFileD:
        # 중복 트랙들을 찾는다
        findDuplicates(args.plFileD)
    else:
        print("These are not the tracks you are looking for.")


# main 메소드
if __name__ == '__main__':
    main()
```

프로그램 실행

다음은 프로그램 실행 예다.

```
$ python playlist.py --common test-data/maya.xml test-data/rating.xml
```

그리고 실행 결과는 다음과 같다.

```
5 common tracks found. Track names written to common.txt.
$ cat common.txt
God Shuffled His Feet
Rubric
Floe
Stairway To Heaven
Pi's Lullaby
moksha:playlist mahesh$
```

이번에는 트랙에 관한 통계 값을 그래프로 그려보자.

```
$ python playlist.py --stats test-data/rating.xml
```

그림 1-1은 실행 결과를 보여준다.

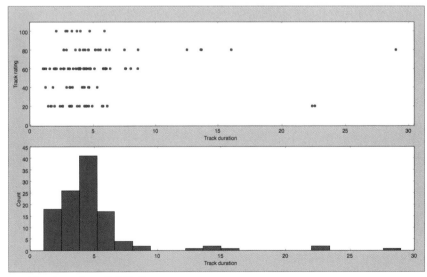

▲ **그림 1-1** playlist.py의 실행 예

정리

이번 프로젝트에서는 아이튠즈 재생목록을 분석하는 프로그램을 개발했으며, 몇 가지 유용한 파이썬 구조들을 학습했다. 2장 이후의 프로젝트에서는 이번 장에서 배운 내용을 바탕으로 더욱 재미있는 주제를 탐구하고 파이썬을 더 깊이 파고들 것이다.

실습!

이번 장의 프로그램과 관련해 파이썬 실력을 더욱 키우고 싶다면 다음 과제들이 도움이 될 것이다.

1. 중복 트랙을 찾는 함수에서는 트랙의 동일 여부를 결정하는 보조 기준으로 트랙의 길이를 이용했다. 하지만 공통 트랙을 찾을 때는 트랙 이름만으로 비교를 수행했었다. findCommonTracks()에서도 트랙의 길이를 보조 기준으로 사용하도록 코드를 수정해보자.

2. plotStats() 메소드에서는 matplotlib의 hist() 메소드를 사용해 히스토그램을 계산하고 표시했다. 이번에는 hist() 메소드를 사용하지 말고, 히스토그램을 계산한 뒤 그래프로 표시하는 코드를 직접 작성해보자. 막대그래프를 그리는 방법에 관해서는 matplotlib 라이브러리의 막대그래프 관련 문서를 참조한다.

3. 두 변수 사이의 관계의 강도를 측정하는 상관계수를 산출하는 수학 공식이 몇 가지 존재한다. 직접 상관관계에 관해 조사한 뒤, 여러분의 음악 데이터를 사용해 평점/재생시간 산점도의 상관계수를 계산해보자. 그리고 재생목록에서 수집된 데이터로 만들 수 있는 그 밖의 산점도들도 알아보자.

2장
스파이로그래프

스파이로그래프Spirograph 장난감은 그림 2-1과 같은 기하학적인 곡선을 그릴 수 있다. 이 장난감은 플라스틱 톱니가 달린 각기 다른 크기의 원 2개로 구성되며, 작은 원에는 여러 개의 구멍이 뚫려 있다. 이 구멍에 볼펜을 꽂고, 볼펜의 접촉을 유지하면서 큰 원의 둘레를 돌리면 복잡하면서도 멋진 대칭형의 패턴을 그릴 수 있다.

이번 프로젝트에서는 파이썬을 사용해 스파이로그래프와 비슷한 곡선을 그리는 애니메이션을 제작한다. 이번 장에서 작성할 spiro.py 프로그램은 파이썬과 매개변수 방정식을 사용해 스파이로그래프의 2개의 원의 움직임을 기술하고 곡선을 그릴 것이다(이 곡선을 스파이로spiros라고 부를 것이다). 완성된 곡선의 그림은 PNG 이미지 파일로 저장되고, 명령 라인 옵션으로 매개변수를 지정할 수도 있고, 임의의 스파이로를 생성할 수도 있다.

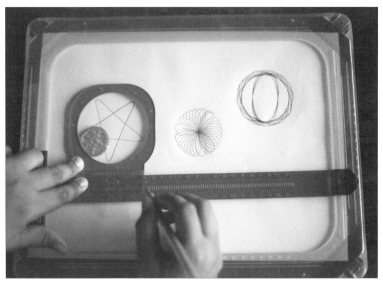

▲ **그림 2-1** 스파이로그래프 장난감

이번 프로젝트를 통해, 여러분의 컴퓨터에서 스파이로를 그리는 방법을 배울 수 있다. 또한 다음과 같은 내용도 다룬다.

- turtle 모듈로 그래픽 생성하기
- 매개변수 방정식 사용하기
- 수학 방정식으로 곡선 생성하기
- 직선을 사용해 곡선 그리기
- 타이머를 사용해 그래픽을 애니메이션화하기
- 그래픽을 이미지 파일로 저장하기

이번 프로젝트에서 주의할 사항: 이번 프로젝트에서 turtle 모듈을 선택한 이유는 설명하기 쉽고 재미있기 때문이다. 하지만 turtle 모듈은 속도가 느리기 때문에 성능이 중요한 경우에는 적합한 그래픽 생성 방법이 아니다. 터틀(거북이)에게 속도를 기대할 수 있겠는가? 빠른 속도로 그래픽을 그릴 수 있는 더 나은 방법들이 있으며, 이러한 선택지 중의 일부는 3장 이후의 프로젝트에서 다룰 것이다.

매개변수 방정식

이번 절에서는 매개변수 방정식parametric equation을 사용해 원을 그리는 간단한 예제를 살펴본다. 매개변수 방정식은 곡선상의 점 좌표를 어떤 변수의 함수로서 나타내는데, 이 변수를 매개변수parameter라고 부른다. 매개변수 방정식은 매개변수를 대입하기만 하면 쉽게 곡선을 그릴 수 있다는 장점이 있다.

> **참고** 수학을 자세히 알고 싶지 않은 독자는 이번 절을 건너뛰고 스파이로그래프 프로젝트와 직접적으로 관계가 있는 방정식을 다루는 다음 절로 넘어가도 좋다.

우선, 2차원 평면의 원점을 중심으로 하고 반지름이 r인 원을 기술하는 방정식을 생각해보자. 이 방정식을 만족하는 모든 x 좌표와 y 좌표상의 점들로 하나의 원이 만들어진다.

다음 식을 보자.

$$x = r\cos(\theta)$$
$$y = r\sin(\theta)$$

이 방정식은 원의 매개변수 표현으로서, 각도 θ가 매개변수다. 이 방정식의 임의의 값 (x, y)는 원의 방정식 $x^2 + y^2 = r^2$을 만족한다. θ의 값을 0에서 2π까지 변화시키면, 원을 한 바퀴 돌면서 이에 대응되는 x와 y 좌표가 위의 방정식으로 계산된다. 그림 2-2는 이 방식을 그림으로 나타내고 있다.

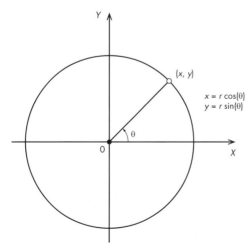

▲ **그림 2-2** 매개변수 방정식으로 원을 기술하기

이 두 방정식은 좌표계의 원점을 중심으로 하는 원에 적용되는 것임을 기억하자. 원의 중심을 (a, b)로 변환시킴으로써 평면상의 임의의 위치로 원을 이동시킬 수 있다. 따라서 좀 더 일반적인 매개변수 방정식은 $x = a + r \cos(\theta)$와 $y = b + r \sin(\theta)$가 된다. 이제, 스파이로를 기술하는 방정식을 알아보자.

스파이로그래프의 방정식

그림 2-3은 스파이로그래프의 움직임을 수학적으로 나타낸 모델을 보여준다. 이 모델에는 톱니가 보이지 않는데, 장난감에 톱니가 있는 것은 단지 미끄러짐을 방지하기 위한 것이다. 지금 우리는 미끄러짐을 걱정할 필요가 없다.

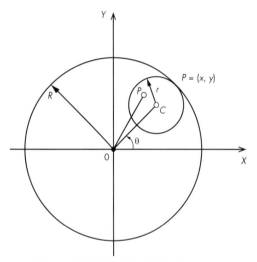

▲ **그림 2-3** 스파이로그래프의 수학적 모델

그림 2-3에서 C는 작은 원의 중심이고, P는 펜의 촉이다. 큰 원의 반지름은 R이고, 작은 원의 반지름은 r이다. 따라서 다음과 같이 반지름의 비율을 나타낼 수 있다.

$$k = \frac{r}{R}$$

작은 원의 반지름 r에 대한 PC의 비율을 $l (= PC/r)$로 나타낸다면, l의 값은 작은 원의 중심으로부터 펜촉까지의 거리를 의미한다. 그다음에는 이 변수들을 조합해 P의 움직임을 나타내는 매개변수 방정식들을 다음과 같이 작성할 수 있다.

$$x = R\left((1-k)\cos(\theta) + lk \cos\left(\frac{1-k}{k}\theta \right) \right)$$

$$y = R\left((1-k)\sin(\theta) - lk \sin\left(\frac{1-k}{k}\theta \right) \right)$$

> **참고** 이와 같은 곡선들을 가리켜 하이포트로코이드(hypotrochoids)와 에피트로코이드 (epitrochoids)라고 부른다. 방정식이 다소 복잡해 보이지만 유도 과정은 간단하다. 수학에 자신 있는 독자라면 위키피디아 페이지를 참조하자.[1]

그림 2-4는 이 방정식들을 사용해 매개변수에 따라서 곡선이 다르게 생성되는 모습을 보여준다. 매개변수 R, r, l을 변화시킴으로써 매혹적인 곡선을 수많은 방법으로 생성할 수 있다.

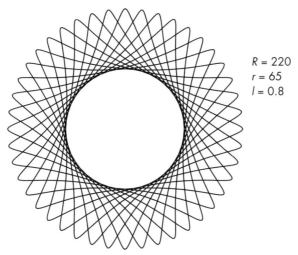

$R = 220$
$r = 65$
$l = 0.8$

▲ **그림 2-4** 생성되는 곡선의 예

곡선은 두 점을 잇는 수많은 직선들의 집합으로서 그려진다. 두 점이 충분히 가까울 경우, 부드러운 곡선이 그려진 것처럼 보이기 때문이다.

진짜 스파이로그래프 장난감을 가지고 놀아본 적이 있다면, 매개변수의 값에 따라서는 많은 회전을 해야 스파이로그래프 놀이가 끝나는 경우가 있다는 사실을 기억할

---

1 http://en.wikipedia.org/wiki/Spirograph/

것이다. 언제 그리기를 중지할지 판단하기 위해 내부 원과 외부 원의 반지름의 비율로 표현되는 스파이로그래프의 주기성periodicity을 사용한다.

$$\frac{r}{R}$$

이 분수의 값은 분자와 분모를 최대공약수GCD, greatest common divisor로 나눠서 약분할 수 있다. 그래서 얻어진 분자의 값은 곡선의 그리기가 완료될 때까지 얼마나 많은 주기가 필요한지 말해준다. 예를 들어, 그림 2-4에서 (r, R)의 최대공약수는 5이다.

$$\frac{r}{R} = \frac{65}{220}$$

분자와 분모를 최대공약수 5로 나누면 다음과 같다.

$$\frac{(65\,/\,5)}{(220\,/\,5)} = \frac{13}{44}$$

이 결과는 13번 회전한 뒤에 곡선은 다시 반복을 시작할 것임을 의미한다. 그리고 44는 작은 원이 자신의 중심 주변을 회전하는 횟수를 가리킨다. 실제로 그림 2-4에서 여러분이 직접 꽃잎의 수를 세어보면, 정확히 44임을 확인할 수 있다!

반지름 비율 r/R을 약분된 형태로 표현하면, 스파이로를 그리는 매개변수 θ의 범위는 $[0, 2\pi r]$이며 이를 통해 어떤 특정 스파이로의 그리기를 언제 중지할지 지정할 수 있다. 각도의 범위가 어디서 끝나는지 알지 못하면, 불필요한 곡선의 그리기가 반복될 것이다.

turtle 모듈의 그래픽

이번 프로젝트에서는 파이썬의 turtle 모듈을 사용해 스파이로 곡선을 그린다. 이 모듈은 거북이가 모래 위에서 꼬리를 끌며 패턴을 만드는 모습에 착안해 모델링됐다. turtle 모듈은 펜의 위치 및 색상을 설정하는 메소드를 비롯해 그림 그리기에 필요한 유용한 함수들을 많이 포함한다. 지금부터 보겠지만, 몇 개의 그래픽 함수만으로 멋진 스파이로를 만들 수가 있다.

예를 들어, 다음 프로그램은 turtle을 사용해 원을 그린다. 아래 코드를 입력한 뒤 drawcircle.py로 저장하고 파이썬에서 실행해보자.

```
    import math
❶ import turtle

    # turtle을 사용해 원을 그린다
    def drawCircleTurtle(x, y, r):
        # 원의 시작점으로 이동한다
❷        turtle.up()
❸        turtle.setpos(x + r, y)
❹        turtle.down()

        # 원을 그린다
❺        for i in range(0, 365, 5):
❻            a = math.radians(i)
❼            turtle.setpos(x + r*math.cos(a), y + r*math.sin(a))

❽ drawCircleTurtle(100, 100, 50)
❾ turtle.mainloop()
```

우선, ❶에서 turtle 모듈을 가져온다. 다음으로 drawCircleTurtle() 메소드를 정의하는데, 이 메소드 내부 ❷에서 호출되는 up() 메소드는 파이썬에게 펜을 화면에서 떼라고 지시한다. 다시 말하면, 가상의 종이에 펜이 닿지 않게 함으로써 터틀이 이동해도 아무것도 그려지지 않게 만든다. 그리기를 시작하기 전에 터틀의 위치를 먼저 정하기 위해서다.

❸에서는 터틀의 위치를 수평축상의 첫 번째 점 $(x + r, y)$로 설정한다. 여기서 (x, y)는 원의 중심이다. 그리기를 시작할 준비가 끝났으므로, ❹에서 down()을 호출한다. ❺에서는 range(0, 365, 5)를 사용해 변수 i를 0부터 365까지 5만큼 증가시키면서 루프를 시작한다. i 변수는 매개변수 방정식으로 전달될 각도 매개변수인데, 우선은 단위를 도에서 라디안으로 변환할 필요가 있다❻(대부분의 컴퓨터 프로그램은 각도 계산을 할 때 라디안 단위를 취급한다).

❼에서는 매개변수 방정식을 사용해 원의 좌표를 계산하고, 그에 맞춰서 터틀의 위치를 설정한다. 따라서 직전의 터틀 위치에서 새로 계산된 위치로 선이 그려진다(기술적으로는 N각형을 그리는 것이다. 하지만 각도가 매우 작아서 N이 매우 크기 때문에 폴리곤은 원처럼 보인다).

❽에서 drawCircleTurtle()을 호출해 원을 그리고, ❾에서는 mainloop()를 호출해 tkinter 창을 계속 열어놓음으로써 원이 그려지는 모습을 차분히 감상할 수 있다(tkinter는 파이썬에서 사용하는 기본 GUI 라이브러리다).

이제 스파이로를 그릴 준비가 끝났다!

요구사항

스파이로 생성에 사용되는 것은 다음과 같다.

- 그림 그리기에 사용될 turtle 모듈
- Pillow 라이브러리. PIL_{Python Imaging Library} 라이브러리의 변형으로서, 스파이로 이미지 저장에 사용된다.

코드

우선, 곡선을 그리는 Spiro 클래스를 정의한다. 이 클래스는 draw() 메소드를 사용해 곡선을 그리고, 타이머와 update() 메소드를 사용해 임의의 스파이로 곡선을 애니메이션화하는 데 사용된다. Spiro 객체를 그리고 애니메이션화하기 위해서는 SpiroAnimator라는 이름의 클래스가 사용될 것이다.

지금 바로 프로젝트의 코드 전부를 보고 싶다면 67페이지의 '전체 코드' 절에서 확인할 수 있다.

Spiro 생성자

다음 코드는 Spiro의 생성자다.

```
# 스파이로그래프를 그리는 클래스
class Spiro:
    # 생성자
    def __init__(self, xc, yc, col, R, r, l):
```

```
            # turtle 객체를 생성한다
❶          self.t = turtle.Turtle()
            # 커서의 모양을 설정한다
❷          self.t.shape('turtle')
            # 도 단위로 증가폭을 설정한다
❸          self.step = 5
            # 그리기 완료 플래그를 설정한다
❹          self.drawingComplete = False

            # 매개변수들을 설정한다
❺          self.setparams(xc, yc, col, R, r, l)

            # 그리기를 초기화한다
❻          self.restart()
```

Spiro 생성자는 ❶에서 turtle 객체를 새로 생성하는데, 여러 개의 스파이로를 동시에 그리기 위한 것이다. ❷에서는 커서의 모양을 거북이 모양으로 설정한다(https://docs.python.org/3.3/library/turtle.html에서 거북이 모양이 아닌 다른 선택도 볼 수 있다). ❸에서는 각도의 증가폭을 5도로 설정하고, ❹에서는 애니메이션이 생성될 때 사용되는 플래그를 설정해 다수의 스파이로들을 생성한다.

❺와 ❻에서는 다음 절에서 설명할 초기설정 함수들이 호출된다.

초기설정을 수행하는 함수들

Spiro 객체 초기화에 도움이 되는 setparams() 메소드를 살펴보자.

```
    # 매개변수들을 설정한다
    def setparams(self, xc, yc, col, R, r, l):
        # 스파이로그래프 매개변수들
❶      self.xc = xc
        self.yc = yc
❷      self.R = int(R)
        self.r = int(r)
        self.l = l
        self.col = col
        # r/R을 최대공약수로 나눠서 약분한다
❸      gcdVal = gcd(self.r, self.R)
❹      self.nRot = self.r//gcdVal
        # 반지름 비율을 계산한다
```

```
            self.k = r/float(R)
            # 색상을 설정한다
            self.t.color(*col)
            # 현재 각도를 저장한다
❺           self.a = 0
```

❶에서는 곡선 중심의 좌표를 저장한다. 그다음에는 두 원의 반지름(R과 r)을 정수로
변환하고 그 값을 ❷에 저장한다. ❸에서 파이썬 내장 모듈인 `fractions`의 `gcd()` 메
소드를 사용해 두 반지름의 최대공약수를 계산한다. 이 정보는 곡선의 주기를 결정하
는 데 사용되며, ❹에서 `self.nRot`로 저장된다. 마지막으로, ❺에서는 애니메이션 생
성에 사용될 현재 각도 a를 저장한다.

restart() 메소드

다음으로, `restart()` 메소드는 `Spiro` 객체를 그리기 위한 매개변수들을 재설정하고
다시 그리기를 할 준비를 한다.

```
    # 그리기를 재시작한다
    def restart(self):
        # 플래그를 설정한다
❶       self.drawingComplete = False
        # 터틀을 표시한다
❷       self.t.showturtle()
        # 첫 번째 점으로 이동한다
❸       self.t.up()
❹       R, k, l = self.R, self.k, self.l
        a = 0.0
❺       x = R*((1-k)*math.cos(a) + l*k*math.cos((1-k)*a/k))
        y = R*((1-k)*math.sin(a) - l*k*math.sin((1-k)*a/k))
❻       self.t.setpos(self.xc + x, self.yc + y)
❼       self.t.down()
```

불리언Boolean 타입 플래그 `drawingComplete`는 그리기가 완료됐는지 여부를 나타
내며, ❶에서 초기화된다. 이 플래그는 여러 개의 `Spiro` 객체들이 그려질 때 어떤 특
정 스파이로 객체의 그리기가 완료됐는지를 추적하는 역할을 한다. ❷에서는 (기존에 숨
김 상태였을 경우) 터틀 커서가 화면에 보인다. ❸에서 펜을 화면으로부터 떼기 때문에,

선을 그리지 않으면서 첫 번째 위치로 이동할 수 있다❻. ❹에서는 몇 개의 지역 변수를 사용해 코드의 길이를 줄이고 있다. 그런 다음 ❺에서 곡선의 시작점을 얻기 위해 각도 a를 0으로 설정해 x 좌표와 y 좌표를 계산한다. 마지막으로, ❼에서는 (그리기가 가능하도록) 펜을 다시 내려놓는다. setpos() 함수가 호출되어 실제로 선이 그려진다.

draw() 메소드

draw() 메소드는 하나의 연속된 선으로 곡선을 그린다.

```
    # 전부 다 그린다
    def draw(self):
        # 나머지 점들을 그린다
        R, k, l = self.R, self.k, self.l
❶       for i in range(0, 360*self.nRot + 1, self.step):
            a = math.radians(i)
❷           x = R*((1-k)*math.cos(a) + l*k*math.cos((1-k)*a/k))
            y = R*((1-k)*math.sin(a) - l*k*math.sin((1-k)*a/k))
            self.t.setpos(self.xc + x, self.yc + y)
        # 그리기가 완료됐으니 터틀 커서를 표시하지 않는다
❸       self.t.hideturtle()
```

❶에서는 매개변수 i의 전 범위를 순회한다. 이때 i의 단위는 도이고, 360*nRot로 나타낸다. ❷에서는 매개변수 i의 모든 값에 대해 x 좌표와 y 좌표를 계산하고, ❸에서는 그리기가 완료됐으므로 커서를 숨긴다.

애니메이션 만들기

update() 메소드는 애니메이션을 생성하기 위해 곡선을 부분별로 그리는 방법을 보여주고 있다.

```
    # 단계별로 갱신한다
    def update(self):
        # 완료됐다면 나머지 단계는 건너뛴다
❶       if self.drawingComplete:
            return
        # 각도를 증가시킨다
```

```
❷        self.a += self.step
         # 한 단계를 그린다
         R, k, l = self.R, self.k, self.l
         # 각도를 설정한다
❸        a = math.radians(self.a)
         x = self.R*((1-k)*math.cos(a) + l*k*math.cos((1-k)*a/k))
         y = self.R*((1-k)*math.sin(a) - l*k*math.sin((1-k)*a/k))
         self.t.setpos(self.xc + x, self.yc + y)
         # 그리기가 완료됐으면 플래그를 설정한다
❹        if self.a >= 360*self.nRot:
             self.drawingComplete = True
             # 그리기가 완료됐으므로 터틀 커서를 표시하지 않는다
             self.t.hideturtle()
```

❶에서 update() 메소드는 drawingComplete 플래그가 설정됐는지 여부를 확인한다. 그리고 설정되지 않았다면 코드의 나머지 부분을 계속 실행한다. ❷에서 update() 메소드는 현재의 각도를 증가시킨다. ❸에서부터 현재의 각도에 대응하는 (x, y)의 위치를 계산하고 터틀을 그 위치로 이동시키면서 작은 선들을 그린다.

앞서 스파이로그래프의 방정식을 설명하면서 곡선의 주기를 언급했었다. 스파이로그래프는 특정한 각도 이후에는 그리기를 다시 시작한다. ❹에서는 각도가 전체 범위에 도달했는지 여부를 검사한다. 그리고 도달했다면 drawingComplete 플래그를 설정한다. 마지막으로, 여러분이 지금 만든 아름다운 곡선을 충분히 감상하기 위해 터틀 커서를 숨긴다.

SpiroAnimator 클래스

SpiroAnimator 클래스를 사용하면 동시에 복수의 스파이로들을 임의로 그릴 수 있다. 이 클래스는 타이머를 사용해 한 번에 하나의 곡선 세그먼트를 그린다. 이 기법은 그래픽을 주기적으로 갱신하므로, 프로그램은 버튼 누름, 마우스 클릭 등의 이벤트를 처리할 수 있다. 하지만 이 타이머 기법을 이용하려면 그리기를 수행하는 코드를 일부 수정해야 한다.

```
# 스파이로그래프를 애니메이션화하기 위한 클래스
class SpiroAnimator:
    # 생성자
    def __init__(self, N):
        # 타이머 값을 밀리초 단위로 설정한다
❶       self.deltaT = 10
        # 창의 크기를 얻는다
❷       self.width = turtle.window_width()
        self.height = turtle.window_height()
        # Spiro 객체들을 생성한다
❸       self.spiros = []
        for i in range(N):
            # 임의로 매개변수를 생성한다
❹           rparams = self.genRandomParams()
            # 스파이로의 매개변수들을 설정한다
❺           spiro = Spiro(*rparams)
            self.spiros.append(spiro)
        # 타이머를 호출한다
❻       turtle.ontimer(self.update, self.deltaT)
```

❶에서 SpiroAnimator 생성자는 deltaT를 10으로 설정한다. 이 값은 밀리초 단위의 시간 간격으로서 타이머에 사용된다. ❷에서는 터틀 창의 크기를 저장한다. 그런 다음 ❸에서는 빈 배열을 생성하는데, 이 배열은 Spiro 객체들로 채워질 것이다. 이 코드는 스파이로그래프 그리기를 캡슐화하고, N번 루프를 돌며(N 값은 SpiroAnimator의 생성자를 통해 전달된다), ❺에서 새로운 스파이로 객체를 생성한다. 여기서 rparams는 Spiro 생성자에 전달해야 되는 튜플이다. 하지만 생성자는 인수 목록을 기대하기 때문에 파이썬 * 연산자를 사용해 튜플을 인수 목록으로 변환하고 있다.

마지막으로, ❻에서 deltaT 밀리초마다 update()를 호출하기 위해 turtle. ontimer() 메소드를 설정한다.

❹에서 genRandomParams()라는 헬퍼 메소드를 호출하고 있음에 주목하자. 이 메소드에 대해서는 다음 절에서 살펴보기로 하자.

genRandomParams() 메소드

이 메소드는 다양한 종류의 곡선을 만들기 위해 Spiro 객체가 생성됐을 때 전달되는 임의의 매개변수를 생성하는 데 사용된다.

```
       # 임의로 매개변수를 생성한다
       def genRandomParams(self):
           width, height = self.width, self.height
❶          R = random.randint(50, min(width, height)//2)
❷          r = random.randint(10, 9*R//10)
❸          l = random.uniform(0.1, 0.9)
❹          xc = random.randint(-width//2, width//2)
❺          yc = random.randint(-height//2, height//2)
❻          col = (random.random(),
                   random.random(),
                   random.random())
❼          return (xc, yc, col, R, r, l)
```

숫자를 임의로 생성하기 위해 파이썬의 random 모듈에 속한 함수 2개가 사용된다. 첫 번째 randint() 함수는 지정된 범위에서 임의의 정수를 반환하며, 두 번째 uniform() 함수는 부동소수점 숫자에 대해 동일한 작업을 수행한다. ❶에서는 R을 50과 창의 가장 작은 크기의 절반 값 사이로 설정하고, ❷에서는 r을 R의 10%에서 90% 사이 값으로 설정한다.

그런 다음 ❸에서는 l을 0.1과 0.9 사이의 임의의 비율로 설정한다. ❹와 ❺에서는 화면상의 임의의 점을 선택해 스파이로의 중심을 배치하는데, 이때 화면 경계 내에서 임의의 x 및 y 좌표를 선택한다. ❻에서는 적색, 녹색, 청색 요소에 임의의 값을 설정하는 방법으로 곡선에 임의의 색을 지정한다. 마지막으로, ❼에서는 계산된 매개변수 전부가 튜플로 반환된다.

프로그램 재시작

프로그램을 재시작하기 위해 또 다른 restart() 메소드를 사용한다.

```
# 스파이로 그리기를 재시작한다
    def restart(self):
        for spiro in self.spiros:
            # 클리어한다
            spiro.clear()
            # 임의로 매개변수를 생성한다
            rparams = self.genRandomParams()
            # 스파이로 매개변수들을 설정한다
            spiro.setparams(*rparams)
            # 그리기를 재시작한다
            spiro.restart()
```

위 코드는 모든 Spiro 객체들을 방문하면서, 이전에 그렸던 것을 지우고, 새로운 매개변수를 지정한 다음, 프로그램을 다시 시작한다.

update() 메소드

다음 코드는 SpiroAnimator의 update() 메소드를 보여준다. 타이머는 애니메이션에서 사용되는 모든 Spiro 객체를 갱신하기 위해 이 메소드를 사용한다.

```
    def update(self):
        # 모든 스파이로를 갱신한다
❶      nComplete = 0
        for spiro in self.spiros:
            # 갱신한다
❷          spiro.update()
            # 그리기가 완료된 스파이로의 개수를 센다
❸          if spiro.drawingComplete:
                nComplete += 1
        # 모든 스파이로 그리기가 완료됐으면 재시작한다
❹      if nComplete == len(self.spiros):
            self.restart()
        # 타이머를 호출한다
❺      turtle.ontimer(self.update, self.deltaT)
```

update() 메소드는 그려지는 Spiro 객체의 수를 추적하기 위해 nComplete 변수를 사용한다. ❶에서 이 카운터 변수를 초기화한 후, Spiro 객체들을 차례로 방문하면서 ❷에서 갱신하고, 그리기가 완료됐으면 ❸에서 nComplete 변수의 값을 1 증가시킨다.

루프에서 벗어난 ❹에서는 이 변수의 값을 검사해 모든 객체가 그리기를 완료했는지 판단한다. 모두 완료됐다면, restart() 메소드를 호출해 새로운 스파이로 곡선으로 애니메이션을 다시 시작한다. restart() 메소드의 끝❺에서는 타이머 메소드를 호출하는데, 이 메소드는 deltaT 밀리초 후에 update()를 다시 호출한다.

커서를 보이거나 숨기기

다음 메소드는 터틀 커서를 켜거나 끄는 기능을 하는데, 그리기의 속도를 향상하는 역할을 할 수 있다.

```
# 터틀을 켜거나 끈다
def toggleTurtles(self):
    for spiro in self.spiros:
        if spiro.t.isvisible():
            spiro.t.hideturtle()
        else:
            spiro.t.showturtle()
```

곡선 저장하기

saveDrawing() 메소드를 사용해, 그려진 내용을 PNG 이미지 파일로 저장할 수 있다.

```
    # PNG 파일로 그림을 저장한다
    def saveDrawing():
        # 터틀 커서를 표시하지 않는다
❶      turtle.hideturtle()
        # 고유한 파일명을 생성한다
❷      dateStr = (datetime.now()).strftime("%d%b%Y-%H%M%S")
        fileName = 'spiro-' + dateStr
        print('saving drawing to %s.eps/png' % fileName)
        # tkinter 캔버스를 얻는다
❸      canvas = turtle.getcanvas()
        # 포스트스크립트 이미지로 그림을 저장한다
```

```
❹        canvas.postscript(file = fileName + '.eps')
         # Pillow 모듈을 사용해 포스트스크립트 이미지를 PNG 파일로 변환한다
❺        img = Image.open(fileName + '.eps')
❻        img.save(fileName + '.png', 'png')
         # 터틀 커서를 표시한다
❼        turtle.showturtle()
```

❶에서는 최종 그림에서 보이지 않도록 터틀 커서를 숨긴다. ❷에서는 이미지 파일에 고유한 이름을 부여하기 위해 datetime() 함수를 사용하는데, 현재의 시각과 날짜를 (날짜-월-연도-시각-분-초 형식으로) 파일이름에 포함시킨다. 모든 파일이름은 spiro- 뒤에 이 문자열을 포함할 것이다.

turtle 프로그램은 tkinter가 생성하는 사용자 인터페이스UI, user interface 창을 사용하며, ❸과 ❹에서 tkinter의 canvas 객체를 사용해 EPSEmbedded PostScript 파일 포맷으로 저장한다. EPS는 벡터를 기반으로 하기 때문에 고해상도로 이미지를 출력할 수 있지만, PNG 포맷이 좀 더 다양한 용도로 쓰일 수 있으므로 ❺에서 Pillow 모듈을 사용해 EPS 파일을 열고 ❻에서 PNG 파일로 저장한다. 마지막으로, ❼에서 터틀 커서의 숨김을 해제한다.

명령 라인 인수 파싱과 초기화

1장에서와 마찬가지로 main() 메소드에서 argparse를 사용해 프로그램으로 전달되는 명령 라인 옵션을 파싱한다.

```
❶  parser = argparse.ArgumentParser(description=descStr)

   # 예상되는 인수를 추가한다
❷  parser.add_argument('--sparams', nargs=3, dest='sparams', required=False,
                       help="The three arguments in sparams: R, r, l.")

   # args를 파싱한다
❸  args = parser.parse_args()
```

❶에서는 인수를 파싱하는 파서 parser 객체를 생성하고, ❷에서는 파서에 --sparams 인수를 추가한다. ❸에서 실제로 파싱을 수행하는 함수를 호출한다.

다음으로, 몇 개의 turtle 매개변수들을 설정한다.

```
    # 창의 폭을 화면 폭의 80%로 설정한다
❶ turtle.setup(width=0.8)

    # 커서의 모양을 터틀로 설정한다
❷ turtle.shape('turtle')

    # 제목을 Spirographs!로 설정한다
❸ turtle.title("Spirographs!")
    # 그림을 저장하기 위한 키 핸들러를 추가한다
❹ turtle.onkey(saveDrawing, "s")
    # 수신 대기를 시작한다
❺ turtle.listen()

    # 메인 터틀 커서를 표시하지 않는다
❻ turtle.hideturtle()
```

---

❶에서는 setup() 함수를 사용해 그리기 창의 폭을 화면 너비의 80%로 설정한다 (여러분이 원한다면 높이와 원점 매개변수를 특정 값으로 지정할 수 있다). ❷에서 커서의 모양을 turtle로 설정하고, ❸에서 프로그램 창의 제목을 Spirographs!로 설정한다. ❹에서는 S 키가 눌렸을 때 그림이 저장되도록 onkey() 함수와 saveDrawing 인수를 사용한다. 그런 다음 ❺에서는 창이 사용자 이벤트를 수신하도록 listen()을 호출한다. 마지막으로, ❻에서는 터틀 커서를 숨긴다.

명령 라인 인수의 파싱이 끝난 뒤 나머지 코드는 다음과 같이 계속된다.

```
    # --sparams에 전달된 인수를 검사하고 스파이로그래프를 그린다
❶ if args.sparams:
❷     params = [float(x) for x in args.sparams]
        # 주어진 매개변수로 스파이로그래프를 그린다
        col = (0.0, 0.0, 0.0)
❸     spiro = Spiro(0, 0, col, *params)
❹     spiro.draw()
    else:
        # 애니메이터 객체를 생성한다
❺     spiroAnim = SpiroAnimator(4)
        # 터틀 커서를 켜거나 끄기 위한 키 핸들러를 추가한다
❻     turtle.onkey(spiroAnim.toggleTurtles, "t")
```

```
    # 애니메이션을 재시작하기 위한 키 핸들러를 추가한다
❼    turtle.onkey(spiroAnim.restart, "space")

    # 터틀 메인 루프를 시작한다
❽ turtle.mainloop()
```

우선, ❶에서 --sparams로 전달된 인수가 있는지 여부를 확인한다. 만일 있다면 그러한 인수들을 추출하고 **지능형 리스트**list comprehension를 사용해 부동소수점 숫자로 변환한다(지능형 리스트는 간략하면서도 강력한 방법으로 리스트를 만들 수 있는 파이썬 구조. 예를 들어, a = [2*x for x in range(1, 5)]는 처음 4개의 짝수로 이뤄진 리스트를 생성한다).

❸에서는 추출된 매개변수를 사용해 Spiro 객체를 생성한다(* 연산자가 리스트를 인수로 변환해준다). 그런 다음 ❹에서 draw()를 호출해 스파이로를 그린다.

명령 라인 인수가 없을 경우에는 임의 모드로 들어간다. ❺에서 SpiroAnimator 객체를 생성하는데, 이때 전달되는 인수 4는 4개의 곡선을 생성하도록 지시하는 것이다. ❻에서는 onkey()를 사용해 T 키가 눌렸는지 포착하는데, 터틀 커서를 켜고 끄기 위한 것이다(toggleTurtles). 그리고 ❼에서는 임의의 지점에서 애니메이션을 재시작할 수 있도록 스페이스바(space)의 눌림을 처리한다. 마지막으로, ❽에서는 mainloop()를 호출해 tkinter 창에게 열려 있는 상태로 이벤트를 수신하도록 지시한다.

전체 코드

다음 코드는 완전한 스파이로그래프 프로그램이다. 이 코드는 https://github.com/electronut/pp/blob/master/spirograph/spiro.py에서도 다운로드할 수 있다.

```
import sys, random, argparse
import numpy as np
import math
import turtle
import random
from PIL import Image
from datetime import datetime
from fractions import gcd
```

```python
# 스파이로그래프를 그리는 클래스
class Spiro:
    # 생성자
    def __init__(self, xc, yc, col, R, r, l):

        # turtle을 생성한다
        self.t = turtle.Turtle()
        # 커서의 모양을 설정한다
        self.t.shape('turtle')
        # 도 단위로 증가폭을 설정한다
        self.step = 5
        # 그리기 완료 플래그를 False로 설정한다
        self.drawingComplete = False

        # 매개변수들을 설정한다
        self.setparams(xc, yc, col, R, r, l)

        # 그리기를 초기화한다
        self.restart()

    # 매개변수들을 설정한다
    def setparams(self, xc, yc, col, R, r, l):
        # 스파이로그래프의 매개변수들
        self.xc = xc
        self.yc = yc
        self.R = int(R)
        self.r = int(r)
        self.l = l
        self.col = col
        # r/R을 최대공약수로 나눠서 약분한다
        gcdVal = gcd(self.r, self.R)
        self.nRot = self.r//gcdVal
        # 반지름 비율을 계산한다
        self.k = r/float(R)
        # 색상을 설정한다
        self.t.color(*col)
        # 현재의 각도
        self.a = 0

    # 그리기를 재시작한다
    def restart(self):
        # 플래그를 설정한다
        self.drawingComplete = False
```

```python
        # 터틀을 표시한다
        self.t.showturtle()
        # 첫 번째 점으로 이동한다
        self.t.up()
        R, k, l = self.R, self.k, self.l
        a = 0.0
        x = R*((1-k)*math.cos(a) + l*k*math.cos((1-k)*a/k))
        y = R*((1-k)*math.sin(a) - l*k*math.sin((1-k)*a/k))
        self.t.setpos(self.xc + x, self.yc + y)
        self.t.down()

    # 전부 다 그린다
    def draw(self):
        # 나머지 점들을 그린다
        R, k, l = self.R, self.k, self.l
        for i in range(0, 360*self.nRot + 1, self.step):
            a = math.radians(i)
            x = R*((1-k)*math.cos(a) + l*k*math.cos((1-k)*a/k))
            y = R*((1-k)*math.sin(a) - l*k*math.sin((1-k)*a/k))
            self.t.setpos(self.xc + x, self.yc + y)
        # 완료 - 터틀을 표시하지 않는다
        self.t.hideturtle()

    # 단계별로 갱신한다
    def update(self):
        # 이미 완료됐다면 건너뛴다
        if self.drawingComplete:
            return
        # 각도를 증가시킨다
        self.a += self.step
        # 몇 가지 값을 설정한다
        R, k, l = self.R, self.k, self.l
        # 각도를 설정한다
        a = math.radians(self.a)
        x = self.R*((1-k)*math.cos(a) + l*k*math.cos((1-k)*a/k))
        y = self.R*((1-k)*math.sin(a) - l*k*math.sin((1-k)*a/k))
        self.t.setpos(self.xc + x, self.yc + y)
        # 그리기가 완료됐는지 검사하고 플래그를 설정한다
        if self.a >= 360*self.nRot:
            self.drawingComplete = True
            # 완료 - 터틀을 표시하지 않는다
            self.t.hideturtle()
```

```python
        # 전부 지운다
    def clear(self):
        self.t.clear()


# 스파이로그래프를 애니메이션화하기 위한 클래스
class SpiroAnimator:
    # 생성자
    def __init__(self, N):
        # 타이머 값(밀리초 단위)
        self.deltaT = 10
        # 창의 크기를 얻음
        self.width = turtle.window_width()
        self.height = turtle.window_height()
        # 스파이로 객체를 생성한다
        self.spiros = []
        for i in range(N):
            # 임의로 매개변수를 생성한다
            rparams = self.genRandomParams()
            # 스파이로 매개변수들을 설정한다
            spiro = Spiro(*rparams)
            self.spiros.append(spiro)
        # 타이머를 호출한다
        turtle.ontimer(self.update, self.deltaT)


    # 스파이로 그리기를 재시작한다
    def restart(self):
        for spiro in self.spiros:
            # 클리어한다
            spiro.clear()
            # 임의로 매개변수를 생성한다
            rparams = self.genRandomParams()
            # 스파이로 매개변수들을 설정한다
            spiro.setparams(*rparams)
            # 그리기를 재시작한다
            spiro.restart()


    # 임의로 매개변수를 생성한다
    def genRandomParams(self):
        width, height = self.width, self.height
        R = random.randint(50, min(width, height)//2)
        r = random.randint(10, 9*R//10)
        l = random.uniform(0.1, 0.9)
```

```python
        xc = random.randint(-width//2, width//2)
        yc = random.randint(-height//2, height//2)
        col = (random.random(),
                random.random(),
                random.random())
        return (xc, yc, col, R, r, l)

    def update(self):
        # 모든 스파이로를 갱신한다
        nComplete = 0
        for spiro in self.spiros:
            # 갱신한다
            spiro.update()
            # 완료된 것의 개수를 센다
            if spiro.drawingComplete:
                nComplete+= 1
        # 모든 스파이로가 완료됐다면 재시작한다
        if nComplete == len(self.spiros):
            self.restart()
        # 타이머를 호출한다
        turtle.ontimer(self.update, self.deltaT)

    # 터틀을 켜거나 끈다
    def toggleTurtles(self):
        for spiro in self.spiros:
            if spiro.t.isvisible():
                spiro.t.hideturtle()
            else:
                spiro.t.showturtle()

# 스파이로를 이미지로 저장한다
def saveDrawing():
    # 터틀을 표시하지 않는다
    turtle.hideturtle()
    # 고유한 파일명을 생성한다
    dateStr = (datetime.now()).strftime("%d%b%Y-%H%M%S")
    fileName = 'spiro-' + dateStr
    print('saving drawing to %s.eps/png' % fileName)
    # tkinter 캔버스를 얻는다
    canvas = turtle.getcanvas()
    # 포스트스크립트 이미지를 저장한다
    canvas.postscript(file = fileName + '.eps')
```

```python
    # Pillow 모듈을 사용해 PNG로 변환한다
    img = Image.open(fileName + '.eps')
    img.save(fileName + '.png', 'png')
    # 터틀을 표시한다
    turtle.showturtle()

# main() 함수
def main():
    # 필요하다면 sys.argv를 사용한다
    print('generating spirograph...')
    # 파서를 생성한다
    descStr = """This program draws spirographs using the Turtle module.
When run with no arguments, this program draws random spirographs.

Terminology:

R: radius of outer circle.
r: radius of inner circle.
l: ratio of hole distance to r.
"""
    parser = argparse.ArgumentParser(description=descStr)

    # 예상되는 인수를 추가한다
    parser.add_argument('--sparams', nargs=3, dest='sparams', required=False,
                        help="The three arguments in sparams: R, r, l.")

    # args를 파싱한다
    args = parser.parse_args()

    # 화면 폭을 80%로 설정한다
    turtle.setup(width=0.8)

    # 커서의 모양을 설정한다
    turtle.shape('turtle')

    # 제목을 설정한다
    turtle.title("Spirographs!")
    # 이미지를 저장하기 위한 키 핸들러를 추가한다
    turtle.onkey(saveDrawing, "s")
    # 수신 대기를 시작한다
    turtle.listen()
```

```
    # 메인 터틀 커서를 표시하지 않는다
    turtle.hideturtle()

    # --sparams에 전달된 인수를 검사하고 스파이로그래프를 그린다
    if args.sparams:
        params = [float(x) for x in args.sparams]
        # 주어진 매개변수로 스파이로그래프를 그린다
        col = (0.0, 0.0, 0.0)
        spiro = Spiro(0, 0, col, *params)
        spiro.draw()
    else:
        # 애니메이터 객체를 생성한다
        spiroAnim = SpiroAnimator(4)
        # 터틀 커서를 켜거나 끄기 위한 키 핸들러를 추가한다
        turtle.onkey(spiroAnim.toggleTurtles, "t")
        # 애니메이션을 재시작하기 위한 키 핸들러를 추가한다
        turtle.onkey(spiroAnim.restart, "space")

    # 터틀의 메인 루프를 시작한다
    turtle.mainloop()

# main() 함수를 호출한다
if __name__ == '__main__':
    main()
```

스파이로그래프 애니메이션 실행

이제 프로그램을 실행해보자.

```
$ python spiro.py
```

　기본적으로 spiro.py 프로그램은 그림 2-5와 같이 임의의 스파이로를 그린다. S를 누르면 그림이 저장된다.

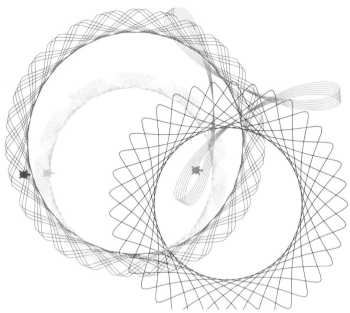

▲ **그림 2-5** spiro.py 프로그램의 실행 예

이번에는 특정한 스파이로를 그리도록 명령 라인에 매개변수를 전달해서 다시 실행해보자.

```
$ python spiro.py --sparams 300 100 0.9
```

그림 2-6은 실행 결과를 보여준다. 이 그림에서 볼 수 있듯이, 임의의 스파이로 여러 개의 애니메이션을 보여줬던 그림 2-5와 달리 이번에는 사용자가 지정한 매개변수로 인해 하나의 스파이로만이 그려진다.

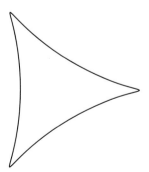

▲ **그림 2-6** 특정 매개변수로 그려진 spiro.py의 실행 결과

정리

이번 프로젝트에서는 스파이로그래프와 비슷한 곡선을 생성하는 방법을 배웠다. 또한 입력 매개변수를 조정해 다양한 종류의 곡선을 생성하는 방법, 그리고 애니메이션으로 만드는 방법도 배웠다. 이번 장의 프로젝트를 통해 재미있고 즐겁게 스파이로 곡선을 만들었으리라 믿는다(13장에서는 더욱 재미있게 벽에 스파이로 곡선을 투사하는 방법을 배울 것이다!).

실습!

스파이로 곡선으로 더 많은 실험을 해볼 수 있다.

1. 원을 그리는 방법을 배웠으니, 이번에는 나선을 그리는 프로그램을 작성해보라. 로그 나선logarithmic spiral을 나타내는 매개변수 방정식을 찾은 다음, 그 방정식을 이용해 나선을 그리는 코드를 작성한다.

2. 이번 장의 프로그램에서 터틀 커서는 곡선이 그려지고 있을 때 언제나 오른쪽을 향하고 있다. 하지만 현실 세계의 거북이는 그렇게 움직이지 않는다! 커서의 방향이 곡선이 그려지는 방향과 일치하도록 코드를 수정해보자(힌트: 연속된 점 사이의 방향 벡터를 계산하고, `turtle.setheading()` 메소드를 사용해 커서의 방향을 조정한다).

3. `turtle` 모듈을 사용해 코흐의 눈송이Koch snowflake를 그려보자. 코흐의 눈송이는 재귀 함수recursive function(자기 자신을 호출하는 함수)로 생성되는 프랙탈 곡선이다. 재귀 함수는 다음과 같은 구조로 작성할 수 있다.

```
# 재귀 함수 코흐의 눈송이
def kochSF(x1, y1, x2, y2, t):
    # 중간점 p2, p3를 계산한다
    if segment_length > 10:
        # 자식 세그먼트를 재귀적으로 생성한다
        # 눈송이 #1
        kochSF(x1, y1, p1[0], p1[1], t)
        # 눈송이 #2
        kochSF(p1[0], p1[1], p2[0], p2[1], t)
```

```
    # 눈송이 #3
    kochSF(p2[0], p2[1], p3[0], p3[1], t)
    # 눈송이 #4
    kochSF(p3[0], p3[1], x2, y2, t)
else:
    # 그리기를 수행한다
    # ...
```

도저히 해결 방법을 모르겠다면, http://electronut.in/koch-snowflake-and-the-thue-morse-sequence/에서 답을 확인할 수 있다.

2부
생명체 시뮬레이션

"우선, 소가 둥글다고 가정하자..."
– 익명의 물리학자의 농담

3장
콘웨이의 생명게임

어떤 시스템(체계)의 수학적 모델을 만들고, 모델을 표현하는 프로그램을 작성한 다음, 모델을 시간에 걸쳐 진화시키는 방법으로 시스템을 연구할 때 컴퓨터 시뮬레이션이 사용된다.

이러한 종류의 컴퓨터 시뮬레이션은 다양하지만, 이번 장에서는 영국의 수학자 존 콘웨이John Conway가 만든 콘웨이의 생명게임Game of Life을 소개하기로 한다. 생명게임은 셀룰러 오토마타cellular automaton의 한 예인데, 어떤 그리드(격자)상에 존재하는 색깔 있는 셀(세포)의 집합으로서 각 셀은 인접하는 셀의 상태를 정의하는 규칙에 따라서 시간의 흐름에 따라 진화한다.

이번 프로젝트에서는 $N \times N$개의 셀로 이뤄진 그리드를 생성하고, 콘웨이의 생명게임 규칙을 적용해 시간의 흐름에 따른 시스템의 진화를 시뮬레이션한다. 단위 시간이 지날 때마다 게임의 상태를 보여주고, 최종 결과를 파일로 저장한다. 시스템의 초기 조건은 임의적 분포 혹은 사전 정의된 패턴으로 설정한다.

이 시뮬레이션을 구성하는 요소들은 다음과 같다.

- 1차원 또는 2차원 공간에서 정의된 속성
- 시뮬레이션의 각 단계에서 이 속성을 변경하는 수학적 규칙
- 시스템의 진화에 따른 상태 변화를 표시하거나 포착하는 수단

콘웨이의 생명게임에서 모든 셀은 ON 아니면 OFF 상태다. 초기 조건은 모든 셀에 하나의 상태를 부여하며, 시간에 따라 셀의 상태가 어떻게 변화할지를 결정하는 수학적 규칙도 초기 조건에 포함된다. 콘웨이 생명게임의 놀라운 점은 단지 4개의 간단한 규칙만으로 시스템이 믿을 수 없을 만큼 복잡한 패턴을 만들면서 진화하기 때문에 시스템이 마치 살아 있는 것처럼 느껴진다는 점이다. 패턴에는 여러 그리드를 미끄러지는 '글라이더gliders' 패턴과, ON/OFF를 계속 반복하는 '블링커blinkers' 패턴이 있다.

물론, 이 게임은 철학적으로도 많은 것을 시사한다. 사전 정의된 패턴 없이 단순한 규칙만으로도 복잡한 구조로 진화할 수 있음을 제시하기 때문이다.

이번 프로젝트에서 다루는 내용은 다음과 같다.

- matplotlib의 imshow를 사용해 2차원 데이터 그리드 나타내기
- matplotlib으로 애니메이션 만들기
- numpy 배열 사용
- % 연산자를 사용해 경계 조건 설정하기
- 값을 임의로 분포하기

동작 원리

생명게임은 9개의 사각형 그리드상에서 구축되기 때문에 그림 3-1과 같이 모든 셀은 8개의 인접하는 셀을 갖는다. 셀 (i, j)는 grid$[i][j]$로 표현할 수 있으며, 이때 i와 j는 각각 행과 열 인덱스다. 그리고 특정 시점에서 셀의 값은 그 이전 시간 단계에서 인접 셀들의 상태에 의존한다.

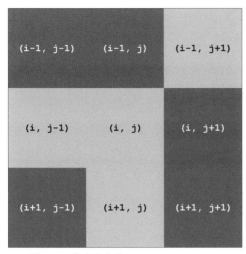

▲ **그림 3-1** 8개의 인접 셀

콘웨이의 생명게임에는 4개의 규칙이 있다.

1. 어떤 셀이 ON 상태이고 ON 상태인 인접 셀이 2개 미만이면 그 셀은 OFF로 바뀐다.

2. 어떤 셀이 ON 상태이고 ON 상태인 인접 셀이 2개 혹은 3개이면 그 셀은 ON 상태를 유지한다.

3. 어떤 셀이 ON 상태이고 ON 상태인 인접 셀이 3개보다 많으면 그 셀은 OFF로 바뀐다.

4. 어떤 셀이 OFF 상태이고 ON 상태인 인접 셀이 3개이면 그 셀은 ON으로 바뀐다.

이 규칙들은 어떤 유기 생명체 그룹이 시간의 흐름에 따라서 취할 수 있는 기본적 전략을 반영한 것이다. 인구과소(ON 상태인 인접 셀이 2개 미만)와 인구과다(ON 상태인 인접 셀이 3개 초과)의 경우 해당 셀을 죽이고(OFF 상태로 만듦), 인구가 균형을 유지할 때는 셀의 ON 상태를 유지하거나(2번 규칙) OFF인 셀을 ON으로 만든다(4번 규칙). 하지만 그리드의 가장자리에 위치한 셀은 어떻게 해야 할까? 이 셀들의 인접 셀은 무엇으로 해야 할까? 이 질문에 답하기 위해서는 **경계 조건**boundary conditions의 개념을 도입해야 한다. 경계 조건은 그리드의 가장자리, 즉 경계에 위치한 셀에 적용되는 규칙을 의미한다. 이번 프로젝트에서는 **환상형 경계 조건**toroidal boundary conditions을 사용하는데, 이것은 도넛 모양이 되도록 사각형 그리드를 감싸는 방법이다. 그림 3-2에 보이는 것처럼, 처음에는 수평 가장자리들(A와 B)이 합쳐져서 원통(실린더)을 형성하고, 그다음에는 수직 가장자리들(C와 D)이 합쳐져서 도넛 모양을 형성한다. 이렇게 환상체가 만들어지면 모든 셀은 인접 셀을 갖게 된다. 공간 전체에 가장자리가 없기 때문이다.

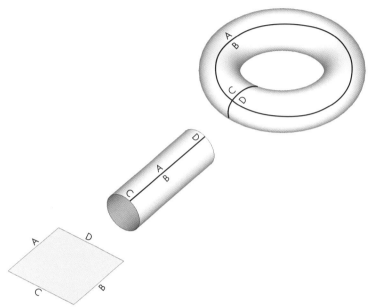

▲ **그림 3-2** 환상체 경계 조건의 개념을 시각화한 것

> **참고** ▶ 이것은 전자오락 게임인 팩맨(Pac-Man)이 동작하는 방식과 유사하다. 화면의 상단보다 위로 올라가면, 화면 하단에 나타난다. 또 화면의 왼쪽 끝으로 나가면 화면의 오른쪽에 나타난다. 이러한 종류의 경계 조건은 2차원 시뮬레이션에서 널리 쓰인다.

다음 알고리즘은 4개의 규칙을 적용하고 시뮬레이션을 실행하는 데 사용된다.

1. 그리드 내의 모든 셀을 초기화한다.

2. 각각의 시간 단계마다 그리드 내의 셀 (i, j)에 대해 아래의 작업을 수행한다.

    a. (경계 조건을 고려하면서) 인접 셀들의 상태에 기반해 (i, j) 셀의 값을 갱신한다.

    b. 그리드 값의 표시를 갱신한다.

요구사항

시뮬레이션의 결과를 표시하기 위해 numpy 배열과 matplotlib 라이브러리를 사용한다. 그리고 시뮬레이션을 갱신하기 위해 matplotlib animation 모듈을 사용한다(matplotlib에 관한 설명은 1장을 참조하자).

코드

이번 장에서는 파이썬 인터프리터를 사용해 시뮬레이션의 각 부분별로 요구되는 기능을 검토하면서 단계별로 코드를 작성할 것이다. 프로젝트의 완전한 코드를 지금 바로 보고 싶으면, 89페이지의 '전체 코드' 절에서 확인할 수 있다.

우선, 이번 프로젝트에 사용될 모듈을 가져온다.

```
>>> import numpy as np
>>> import matplotlib.pyplot as plt
>>> import matplotlib.animation as animation
```

이제 그리드를 만들어보자.

그리드 표현하기

어떤 셀이 살아 있는지(ON) 또는 죽었는지(OFF) 여부를 나타내기 위해 ON과 OFF에 각각 255와 0을 사용한다. 그리드의 현재 상태는 matplotlib의 imshow() 메소드를 사용하는데, 이 메소드는 숫자 행렬을 이미지로 나타낸다. 다음과 같이 입력한다.

```
❶ >>> x = np.array([[0, 0, 255], [255, 255, 0], [0, 255, 0]])
❷ >>> plt.imshow(x, interpolation='nearest')
   plt.show()
```

❶에서는 3×3 2차원 numpy 배열을 정의하며, 이 배열의 요소는 모두 정수다. 그런 다음 ❷에서 plt.show() 메소드를 사용해 이 행렬을 이미지로 표시하는데, 이때 보간 옵션을 'nearest'로 전달하기 때문에 셀의 가장자리가 선명하게 보인다(이 옵션을 지정하지 않으면 뭉개져 보인다).

그림 3-3은 실행 결과를 보여준다.

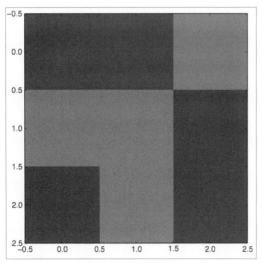

▲ **그림 3-3** 그리드를 화면에 표시하기

값이 0(OFF)인 경우는 어두운 회색으로 표시되고, 255(ON)인 경우는 밝은 회색으로
표시되고 있다. 이것은 imshow()에서 사용되는 기본 컬러맵colormap이다.

초기 조건

시뮬레이션을 시작하기 위해, 2차원 그리드 내의 모든 셀에 초기 상태를 설정한다. 이
때 ON과 OFF가 임의로 분포되도록 지정한 뒤 어떤 패턴이 나타나는지 지켜볼 수도
있고, 특정 패턴을 처음에 지정한 뒤 어떻게 진화하는지 볼 수도 있다. 여기서는 두 가
지 방법을 모두 살펴보자.

초기 상태를 임의로 지정하려면, numpy의 random 모듈에서 choice() 메소드를
사용한다. 다음과 같이 입력한다.

```
np.random.choice([0, 255], 4*4, p=[0.1, 0.9]).reshape(4, 4)
```

실행 결과는 다음과 같다.

```
array([[255, 255, 255, 255],
       [255, 255, 255, 255],
       [255, 255, 255, 255],
       [255, 255, 255,   0]])
```

np.random.choice는 주어진 리스트 [0, 255]에서 하나의 값을 선택하는데, 이때 각 값이 선택될 확률은 p=[0.1, 0.9]로 주어진다. 따라서 0이 선택될 확률은 0.1(즉 10%)이고, 255가 선택될 확률은 0.9(즉 90%)이다(p에서 두 값의 합은 반드시 1이어야 한다). 이 choice() 메소드는 16개의 값을 갖는 1차원 배열을 생성하기 때문에, .reshape를 사용해 2차원 배열로 변환한다.

임의로 값을 채우는 방법을 사용하지 않고 특정 패턴을 초기 조건으로 지정하기 위해서는 그리드 내 모든 셀의 값을 0으로 초기화한 뒤 메소드를 사용해 특정 행과 열에 패턴을 추가하는 방법을 사용한다.

```
    def addGlider(i, j, grid):
        """상단 좌측 셀 (i, j)에 글라이더를 추가한다"""
❶      glider = np.array([[0, 0, 255],
                          [255, 0, 255],
                          [0, 255, 255]])
❷      grid[i:i+3, j:j+3] = glider
❸  grid = np.zeros(N*N).reshape(N, N)
❹  addGlider(1, 1, grid)
```

❶에서 3×3 numpy 배열을 사용해 글라이더 패턴(그리드 위를 천천히 이동하는 패턴)을 정의한다. ❷에서는 이 패턴 배열을 시뮬레이션의 2차원 그리드로 복사하는 numpy 슬라이스 연산을 볼 수 있는데, 이 그리드의 좌측 상단 모퉁이가 i와 j로 지정된 좌표에 배치되고 있다. ❸에서는 0으로만 이뤄진 $N \times N$ 배열을 생성하고, ❹에서는 addGlider() 메소드를 호출해 그리드를 글라이더 패턴으로 초기화한다.

경계 조건

이제, 환상형(도넛형) 경계 조건을 구현하는 방법을 생각해보자. 먼저, 크기가 $N \times N$인 그리드의 오른쪽 가장자리부터 따져보자. i번째 행의 오른쪽 끝에 위치하는 셀은 grid[i][N-1]로 접근할 수 있다. 이 셀의 오른쪽 인접 셀은 원래는 grid[i][N]이 되지만, 환상형 경계 조건에 따라서 grid[i][N]은 grid[i][0]으로 바뀌어야 한다. 이 과정을 코드로 작성하면 다음과 같다.

```
if j == N-1:
    right = grid[i][0]
else:
    right = grid[i][j+1]
```

좌측 끝, 상단, 하단에도 비슷한 경계 조건을 적용해야 하는데, 4군데 가장자리 전부에 적용하려면 코드가 많이 추가돼야 한다. 하지만 파이썬의 모듈러스modulus(%) 연산자를 사용함으로써 훨씬 간결한 코드로 구현할 수가 있다.

```
>>> N = 16
>>> i1 = 14
>>> i2 = 15
>>> (i1+1)%N
15
>>> (i2+1)%N
0
```

위 실행 결과에서 볼 수 있듯이, % 연산자는 정수를 N으로 나눈 나머지를 반환한다. 이 연산자를 사용해 다음과 같이 그리드 접근 코드를 재작성함으로써 가장자리에서 순환되게 만들 수 있다.

```
right = grid[i][(j+1)%N]
```

이제 어떤 셀이 그리드의 가장자리에 위치할 때(다시 말하면 j = N-1일 때) 이 셀의 오른쪽 인접 셀은 (j+1)%N에 의해 j가 0으로 설정되며, 따라서 그리드의 좌측으로 순환될 것이다. 마찬가지로 이 방법을 그리드의 하단에 적용하면, 하단에서 상단으로 순환될 것이다.

규칙 구현하기

생명게임의 규칙은 ON 또는 OFF 상태인 인접 셀의 개수에 기초한다. 규칙의 적용을 단순화하기 위해 ON 상태인 인접 셀들의 총 개수를 계산하자. ON 상태는 값이 255이므로 ON 상태인 셀의 개수를 얻으려면 인접 셀의 값을 모두 더한 다음에 255로 나누기만 하면 된다. 코드는 다음과 같다.

```
# 콘웨이의 규칙을 적용한다
if grid[i, j] == ON:
❶    if (total < 2) or (total > 3):
        newGrid[i, j] = OFF
else:
    if total == 3:
❷        newGrid[i, j] = ON
```

❶에서는 ON 상태이면서, ON 상태인 인접 셀이 2개 미만이거나 3개 초과인 셀의 상태가 OFF로 바뀐다. ❷에서는 OFF 상태이면서, ON 상태의 인접 셀이 3개인 셀의 상태가 ON으로 바뀐다.

이제, 시뮬레이션의 전체 코드를 작성해보자.

프로그램에 명령 라인 인수 전달하기

다음 코드는 프로그램에 명령 라인 인수를 보낸다.

```
# main() 함수
def main():
    # 명령 라인 인수들은 sys.argv[1], sys.argv[2], ... 안에 있다.
    # sys.argv[0]은 스크립트 이름이며 무시해도 된다
    # 인수들을 파싱한다
❶    parser = argparse.ArgumentParser(description="Runs Conway's Game of Life
        simulation.")
    # 인수들을 추가한다
❷    parser.add_argument('--grid-size', dest='N', required=False)
❸    parser.add_argument('--mov-file', dest='movfile', required=False)
❹    parser.add_argument('--interval', dest='interval', required=False)
❺    parser.add_argument('--glider', action='store_true', required=False)
    args = parser.parse_args()
```

main() 함수는 프로그램의 명령 라인 매개변수를 정의하는 것부터 시작한다. ❶에서 명령 라인 옵션을 추가하기 위해 argparse 클래스를 사용하고, 그다음 줄에서 다양한 옵션을 추가하고 있다. ❷에서는 그리드의 크기 *N*을 지정하고, ❸에서는 저장될 .mov 파일명을 지정한다. ❹에서는 밀리초 단위로 애니메이션 갱신 간격을 설정하고, ❺에서는 글라이더 패턴으로 시뮬레이션을 시작한다.

시뮬레이션 초기화하기

마침내, 시뮬레이션을 초기화하는 코드를 설명할 차례가 되었다.

```
# 그리드 크기를 설정한다
N = 100
if args.N and int(args.N) > 8:
    N = int(args.N)

# 애니메이션 갱신 간격을 설정한다
updateInterval = 50
if args.interval:
    updateInterval = int(args.interval)

# 그리드를 선언한다
❶ grid = np.array([])
# 글라이더 데모 플래그가 지정됐는지 검사한다
if args.glider:
    grid = np.zeros(N*N).reshape(N, N)
    addGlider(1, 1, grid)
else:
    # 임의로 on/off를 그리드에 지정한다
    grid = randomGrid(N)
```

위 코드는 main() 함수 내에 위치하는데, 명령 라인 옵션 파싱이 끝난 뒤 명령 라인에서 지정된 매개변수에 적용된다. 예를 들어, ❶과 그 이하의 코드들은 초기 조건을 임의 패턴(기본 설정)이나 글라이더 패턴으로 설정한다.

마지막으로, 애니메이션을 설정한다.

```
    # 애니메이션을 설정한다
❶ fig, ax = plt.subplots()
   img = ax.imshow(grid, interpolation='nearest')
❷ ani = animation.FuncAnimation(fig, update, fargs=(img, grid, N, ),
                                frames=10,
                                interval=updateInterval,
                                save_count=50)

   # 프레임의 수?
   # 출력 파일을 설정한다
   if args.movfile:
       ani.save(args.movfile, fps=30, extra_args=['-vcodec', 'libx264'])

   plt.show()
```

❶에서는 `matplotlib`의 플롯 및 애니메이션 매개변수를 지정한다. ❷에서 `animation.FuncAnimation()`은 앞서 정의했던 `update()` 함수를 호출하는데, 이 함수는 환상형 경계 조건을 이용해 콘웨이의 생명게임 규칙에 따라 그리드를 갱신한다.

전체 코드

다음 프로그램은 콘웨이 생명게임 시뮬레이션의 완전한 코드다. https://github.com/electronut/pp/blob/master/conway/conway.py에서도 이 코드를 다운로드할 수 있다.

```
import sys, argparse
import numpy as np
import matplotlib.pyplot as plt
import matplotlib.animation as animation

ON = 255
OFF = 0
vals = [ON, OFF]

def randomGrid(N):
    """NxN개의 임의의 값으로 채워진 그리드를 반환한다"""
    return np.random.choice(vals, N*N, p=[0.2, 0.8]).reshape(N, N)
```

```python
def addGlider(i, j, grid):
    """상단 좌측 셀 (i, j)에 글라이더를 추가한다"""
    glider = np.array([[0,    0, 255],
                       [255,  0, 255],
                       [0,  255, 255]])
    grid[i:i+3, j:j+3] = glider


def update(frameNum, img, grid, N):
    # 그리드를 복사한다(계산을 위해서는 8개의 인접 셀이 필요하기 때문에)
    # 한 줄씩 수행한다
    newGrid = grid.copy()
    for i in range(N):
        for j in range(N):
            # 환상형 경계 조건을 사용해 인접 셀 8개의 합계를 계산한다
            # 시뮬레이션이 환상체의 표면에서 일어나도록
            # x와 y를 순환시킨다
            total = int((grid[i, (j-1)%N] + grid[i, (j+1)%N] +
                        grid[(i-1)%N, j] + grid[(i+1)%N, j] +
                        grid[(i-1)%N, (j-1)%N] + grid[(i-1)%N, (j+1)%N] +
                        grid[(i+1)%N, (j-1)%N] + grid[(i+1)%N, (j+1)%N])/255)
            # 콘웨이의 규칙을 적용한다
            if grid[i, j]  == ON:
                if (total < 2) or (total > 3):
                    newGrid[i, j] = OFF
            else:
                if total == 3:
                    newGrid[i, j] = ON
    # 데이터를 갱신한다
    img.set_data(newGrid)
    grid[:] = newGrid[:]
    return img,


# main() 함수
def main():
    # 명령 라인 인수는 sys.argv[1], sys.argv[2], ...에 들어 있다
    # sys.argv[0]은 스크립트 이름이며 무시해도 된다
    # 인수들을 파싱한다
    parser = argparse.ArgumentParser(description="Runs Conway's Game of Life
        simulation.")
    # 인수들을 추가한다
    parser.add_argument('--grid-size', dest='N', required=False)
    parser.add_argument('--mov-file', dest='movfile', required=False)
    parser.add_argument('--interval', dest='interval', required=False)
    parser.add_argument('--glider', action='store_true', required=False)
```

```python
    parser.add_argument('--gosper', action='store_true', required=False)
    args = parser.parse_args()

    # 그리드 크기를 설정한다
    N = 100
    if args.N and int(args.N) > 8:
        N = int(args.N)

    # 애니메이션 갱신 간격을 설정한다
    updateInterval = 50
    if args.interval:
        updateInterval = int(args.interval)

    # 그리드를 선언한다
    grid = np.array([])
    # 글라이더 데모 플래그가 지정됐는지 검사한다
    if args.glider:
        grid = np.zeros(N*N).reshape(N, N)
        addGlider(1, 1, grid)
    else:
        # 임의로 on/off를 그리드에 지정한다
        grid = randomGrid(N)

    # 애니메이션을 설정한다
    fig, ax = plt.subplots()
    img = ax.imshow(grid, interpolation='nearest')
    ani = animation.FuncAnimation(fig, update, fargs=(img, grid, N, ),
                                  frames = 10,
                                  interval=updateInterval,
                                  save_count=50)

    # 프레임의 개수?
    # 출력 파일을 설정한다
    if args.movfile:
        ani.save(args.movfile, fps=30, extra_args=['-vcodec', 'libx264'])

    plt.show()

# 메인 함수를 호출한다
if __name__ == '__main__':
    main()
```

생명게임 시뮬레이션 실행

이제 코드를 실행해보자.

$ python3 conway.py

이번 실행에서는 기본 매개변수를 사용한다. 즉 그리드 크기는 100×100이고, 갱신 간격은 50밀리초다. 시뮬레이션을 해보면 그림 3-4와 같이 그리드가 어떻게 다양한 패턴을 생성하고 유지하면서 진화를 계속하는지 관찰할 수 있다.

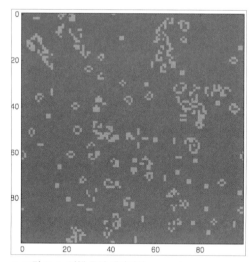

▲ **그림 3-4** 진행 중인 생명게임

그림 3-5는 시뮬레이션 중 발견할 수 있는 패턴 몇 개를 보여준다. 글라이더 패턴 외에도 3셀 블링커나 블록 혹은 덩어리 모양의 정적인 패턴도 발견할 수 있다.

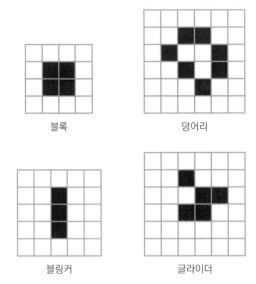

블록   덩어리

블링커   글라이더

▲ **그림 3-5** 생명게임의 패턴

이번에는 다음과 같이 매개변수를 지정해 시뮬레이션을 실행하자.

```
$ python conway.py --grid-size 32 --interval 500 --glider
```

32×32의 그리드를 생성하고 500밀리초마다 애니메이션을 갱신하며, 그림 3-5의 오른쪽 하단에 보이는 글라이더 패턴을 초기 조건으로 사용한다.

정리

이번 프로젝트에서는 콘웨이의 생명게임을 알아봤다. 몇 가지 규칙에 근거해 기본적인 컴퓨터 시뮬레이션을 설정하는 방법과 matplotlib을 사용해 시스템의 상태가 진화하는 모습을 시각화하는 방법을 배웠다.

이번 장에서 살펴본 콘웨이 생명게임 구현은 성능보다는 단순성에 초점을 맞춘 것이다. 여러 가지 방법으로 이 시뮬레이션 게임의 계산 속도를 높일 수 있으며, 이와 관련해서 많은 수의 연구 결과가 공개되어 있다. 인터넷 검색을 통해 충분히 좋은 연구들을 찾을 수 있을 것이다.

실습!

콘웨이의 생명게임으로 더 많은 실습을 해볼 수 있다.

1. 그림 3-6에 보이는 패턴을 그리드에 추가하는 addGosperGun() 메소드를 작성한다. 이 패턴은 고스퍼 글라이더 건_{Gosper Glider Gun}이라고 부른다. 시뮬레이션을 실행하고, 이 건(총)이 무엇을 하는지 관찰해보자.

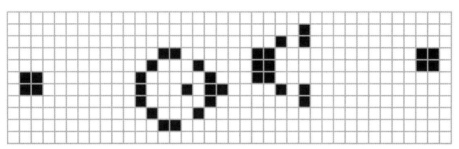

▲ **그림 3-6** 고스퍼 글라이더 건

2. 텍스트 파일에서 초기 패턴을 읽어서 시뮬레이션의 초기 조건을 설정하는 readPattern() 메소드를 작성한다. 이 파일의 포맷은 다음과 같다.

```
8
0 0 0 255 ...
```

첫 번째 줄은 N을 정의하고, 파일의 나머지 부분은 $N \times N$개의 정수(0 또는 255)로서 공백으로 구분된다. 이때 open이나 file.read 등의 파이썬 메소드를 사용할 수 있다. 이 문제는 특정 패턴이 생명게임의 규칙을 통해 어떻게 진화하는지 연구하는 데 도움이 된다. 프로그램을 실행할 때 --pattern-file 명령 라인 옵션으로 이 파일을 사용할 수 있어야 한다.

4장
카플러스 스트롱
알고리즘을 이용한
배음 생성

음악 소리의 주요 특징 중 하나는 음고音高, 즉 주파수다. 주파수는 초당 진동의 수를 가리키며, 단위는 헤르츠Hz다. 예를 들어, 어쿠스틱 기타의 위쪽에서 세 번째 줄은 146.83Hz의 주파수로 D 음을 내는데, 이 소리는 그림 4-1과 같이 컴퓨터에서 146.83Hz의 주파수를 갖는 정현파sine wave를 생성함으로써 비슷하게 만들어낼 수 있다.

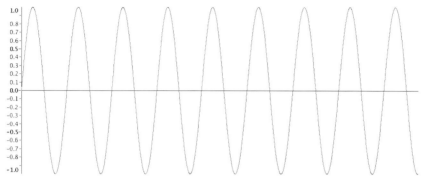
▲ **그림 4-1** 146.83Hz의 정현파

하지만 불행히도 여러분의 컴퓨터에서 이 정현파를 재생하면 전혀 기타나 피아노 소리처럼 들리지 않는다. 같은 음을 연주하는데 왜 컴퓨터의 소리는 악기의 소리와 그토록 다르게 들릴까?

여러분이 기타의 줄을 튕기면, 그림 4-2의 **스펙트럴 플롯**spectral plot에서 볼 수 있듯이 다양한 강도의 혼합 주파수가 만들어진다. 소리는 처음 줄을 튕겼을 때 가장 강하고, 이후로는 서서히 강도가 약해진다. 여러분이 기타에서 D 음을 튕겼을 때 주로 들리는 주파수(기본 주파수fundamental frequency라고 부른다)가 바로 146.83Hz인데, 사실은 이 주파수의 배수도 귀에 들리며 이러한 소리를 가리켜 배음overtone이라고 부른다. 어떤 악기의 소리든 이와 같이 기본 주파수와 배음으로 이뤄지며, 기타의 소리를 기타답게 만드는 것은 기본 주파수와 배음의 조합인 것이다.

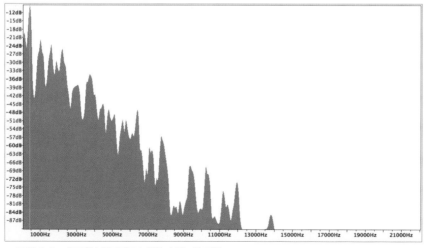
▲ **그림 4-2** 기타에서 연주된 D4 음의 스펙트럴 플롯

따라서 컴퓨터에서 현악기에서 만들어진 소리를 시뮬레이션하기 위해서는 기본 주파수와 배음을 모두 생성할 수 있어야 하는데, 이때 카플러스 스트롱Karplus-Strong 알고리즘을 사용할 수 있다.

이번 프로젝트에서는 카플러스 스트롱 알고리즘을 사용해 어떤 음계(일련의 서로 관련된 음들)의 기타 음을 5개 생성한다. 그리고 이 음들을 생성하는 데 사용된 알고리즘을 시각화하고 WAV 파일로 저장할 것이다. 또한 임의로 재생하는 방법을 작성하고, 다음 작업을 수행하는 방법을 배운다.

- 파이썬 deque 클래스를 사용해 원형 버퍼 구현하기
- numpy 배열과 ufuncs의 사용
- pygame을 사용해 WAV 파일 재생하기
- matplotlib을 사용해 그래프 그리기
- 5음 음계 연주하기

파이썬에서 카플러스 스트롱 알고리즘을 구현하는 방법뿐만 아니라 WAV 파일의 포맷 및 5음 음계 내에서 음을 생성하는 방법도 자세히 알아볼 것이다.

동작 원리

카플러스 스트롱 알고리즘은 튕겨진 줄의 소리를 시뮬레이션할 수 있는데, 이때 기타 줄처럼 양단에 견고하게 묶여 있는 줄을 시뮬레이션하기 위해 변위 값으로 이뤄진 원형 버퍼ring buffer를 이용한다.

원형 버퍼(순환 버퍼circular buffer라고도 부른다)는 고정 길이의 버퍼(단순 배열에 불과하다)로서, 스스로 순환하는 자료 구조다. 다시 말해, 원형 버퍼의 끝에 도달했을 때 그다음에 접근되는 요소는 원형 버퍼의 첫 번째 요소가 된다(원형 버퍼에 관한 자세한 설명은 102페이지의 'deque로 원형 버퍼 구현하기' 절을 참조하라).

원형 버퍼의 길이(N)는 $N = S/f$에 의해 정해지는데, S는 샘플링 레이트sampling rate이고 f는 주파수frequency다. 따라서 원형 버퍼의 길이는 진동의 기본 주파수와 관련이 있다.

시뮬레이션이 시작되면 원형 버퍼는 [-0.5, 0.5] 범위 내의 임의의 값으로 채워진다.

이 값들은 튕겨진 줄이 진동할 때 발생하는 임의의 변위를 나타내는 것으로 생각할 수 있다.

원형 버퍼 외에, 특정 시점에 소리의 강도를 저장하는 샘플 버퍼samples buffer도 사용될 것이다. 이 버퍼의 길이와 샘플링 레이트는 소리 클립의 길이를 결정한다.

시뮬레이션

시뮬레이션은 샘플 버퍼가 그림 4-3과 같은 피드백 과정을 통해 모두 채워질 때까지 계속된다. 시뮬레이션의 각 단계에서 수행되는 것은 다음과 같다.

1. 원형 버퍼의 첫 번째 값을 샘플 버퍼에 저장한다.

2. 원형 버퍼의 처음 두 요소의 평균을 계산한다.

3. 이 평균값을 감쇠 계수(여기서는 0.995)로 곱한다.

4. 이 값을 원형 버퍼의 끝에 추가한다.

5. 원형 버퍼의 첫 번째 요소를 제거한다.

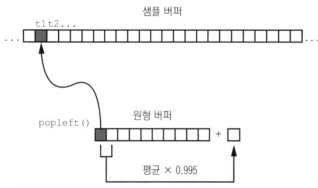

▲ **그림 4-3** 원형 버퍼와 카플러스 스트롱 알고리즘

튕겨진 줄을 시뮬레이션하기 위해, 음파의 에너지를 나타내는 숫자로 원형 버퍼를 채운다. 그리고 최종적인 소리 데이터가 들어갈 샘플 버퍼는 원형 버퍼의 값들을 차례로 반복 수행하면서 생성되는데, 원형 버퍼의 값들은 평균화(구체적인 방법은 조금 뒤에 설명한다)를 통해 갱신된다.

이 피드백 과정은 진동하는 줄을 통해 전파되는 에너지를 시뮬레이션하고 있다. 물리학에 따르면, 진동하는 줄의 기본 주파수는 줄의 길이에 반비례한다. 지금 우리는 특정 주파수의 소리들을 발생시키고자 하므로, 원형 버퍼의 길이는 그 주파수에 반비례해야 한다. 시뮬레이션의 1단계에서 수행되는 평균화는 높은 주파수를 차단하고 낮은 주파수만 통과시키는 저주파 통과 필터low-pass filter로서 동작하는데, (기본 주파수의 배수들 중에서 값이 큰) 고주파 배음higher harmonics을 제거하는 역할을 한다. 마지막으로, 감쇠 계수를 사용해 음파가 줄을 따라 앞뒤로 전파되면서 발생하는 에너지 손실을 시뮬레이션한다.

시뮬레이션의 1단계에서 사용된 샘플 버퍼는 시간의 흐름에 따라 발생하는 소리의 진폭을 나타낸다. 어떤 주어진 시점에서의 진폭을 계산하기 위해, 원형 버퍼의 처음 두 요소의 평균을 계산한 뒤 그 값을 감쇠 계수와 곱하여 원형 버퍼를 갱신한다. 이렇게 계산된 값은 원형 버퍼의 끝에 추가되고 첫 번째 요소는 제거된다.

이제, 알고리즘이 어떻게 동작하는지 간단한 예제를 살펴보자. 다음 표는 연속된 시간 단계에서 어떤 원형 버퍼에 들어 있는 값들로서, 이 값들은 소리의 진폭을 나타낸다. 이 버퍼는 5개의 요소를 가지며, 초기에 어떤 숫자로 채워진다.

| 시간 단계 1 | 0.1 | -0.2 | 0.3 | 0.6 | -0.5 |
| 시간 단계 2 | -0.2 | 0.3 | 0.6 | -0.5 | -0.199 |

단계 1에서 2로 넘어갈 때, 다음과 같이 카플러스 스트롱 알고리즘이 적용된다. 우선, 첫 번째 값 0.1이 제거된다. 그리고 단계 1에서 0.1 뒤의 모든 후속 값이 단계 2에 순서를 그대로 유지하면서 추가된다. 단계 2의 마지막 값은 단계 1의 처음과 마지막 값의 감쇠 평균으로서, $0.995 \times ((0.1 + -0.5) \div 2) = -0.199$로 계산된다.

WAV 파일 생성하기

WAVWaveform Audio Format 파일은 오디오 데이터를 저장하는 데 사용된다. 구조가 단순하고 복잡한 압축 기술이 사용되지 않기 때문에 소규모 프로젝트에 적합하다.

가장 간단한 형태의 WAV 파일은 특정 시점에서 녹음된 소리의 진폭을 나타내는 일련의 비트들로 이루어진다. 이를 레졸루션resolution이라고 하는데, 이번 프로젝트에서는

16비트 레졸루션을 사용한다. 샘플링 레이트sampling rate도 중요한데, 이 값은 오디오가 1초에 샘플링sampling되는, 즉 읽히는 횟수를 의미한다. 이번 프로젝트에서는 음악 CD와 동일한 44,100Hz의 샘플링 레이트를 사용한다. 파이썬을 사용해 220Hz 정현파의 5초 짜리 오디오 클립을 생성해보자. 우선, 다음 식으로 정현파를 나타낼 수 있다.

$$A = \sin(2\pi ft)$$

여기서 A는 음파의 진폭, f는 주파수이고, t는 현재 시간을 가리키는 인덱스다. 이 식을 다음과 같이 바꿀 수 있다.

$$A = \sin(2\pi fi/R)$$

이 식에서 i는 샘플의 인덱스이고, R은 샘플링 레이트다. 이 두 방정식을 사용해 200Hz 정현파의 WAV 파일을 다음과 같이 만들 수 있다.

```
import numpy as np
import wave, math

sRate = 44100
nSamples = sRate * 5
❶ x = np.arange(nSamples)/float(sRate)
❷ vals = np.sin(2.0*math.pi*220.0*x)
❸ data = np.array(vals*32767, 'int16').tostring()
file = wave.open('sine220.wav', 'wb')
❹ file.setparams((1, 2, sRate, nSamples, 'NONE', 'uncompressed'))
file.writeframes(data)
file.close()
```

❶과 ❷에서는 두 번째 식에 따라서 진폭 값들로 이뤄진 numpy 배열(1장 참조)을 생성한다. numpy 배열은 sin() 함수를 배열에 쉽고 빠르게 적용할 수 있다.

❸에서는 [-1, 1] 범위 내로 계산된 정현파 값들이 16비트 값으로 바뀐 뒤, 파일에 기록될 수 있도록 문자열로 변환된다. ❹에서는 WAV 파일 생성에 필요한 매개변수를 설정하는데, 단일 채널(모노), 2바이트(16비트), 비압축 포맷으로 설정되고 있다. 그림 4-4는 이렇게 생성된 sine220.wav 파일을 무료 오디오 편집기인 Audacity에서 보여주고 있다. 예상했던 대로 주파수 220Hz의 정현파를 볼 수 있으며, 재생을 해보면 220Hz 소리가 5초간 들릴 것이다.

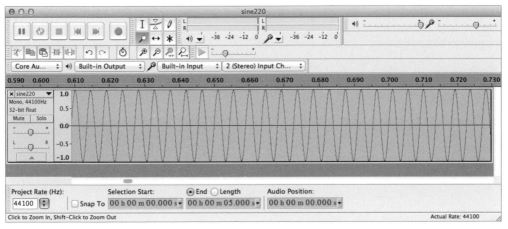

▲ **그림 4-4** 220Hz 정현파

단 5음계

음계musical scale는 음고 혹은 주파수가 증가 혹은 감소하는 순서로 일련의 음을 차례대로 배열한 것을 의미한다. 음정musical interval은 두 음고 간의 차이다. 일반적으로, 작곡을 할 때 모든 음은 특정한 음계에서 선택된다. 반음semitone은 음계의 기본적인 구성 단위로서 서양 음악에서 가장 작은 음정이며, 온음tone은 반음의 두 배 길이다. 장음계major scale는 가장 일반적인 음계의 하나로서, 온음-온음-반음-온음-온음-온음-반음 패턴으로 정의된다.

지금부터 이번 프로젝트에서 음을 생성할 5음계를 간단히 알아보자. 그리고 카플러스 스트롱 알고리즘으로 이러한 음을 생성하기 위해 사용되는 주파수를 어떻게 알 수 있는지도 설명할 것이다. 5음계pentatonic scale는 5개의 음으로 구성된 음계로서, 예를 들어 미국의 유명한 노래 '오! 수잔나'는 5음계를 기반으로 한다. 이 음계의 변형 중 하나가 바로 단 5음계다.

이 음계에서 음의 순서는 (온음+반음)-온음-온음-(온음+반음)-온음이다. 따라서 C 단조 5음계는 C, 내림 E, F, G, 내림 B 음으로 구성된다. 표 4-1은 카플러스 스트롱 알고리즘으로 생성되는 단 5음계에서 5개 음의 주파수를 보여준다(여기서 C4는 피아노 네 번째 옥타브의 C를 가리키며, 관습적으로 중간 C라고도 부른다).

음	주파수(Hz)
C4	261.6
내림 E	311.1
F	349.2
G	392.0
내림 B	466.2

요구사항

이번 프로젝트에서는 WAV 포맷의 오디오 파일을 생성하기 위해 파이썬의 wave 모듈을 사용한다. 카플러스 스트롱 알고리즘을 구현하기 위해 numpy 배열이 사용되며, 원형 버퍼를 구현하기 위해 파이썬의 deque 클래스가 사용될 것이다. 또한 WAV 파일을 pygame 모듈로 재생할 것이다.

코드

지금부터 카플러스 스트롱 알고리즘을 구현하는 데 필요한 코드를 부분별로 개발하고, 각 부분을 합쳐서 전체 프로그램을 구성할 것이다. 지금 바로 전체 코드를 확인하고 싶다면 108페이지의 '전체 코드' 절을 보면 된다.

deque로 원형 버퍼 구현하기

앞서도 말했듯이, 카플러스 스트롱 알고리즘은 원형 버퍼를 사용해 음을 생성한다. 원형 버퍼는 파이썬 collections 모듈의 일부로서 특수한 데이터 타입을 제공하는 deque('데크'라고 발음한다) 컨테이너를 사용해 구현할 것이다. deque는 양단, 즉 처음(헤드)과 끝(테일)에서 모두 요소를 삽입 및 제거할 수 있다(그림 4-5 참조). deque의 삽입 및 제거의 시간 복잡도는 O(1)로서 '상수 시간'에 수행 가능하다. 즉 deque 컨테이너의 크기에 상관없이 처리 시간은 언제나 동일하다.

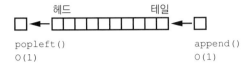

▲ **그림 4-5** deque를 사용한 원형 버퍼

다음 코드는 파이썬에서 deque를 사용하는 방법을 보여준다.

```
>>> from collections import deque
❶ >>> d = deque(range(10))
   >>> print(d)
   deque([0, 1, 2, 3, 4, 5, 6, 7, 8, 9])
❷ >>> d.append(-1)
   >>> print(d)
   deque([0, 1, 2, 3, 4, 5, 6, 7, 8, 9, -1])
❸ >>> d.popleft()
   0
   >>> print d
   deque([1, 2, 3, 4, 5, 6, 7, 8, 9, -1])
```

❶에서 range() 메소드에 의해 생성된 리스트를 전달해 deque 컨테이너를 만든다. ❷에서는 deque 컨테이너의 끝에 요소를 추가하고, ❸에서는 deque의 헤드에서 첫 번째 요소를 꺼낸다(제거한다). 이 두 연산은 매우 빠르게 실행된다.

카플러스 스트롱 알고리즘 구현하기

deque 컨테이너는 카플러스 스트롱 알고리즘에서 원형 버퍼를 구현하기 위해서도 사용될 수 있다.

```
   # 주어진 주파수의 음을 생성한다
   def generateNote(freq):
       nSamples = 44100
       sampleRate = 44100
       N = int(sampleRate/freq)
       # 원형 버퍼를 초기화한다
❶      buf = deque([random.random() - 0.5 for i in range(N)])
       # 샘플 버퍼를 초기화한다
```

```
❷      samples = np.array([0]*nSamples, 'float32')
       for i in range(nSamples):
❸          samples[i] = buf[0]
❹          avg = 0.996*0.5*(buf[0] + buf[1])
           buf.append(avg)
           buf.popleft()

       # 샘플을 16비트 값으로 변환하고, 다시 문자열로 변환한다
       # 최댓값은 32767이다
❺      samples = np.array(samples*32767, 'int16')
❻      return samples.tostring()
```

❶에서는 [-0.5, 0.5] 범위 내의 임의의 숫자로 deque를 초기화한다. ❷에서는 소리 샘플을 저장하는 부동소수점 수 배열을 설정한다. 이 배열의 길이는 샘플링 레이트와 일치하므로, 생성될 소리 클립의 길이는 1초가 될 것이다.

deque의 첫 번째 요소는 ❸에서 샘플 버퍼로 복사된다. ❹와 그 아래의 몇 줄은 저주파 통과 필터와 감쇠를 구현한다. ❺에서 samples 배열은 배열 내의 모든 값에 32,767을 곱하는 방법으로 16비트 포맷으로 변환된다(부호 있는 16비트 정수는 -32,768부터 32,767까지의 값을 가질 수 있다). 그리고 ❻에서는 이 데이터를 파일로 저장하는데, wave 모듈에 맞도록 문자열 표현으로 변환된다.

WAV 파일 기록하기

오디오 데이터가 생성됐으니, 이제 파이썬 wave 모듈을 사용해 WAV 파일에 기록할 수 있다.

```
    def writeWAVE(fname, data):
        # 파일을 연다
❶      file = wave.open(fname, 'wb')
        # WAV 파일을 위한 매개변수들
        nChannels = 1
        sampleWidth = 2
        frameRate = 44100
        nFrames = 44100
        # 매개변수들을 설정한다
❷      file.setparams((nChannels, sampleWidth, frameRate, nFrames,
                        'NONE', 'noncompressed'))
```

```
❸      file.writeframes(data)
       file.close()
```

❶에서 WAV 파일을 생성하고, ❷에서는 단일 채널, 16비트, 비압축 포맷으로 매개변수를 설정한다. 마지막으로, ❸에서 파일에 데이터를 기록한다.

pygame으로 WAV 파일 재생하기

이번에는 알고리즘에 의해 생성된 WAV 파일을 재생하기 위해 파이썬 pygame 모듈을 사용해보자. pygame은 게임을 작성할 때 널리 쓰이는 파이썬 모듈로서, 컴퓨터의 사운드, 그래픽, 입력 디바이스에 접근할 수 있는 빠른 속도의 저수준 라이브러리인 SDLSimple DirectMedia Layer 라이브러리 위에서 동작한다.

편의를 위해 다음과 같이 NotePlayer 클래스에 코드를 캡슐화한다.

```
# WAV 파일을 재생한다
class NotePlayer:
    # 생성자
    def __init__(self):
❶       pygame.mixer.pre_init(44100, -16, 1, 2048)
        pygame.init()
        # 음으로 이뤄진 딕셔너리
❷       self.notes = {}
    # 음을 추가한다
    def add(self, fileName):
❸       self.notes[fileName] = pygame.mixer.Sound(fileName)
    # 음을 재생한다
    def play(self, fileName):
        try:
❹           self.notes[fileName].play()
        except:
            print(fileName + ' not found!')
    def playRandom(self):
        """음을 임의로 재생한다"""
❺       index = random.randint(0, len(self.notes)-1)
❻       note = list(self.notes.values())[index]
        note.play()
```

❶에서는 44,100Hz의 샘플링 레이트, 16비트 부호 있는 값, 단일 채널, 버퍼 크기 2048로 pygame의 mixer 클래스를 사전 초기화한다. ❷에서는 음으로 이뤄진 딕셔너리를 생성하는데, 이 딕셔너리는 파일명으로 pygame 소리 객체를 저장하는 데 사용될 것이다. 다음으로, NotePlayer의 add() 메소드❸는 소리 객체를 생성하고 notes 딕셔너리에 저장한다.

❹에서 play()가 호출될 때, 파일명과 관련된 소리 객체를 선택하고 재생하기 위해 notes 딕셔너리가 사용되는 방법에 주목하자. playRandom() 메소드는 이미 생성된 5개의 음 중에서 하나를 임의로 선택한 뒤 재생한다. ❺에서 randint는 [0, 4] 범위에서 임의의 정수를 선택하고, ❻에서는 재생할 음을 딕셔너리에서 하나 선택한다.

main() 메소드

음을 생성하고 재생하는 데 필요한 명령 라인 옵션들을 처리하는 main() 메소드를 살펴보자.

```
  parser = argparse.ArgumentParser(description="Generating sounds with
      Karplus String Algorithm")
  # 인수들을 추가한다
❶ parser.add_argument('--display', action='store_true', required=False)
  parser.add_argument('--play', action='store_true', required=False)
  parser.add_argument('--piano', action='store_true', required=False)
  args = parser.parse_args()

  # 플래그가 설정되어 있으면 플롯을 보여준다
  if args.display:
     gShowPlot = True
     plt.ion()

  # 플레이어 (음 재생기)를 생성한다
  nplayer = NotePlayer()

  print('creating notes...')
  for name, freq in list(pmNotes.items()):
      fileName = name + '.wav'
❷     if not os.path.exists(fileName) or args.display:
          data = generateNote(freq)
          print('creating ' + fileName + '...')
```

```
                    writeWAVE(fileName, data)
            else:
                print('fileName already created. skipping...')

            # 플레이어에 음을 추가한다
❸          nplayer.add(name + '.wav')

            # 디스플레이 플래그가 설정되어 있으면 음을 재생한다
            if args.display:
❹              nplayer.play(name + '.wav')
                time.sleep(0.5)

    # 임의로 음을 재생한다
    if args.play:
        while True:
            try:
❺                  nplayer.playRandom()
                    # 휴지 - 1부터 8비트
❻                  rest = np.random.choice([1, 2, 4, 8], 1,
                                        p=[0.15, 0.7, 0.1, 0.05])
                    time.sleep(0.25*rest[0])
            except KeyboardInterrupt:
                exit()
```

우선, argparse를 사용해 몇 개의 명령 라인 옵션을 설정한다. ❶에서 --display 명령 라인 옵션이 사용되면 카플러스 스트롱 알고리즘이 실행되는 동안에 파형이 어떻게 변화하는지 보여주기 위한 matplotlib 플롯이 설정된다. ion() 호출은 matplotlib의 대화식 모드를 실행한다. 그다음에는 NotePlayer 클래스의 인스턴스가 생성되는데, generateNote() 메소드를 사용해 5음계의 음들이 생성된다. 5개 음의 주파수는 전역 딕셔너리 pmNotes에 정의되어 있다.

❷에서는 os.path.exists() 메소드를 사용해 WAV 파일이 생성됐는지 여부를 검사한다. 그리고 이미 생성됐다면, 계산을 건너뛴다(이 프로그램을 여러 차례 실행할 경우에는 이와 같은 간단한 검사가 매우 편리하다).

음이 계산됐고 WAV 파일이 생성됐다면, ❸에서 NotePlayer 딕셔너리에 음을 추가하고, 명령 라인 옵션에서 지정하고 있다면 ❹에서 재생한다.

❺에서는 -play 옵션이 사용된 경우 NotePlayer의 playRandom() 메소드가 5개의 음 중에서 임의로 하나를 골라서 재생한다. 연속된 음들이 좀 더 음악처럼 들리게

하려면, 재생되는 음 사이에 휴지休止를 추가할 필요가 있다. 이를 위해 ❻에서 numpy의 random.choice() 메소드를 사용해 임의의 휴지 간격을 선택한다. random.choice() 메소드는 휴지 간격을 확률적으로 선택할 수 있는데, 이 코드에서는 2박자가 가장 확률이 높고 8박자는 가장 낮다. 이 값들을 이리저리 바꿔보면서 여러분만의 음악 스타일을 만들어보자!

전체 코드

지금까지 만든 프로그램의 조각들을 합쳐보자. 전체 코드가 아래에 있으며, https://github.com/electronut/pp/blob/master/karplus/ks.py에서 다운로드할 수도 있다.

```python
import sys, os
import time, random
import wave, argparse, pygame
import numpy as np
from collections import deque
from matplotlib import pyplot as plt

# 알고리즘이 동작하는 플롯을 표시하는가?
gShowPlot = False

# 단 5음계의 음
# 피아노 C4-E(b)-F-G-B(b)-C5
pmNotes = {'C4': 262, 'Eb': 311, 'F': 349, 'G':391, 'Bb':466}

# WAV 파일에 기록한다
def writeWAVE(fname, data):
    # 파일을 연다
    file = wave.open(fname, 'wb')
    # WAV 파일을 위한 매개변수들
    nChannels = 1
    sampleWidth = 2
    frameRate = 44100
    nFrames = 44100
    # 매개변수들을 설정한다
    file.setparams((nChannels, sampleWidth, frameRate, nFrames,
                    'NONE', 'noncompressed'))
    file.writeframes(data)
```

```
        file.close()

# 주어진 주파수의 음을 생성한다
def generateNote(freq):
    nSamples = 44100
    sampleRate = 44100
    N = int(sampleRate/freq)
    # 원형 버퍼를 초기화한다
    buf = deque([random.random() - 0.5 for i in range(N)])
    # 플래그가 설정되어 있으면
    if gShowPlot:
        axline, = plt.plot(buf)
    # 샘플 버퍼를 초기화한다
    samples = np.array([0]*nSamples, 'float32')
    for i in range(nSamples):
        samples[i] = buf[0]
        avg = 0.995*0.5*(buf[0] + buf[1])
        buf.append(avg)
        buf.popleft()
        # 플래그가 설정되어 있으면
        if gShowPlot:
            if i % 1000 == 0:
                axline.set_ydata(buf)
                plt.draw()

    # 16비트로 변환하고 다시 문자열로 변환한다
    # 최댓값은 32767(16비트이므로)이다
    samples = np.array(samples * 32767, 'int16')
    return samples.tostring()

# WAV 파일을 재생한다
class NotePlayer:
    # 생성자
    def __init__(self):
        pygame.mixer.pre_init(44100, -16, 1, 2048)
        pygame.init()
        # 음으로 이뤄진 딕셔너리
        self.notes = {}
    # 음을 추가한다
    def add(self, fileName):
        self.notes[fileName] = pygame.mixer.Sound(fileName)
    # 음을 재생한다
    def play(self, fileName):
        try:
```

```
                    self.notes[fileName].play()
            except:
                print(fileName + ' not found!')
        def playRandom(self):
            """음을 임의로 재생한다"""
            index = random.randint(0, len(self.notes)-1)
            note = list(self.notes.values())[index]
            note.play()

# main() 함수
def main():
    # 전역 변수를 선언한다
    global gShowPlot

    parser = argparse.ArgumentParser(description="Generating sounds with
        Karplus String Algorithm.")
    # 인수들을 추가한다
    parser.add_argument('--display', action='store_true', required=False)
    parser.add_argument('--play', action='store_true', required=False)
    parser.add_argument('--piano', action='store_true', required=False)
    args = parser.parse_args()

    # 플래그가 설정되어 있으면 플롯을 보여준다
    if args.display:
        gShowPlot = True
        plt.ion()

    # 플레이어(음 재생기)를 생성한다
    nplayer = NotePlayer()

    print('creating notes...')
    for name, freq in list(pmNotes.items()):
        fileName = name + '.wav'
        if not os.path.exists(fileName) or args.display:
            data = generateNote(freq)
            print('creating ' + fileName + '...')
            writeWAVE(fileName, data)
        else:
            print('fileName already created. skipping...')

        # 플레이어에 음을 추가한다
        nplayer.add(name + '.wav')

        # 디스플레이 플래그가 설정되어 있으면 음을 재생한다
```

```
        if args.display:
            nplayer.play(name + '.wav')
            time.sleep(0.5)

    # 임의로 음을 재생한다
    if args.play:
        while True:
            try:
                nplayer.playRandom()
                # 휴지 - 1박자부터 8박자까지
                rest = np.random.choice([1, 2, 4, 8], 1,
                                        p=[0.15, 0.7, 0.1, 0.05])
                time.sleep(0.25*rest[0])
            except KeyboardInterrupt:
                exit()

    # 임의 피아노 모드
    if args.piano:
        while True:
            for event in pygame.event.get():
                if (event.type == pygame.KEYUP):
                    print("key pressed")
                    nplayer.playRandom()
                    time.sleep(0.5)

# main() 함수를 호출한다
if __name__ == '__main__':
    main()
```

시뮬레이션 실행

이번 프로젝트의 코드를 실행하려면 명령 셸에서 다음과 같이 입력한다.

```
$ python3 ks.py -display
```

그림 4-6은 카플러스 스트롱 알고리즘이 원하는 주파수의 파형을 만들기 위해 초기의 임의 변위를 어떻게 변환하는지 matplotlib 플롯으로 시각화한 것이다.

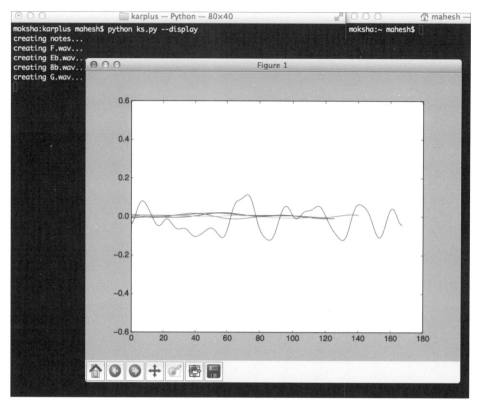

▲ **그림 4-6** 카플러스 스트롱 알고리즘의 실행 예

이 프로그램을 사용해 임의의 음을 재생해보자.

$ `python ks.py -play`

생성된 5음계의 WAV 파일을 사용해, 연속된 음들이 임의로 재생될 것이다.

정리

이번 프로젝트에서는 현악기의 소리를 시뮬레이션하기 위해 카플러스 스트롱 알고리즘을 사용했으며, 생성된 WAV 파일의 음을 재생했다.

실습!

실험해볼 만한 아이디어들을 소개한다.

1. 이번 장에서 배운 기법들을 사용해 각기 다른 주파수로 함께 진동하는 줄 2개의 소리를 복제하는 메소드를 작성하라. 카플러스 스트롱 알고리즘이 만드는 소리의 진폭들을 (WAV 파일 생성을 위해 16비트 값으로 변환하기 전에) 더할 수 있다는 점을 기억하자. 그리고 첫 번째 줄 튕김과 두 번째 줄 튕김 사이에 시간 지연을 추가하라.

2. 텍스트 파일을 읽어서 음을 생성하는 메소드를 작성하라. 그리고 이 음을 사용해 음악을 재생하라. 음 이름 뒤에 휴지(정수 값)가 이어지는 포맷을 사용할 수 있다. 예: C4 1 F4 2 G4 1 …

3. --piano 명령 라인 옵션을 추가한다. 이 옵션이 지정된 채로 실행되면, 사용자가 키보드의 A, S, D, F, G 키를 눌러서 해당 음을 재생할 수 있어야 한다(힌트: pygame.event.get과 pygame.event.type을 사용하라).

5장
보이즈:
군집 시뮬레이션

새 혹은 물고기가 떼 지어 움직이는 모습을 자세히 관찰하면, 집단은 개개
의 생명체로 구성되어 있지만 집단 자체도 하나의 생명체와 같은 특징을
갖고 있음을 알 수 있다. 무리 속의 새들은 이동을 하거나 장애물을 지나갈
때 질서정연하게 대오를 유지한다. 방해를 받으면 일시적으로 대오가 깨지
기도 하지만, 마치 어떤 큰 힘에 의해 통제되는 것처럼 금세 다시 원래의
대오로 복귀한다.

1986년, 크레이그 레이놀즈Craig Reynolds는 보이즈Boids 모델이라고 불리는, 새가 이동
하는 모습을 현실적으로 흉내 낸 시뮬레이션을 만들었다. 보이즈(이 단어는 전형적인 뉴요

커들이 'birds'를 발음할 때 'boids'처럼 들리는 것에서 유래했다). 모델의 주목할 만한 특징은 무리 속의 새들 간에 이뤄지는 상호작용을 통제하는 규칙이 단지 3개에 불과하지만 실제로 새 무리의 모습을 비슷하게 모델링하고 있다는 점이다. 보이즈 모델은 널리 연구됐으며, 영화 〈배트맨 리턴즈〉(1992)에서 펭귄들의 행진을 컴퓨터 그래픽으로 애니메이션화할 때도 사용됐다.

이번 프로젝트에서는 레이놀즈가 고안한 3개의 규칙을 사용해 N마리의 새들로 이뤄진 무리가 이동하는 모습을 시뮬레이션하고, 시간의 흐름에 따른 새들의 위치와 이동 방향을 플롯으로 시각화한다. 무리에 새를 추가하는 메소드를 작성하고, 무리 내부의 국지적 교란 현상의 효과를 연구하는 데 유용한 분산 효과에 대해서도 알아볼 것이다.

보이즈 모델은 N개체 시뮬레이션N-body simulation이라고도 불리는데, 서로 간에 힘을 가하는 N개 입자 간의 역학적 시스템을 모델링하기 때문이다.

동작 원리

보이즈 시뮬레이션의 핵심 규칙 3개는 다음과 같다.

- **분리**: 새들 간에 최소한의 거리를 유지한다.
- **정렬**: 근처에 있는 다른 새들의 평균적인 이동 방향으로 새의 위치를 정한다.
- **응집**: 근처에 있는 다른 새들의 질량 중심 방향으로 새를 이동시킨다.

이 밖에도 장애물을 피하거나 방해를 받았을 때 흩어지는 등의 규칙들도 추가할 수 있다(이 장 후반부에서 다룰 것이다). 이번 프로젝트에서는 위에 소개한 3개의 핵심 규칙과 그 밖에 추가되는 규칙들을 다음과 같이 시뮬레이션 단계별로 구현할 것이다.

- 무리 내의 모든 새에 대해 다음과 같이 수행한다.
  - 3개의 핵심 규칙을 적용한다.
  - 추가 규칙을 적용한다.
  - 모든 경계 조건을 적용한다.
- 새들의 위치 및 속도를 갱신한다.
- 새로 갱신된 위치와 속도를 그래프로 그린다.

지금부터 보겠지만, 이처럼 간단한 규칙만으로 복잡하고 변화무쌍한 행동을 보이는 무리를 생성할 수 있다.

요구사항

이 시뮬레이션에서 사용될 파이썬 도구는 다음과 같다.

- numpy 배열은 새들의 위치와 속도를 저장한다.
- matplotlib 라이브러리는 새들을 애니메이션으로 나타낸다.
- argparse는 명령 라인 옵션을 처리한다.
- scipy.spatial.distance 모듈은 여러 점 사이의 거리를 아주 깔끔하게 계산하는 메소드들을 포함한다.

> **참고** matplotlib을 선택한 이유는 단순함과 편의성 때문이다. 대규모의 새들을 빠른 속도로 화면에 그리려면 OpenGL 같은 라이브러리를 사용하는 편이 좋다. 이 책의 3부에서 그래픽 라이브러리를 자세히 설명한다.

코드

우선, 새들의 위치와 속도를 계산할 것이다. 그런 다음 시뮬레이션을 위한 경계 조건을 설정하고, 새들을 그리는 방법을 알아본 후, 보이즈 시뮬레이션 규칙을 구현할 것이다. 마지막으로, 새들을 추가하고 무리를 분산시키는 이벤트를 시뮬레이션에 추가한다. 프로젝트의 전체 코드는 128페이지의 '전체 코드' 절에서 바로 확인할 수 있다.

새들의 위치 및 속도 계산하기

보이즈 시뮬레이션은 numpy 배열에서 정보를 가져와서 단계마다 새들의 위치와 속도를 계산해야 한다. 시뮬레이션이 처음 시작될 때, 모든 새는 화면의 가운데 근처로 배치되고 속도는 임의의 방향으로 설정된다.

```
❶ import math
❷ import numpy as np

❸ width, height = 640, 480

❹ pos = [width/2.0, height/2.0] + 10*np.random.rand(2*N).reshape(N, 2)
❺ angles = 2*math.pi*np.random.rand(N)
❻ vel = np.array(list(zip(np.sin(angles), np.cos(angles))))
```

❶에서는 앞으로의 계산을 위해 math 모듈을 가져오고, ❷에서는 numpy 라이브러리를 np라는 이름으로 가져온다(타이핑을 줄이기 위해). ❸에서 화면상의 시뮬레이션 창의 폭과 높이를 설정한다. ❹에서는 numpy 배열인 pos를 생성하는데, 10단위의 임의 변위량을 창의 중심 위치에 더하고 있다. np.random.rand(2*N)은 크기가 [0, 1] 범위에 속하는 $2N$개의 난수로 이뤄진 1차원 배열을 생성하고, reshape()는 이 1차원 배열을 $(N, 2)$ 2차원 배열로 변환하는데, 이 배열에 새들의 위치가 저장될 것이다. 여기서 numpy의 브로드캐스팅broadcasting 규칙이 적용되고 있음에 주목하자. 즉 1×2 배열이 $N \times 2$ 배열의 각 요소에 추가되고 있다.

다음으로 임의의 단위 속도 벡터(크기는 모두 1이고, 방향은 임의로 정해지는 벡터)로 이뤄진 배열을 생성하는데, 구체적인 방법은 다음과 같다. 각도를 t라고 할 때, $(\cos(t), \sin(t))$는 반지름이 1이고 원점이 $(0, 0)$인 원 위에 위치하는 점을 의미한다. 원점에서 이 원 위의 한 점으로 선을 그리면, 이 선은 각도 A에 의존하는 단위 벡터가 된다. 따라서 A를 임의로 선택한다면 임의의 속도 벡터가 얻어질 것이다. 그림 5-1은 이 개념을 그림으로 나타낸 것이다.

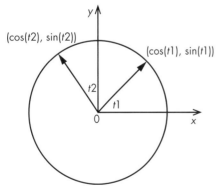

▲ 그림 5-1 임의의 단위 속도 벡터 생성하기

❺에서는 [0, 2pi] 범위의 값을 갖는 임의의 각도 *N*개로 이뤄진 배열을 생성하고, ❻에서는 앞서 설명한 임의 벡터 생성 방법으로 배열을 생성하고, 내장 메소드 zip() 을 사용해 좌표들을 그룹별로 분류한다. zip()을 설명하기 위한 간단한 예제 코드가 아래에 있는데, 2개의 리스트를 1개의 튜플 리스트로 결합하고 있다.

```
>>> zip([0, 1, 2], [3, 4, 5])
[(0, 3), (1, 4), (2, 5)]
```

여기서 생성된 2개의 배열은 하나는 화면의 중심에서 반경 10픽셀 이내로 군집화된 임의의 위치들로 이뤄진 배열이고, 다른 하나는 임의의 방향을 갖는 단위 속도들로 이뤄진 배열이다. 따라서 시뮬레이션이 처음 시작될 때 새들은 모두 화면 중심의 주변에 위치하면서 임의의 방향을 가리키고 있을 것이다.

경계 조건 설정하기

원래 새들은 아무 경계가 없는 하늘을 자유롭게 날지만, 시뮬레이션 속의 새들은 제한된 공간 내에서만 날 수 있다. 이러한 공간을 생성하기 위해서는 앞서 3장의 콘웨이 시뮬레이션에서 환상형 경계 조건을 설정했던 것처럼 이번에도 경계 조건을 정의해야 한다. 이번 프로젝트에서는 타일형 경계 조건tiled boundary condition(3장에서 사용된 경계 조건의 연속 공간 버전이라고 할 수 있다)을 적용할 것이다.

시뮬레이션이 타일형 공간에서 일어나고 있다고 상상해보자. 즉 새가 타일 밖으로 나가는 것은 곧 반대 방향으로부터 동일한 타일로 들어가는 것과 같다. 환상형 경계 조건과 다른 점은 보이즈 시뮬레이션은 그리드로 구분된 공간이 아니라 하나의 연속된 공간 위를 이동한다는 점이다. 그림 5-2는 타일형 경계 조건의 모습을 보여준다. 가운데 타일에서 오른쪽 바깥으로 날아간 새들은 경계 조건에 의해 실제로는 왼쪽 타일을 통해 다시 가운데 타일로 들어오게 된다. 상단과 하단 타일에서도 동일한 현상을 확인할 수 있다.

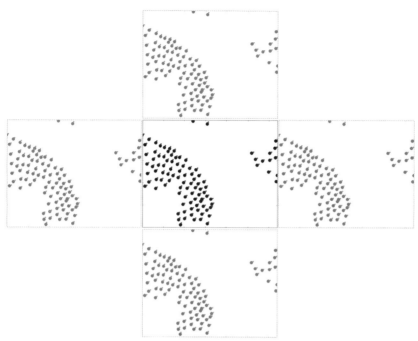

보이즈 시뮬레이션을 위해 타일형 경계 조건을 구현하는 코드는 다음과 같다.

```
    def applyBC(self):
        """경계 조건을 적용한다"""
        deltaR = 2.0
        for coord in self.pos:
❶           if coord[0] > width + deltaR:
                coord[0] = - deltaR
            if coord[0] < - deltaR:
                coord[0] = width + deltaR
            if coord[1] > height + deltaR:
                coord[1] = - deltaR
            if coord[1] < - deltaR:
                coord[1] = height + deltaR
```

❶에서 x 좌표가 타일의 폭보다 크면 타일의 왼쪽 가장자리로 다시 설정한다. deltaR은 약간의 여유분을 제공하는 역할을 하는데, 새들이 반대 방향으로 다시 들어오기 전에 타일의 오른쪽으로 조금 더 이동할 수 있다. 이것은 시각적인 효과를 개선하기 위한 것이다. 타일의 왼쪽, 상단, 하단에서도 비슷한 확인을 수행한다.

새 그리기

애니메이션을 만들려면 새들의 위치와 속도를 알아야 하고, 시간 단계별로 위치와 이동 방향을 가리킬 수 있는 방법이 필요하다.

새의 몸통과 머리 그리기

새들을 애니메이션으로 그리기 위해 matplotlib을 사용하며, 위치와 속도를 모두 그리기 위해 약간의 트릭이 사용된다. 그림 5-3과 같이 1마리의 새를 2개의 원으로 그리는데, 큰 원은 몸통이고 작은 원은 머리다. 점 P는 몸의 중심을 나타내고, H는 머리의 중심을 나타낸다. H의 위치는 $H = P + k \times V$로 계산되는데, 여기서 V는 새의 속도이고 k는 상수다. 임의의 주어진 시간에 새의 머리는 현재 이동 중인 방향으로 정렬된다. 머리를 그림으로써 몸만 그리는 것보다 새의 이동 방향을 훨씬 쉽게 관찰할 수 있다.

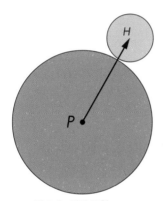

▲ **그림 5-3** 새의 표현

다음 코드는 새의 몸과 머리를 matplotlib을 사용해 원형 마커로 그린다.

```
fig = plt.figure()
ax = plt.axes(xlim=(0, width), ylim=(0, height))

❶ pts, = ax.plot([], [], markersize=10, c='k', marker='o', ls='None')
❷ beak, = ax.plot([], [], markersize=4, c='r', marker='o', ls='None')
❸ anim = animation.FuncAnimation(fig, tick, fargs=(pts, beak, boids),
                                                interval=50)
```

❶과 ❷에서 각각 새의 몸(pts)과 머리(beak)를 나타내는 마커의 크기와 모양을 설정한다. 또 ❸에서는 마우스 버튼 이벤트를 애니메이션 창에 추가한다. 몸과 머리(또는 부리)를 그리는 방법을 알았으니, 이제 새의 위치를 갱신하는 방법을 살펴보자.

새의 위치 갱신하기

애니메이션이 시작되면 새의 위치와 (새의 이동 방향을 알려주는) 머리의 위치를 모두 갱신해야 한다. 다음 코드가 이 작업을 수행한다.

```
❶ vec = self.pos + 10*self.vel/self.maxVel
❷ beak.set_data(vec.reshape(2*self.N)[::2], vec.reshape(2*self.N)[1::2])
```

❶에서 속도(vel)의 방향으로 10단위의 변위를 적용해 머리의 위치를 계산한다. 이 변위는 부리와 몸 사이의 거리를 결정한다. ❷에서는 reshape()와 set_data() 메소드를 사용해 matplotlib 축을 새로 계산된 머리 위치로 갱신한다. [::2]는 속도 리스트에서 짝수 번째 요소(x축 값)를 골라내며, [1::2]는 홀수 번째 요소(y축 값)를 골라낸다.

규칙 적용하기

이제 3개의 핵심 규칙을 파이썬으로 구현해보자. 반복문loop을 사용하지 않고, 최적화된 numpy 메소드들을 사용할 것이다.

```
import numpy as np
from scipy.spatial.distance import squareform, pdist, cdist

   def test2(pos, radius):
       # 거리 행렬을 얻는다
❶     distMatrix = squareform(pdist(pos))
       # 임계 값을 적용한다
❷     D = distMatrix < radius
       # 속도를 계산한다
❸     vel = pos*D.sum(axis=1).reshape(N, 1) - D.dot(pos)
       return vel
```

❶에서는 (scipy 라이브러리에 정의된) squareform()과 pdist() 메소드를 사용해 배열 내의 모든 점 사이의 거리를 계산한다(배열에서 임의의 두 점을 선택해 거리를 계산한 뒤, 이 작업을 모든 가능한 쌍에 대해 반복한다). 예를 들어, 다음 코드에서는 3개의 점이 주어졌으므로 가능한 쌍의 수는 3개다.

```
>>> import numpy as np
>>> from scipy.spatial.distance import squareform, pdist
>>> x = np.array([[0.0, 0.0], [1.0, 1.0], [2.0, 2.0]])
>>> squareform(pdist(x))
array([[ 0. , 1.41421356, 2.82842712],
[ 1.41421356, 0. , 1.41421356],
[ 2.82842712, 1.41421356, 0. ]])
```

squareform() 메소드가 3×3 행렬을 반환하고 있는데, M_{ij}는 점 P_i와 P_j 사이의 거리를 가리킨다. 그런 다음 ❷에서는 이 행렬을 거리를 기준으로 필터링한다. 조금 전의 점 3개를 다시 예제로 사용하면 다음과 같다.

```
>>> squareform(pdist(x)) < 1.4
array([[ True, False, False],
[False, True, False],
[False, False, True]], dtype=bool)
```

< 비교 연산은 주어진 임계 값(위 예에서는 1.4)보다 거리가 작은 모든 거리 쌍에 대해 행렬의 값을 True로 설정한다. 이처럼 간결한 처리 방법은 실제 사람의 사고방식에 가깝다.

❸의 메소드는 좀 더 복잡하다. D.sum() 메소드는 행렬 내의 True 값들을 열 단위로 모두 더한다. 이렇게 얻어진 행렬이 N개의 요소를 갖는 1차원 배열이지만, 위치 배열과의 곱하기를 위해서는 $(N, 1)$ 형태가 필요하기 때문에 reshape() 메소드가 사용되고 있다. D.dot()은 이 행렬과 위치 벡터의 내적을 반환한다.

test2는 test1보다 코드의 크기도 훨씬 작지만, 진짜 장점은 실행 속도가 매우 빠르다는 점이다. 두 방식 간의 성능을 비교하기 위해 파이썬 timeit 모듈을 이용해보자. 파이썬 인터프리터에서 작성된 다음 코드는 test.py 소스 파일에 test1 함수와 test2 함수의 코드가 들어 있다고 가정한다.

```
>>> from timeit import timeit
>>> timeit('test1(pos, 100)', 'from test import test1, N, pos, width, height',
number=100)
7.880876064300537
>>> timeit('test2(pos, 100)', 'from test import test2, N, pos, width, height',
number=100)
0.036969900131225586
```

내 컴퓨터에서 반복문을 사용하지 않는 numpy 코드는 명시적으로 반복문을 사용하는 코드보다 약 200배 빨리 실행된다! 이유가 뭘까? 결국은 둘 다 같은 일을 하지 않는가?

그 이유는 인터프리터 언어인 파이썬이 C 같은 컴파일 언어보다 본질적으로 느리기 때문이다. numpy 라이브러리는 데이터 배열을 고도로 최적화된 방법으로 처리함으로써 파이썬의 편리함과 거의 C에 맞먹는 성능을 둘 다 가져다준다(numpy는 반복문으로 개별 요소들을 일일이 처리하지 않고 한 번에 전체 배열을 처리하도록 알고리즘을 재구성할 때 최고의 속도를 보여준다).

다음 코드는 조금 전에 설명한 numpy 최적화 기법으로 보이즈 시뮬레이션의 세 가지 규칙을 적용하는 메소드다.

```
    def applyRules(self):
        # 규칙 1(분리)을 적용한다
        D = distMatrix < 25.0
❶       vel = self.pos*D.sum(axis=1).reshape(self.N, 1) - D.dot(self.pos)
❷       self.limit(vel, self.maxRuleVel)

        # 정렬을 위한 거리 임계 값(분리가 아님)
        D = distMatrix < 50.0

        # 규칙 2(정렬)를 적용한다
❸       vel2 = D.dot(self.vel)
        self.limit(vel2, self.maxRuleVel)
        vel += vel2;

        # 규칙 3(응집)을 적용한다
❹       vel3 = D.dot(self.pos) - self.pos
        self.limit(vel3, self.maxRuleVel)
        vel += vel3

        return vel
```

❶에서는 분리 규칙을 적용한다. 이 규칙은 앞서도 설명했듯이 모든 새는 일정 거리 내에 위치하는 이웃 새들로부터 '밀려난다'는 것이다. ❷에서 계산되는 속도는 특정한 최댓값으로 제한된다(최댓값을 넘지 않도록 검사하지 않으면, 시간이 지날수록 값이 증가해서 시뮬레이션이 실패하게 된다).

❸에서는 정렬 규칙을 적용한다. 50단위 반경 내 모든 이웃 새의 속도가 누적되고 최댓값은 제한된다. 최종적으로 계산된 속도가 무한정 증가하지 않도록 하기 위한 것이다. 결과적으로, 모든 새는 정해진 반경 내에 있는 다른 새들의 평균 속도에 영향을 받아서 스스로 정렬을 한다(이 작업을 numpy로 하기 때문에 쉽고 빠르게 계산할 수 있다).

마지막으로, ❹에서 응집 규칙을 적용한다. 특정 반경 내에 위치하는 다른 새들의 무게중심centroid을 가리키는 속도 벡터를 모든 새에 대해 추가한다. 간결한 구문으로 코드를 작성하기 위해 불리언 타입의 거리 행렬과 numpy 메소드들을 사용하고 있다.

새 추가하기

보이즈 시뮬레이션의 핵심 규칙들로 인해 새들은 무리 행동을 보일 것이다. 하지만 좀 더 재미를 더하기 위해, 시뮬레이션 중간에 새를 무리 속에 추가하고 그 새가 어떻게 행동하는지 지켜보자.

다음 코드는 마우스 왼쪽 버튼을 클릭하면 새를 추가할 수 있는 마우스 이벤트를 생성한다. 새는 마우스 커서의 위치에 생성되며, 속도는 임의로 지정된다.

```
    # '버튼 눌림' 이벤트 핸들러를 추가한다
❶ cid = fig.canvas.mpl_connect('button_press_event', buttonPress)
```

❶에서 mpl_connect() 메소드를 사용해 matplotlib 캔버스에 버튼 눌림 이벤트를 추가한다. buttonPress() 메소드는 시뮬레이션 창에서 마우스 버튼을 누를 때마다 호출된다. 다음 코드는 마우스 이벤트를 처리하고 실제로 새를 생성한다.

```
    def buttonPress(self, event):
    """matplotlib 버튼 눌림을 처리하는 이벤트 핸들러"""
    # 새를 추가하는 왼쪽 클릭
❶ if event.button is 1:
❷     self.pos = np.concatenate((self.pos,
```

```
                                np.array([[event.xdata, event.ydata]])),
                                axis=0)
        # 임의로 속도를 생성한다
❸       angles = 2*math.pi*np.random.rand(1)
        v = np.array(list(zip(np.sin(angles), np.cos(angles))))
        self.vel = np.concatenate((self.vel, v), axis=0)
        self.N += 1
```

❶에서는 마우스 이벤트가 왼쪽 클릭임을 확인한다. ❷에서는 (event.xdata, event.ydata)로 주어지는 마우스 위치를 새의 위치 배열에 추가한다. ❸과 그 이하 코드에서는 임의의 속도 벡터를 새의 속도 배열에 추가하고 새의 개수를 1 증가시킨다.

새들을 분산시키기

3개의 핵심 규칙은 무리 내의 새들이 이동하면서도 흩어지지 않고 무리가 유지되게 한다. 하지만 무리가 방해를 받으면 어떻게 될까? 이 상황을 시뮬레이션하기 위해 '교란' 효과를 도입해보자. 사용자 인터페이스UI, user interface 창에서 마우스 오른쪽 버튼을 클릭하면 무리가 흩어지게 할 것이다. 이것은 새들의 무리가 이동하는 중에 포식자가 갑자기 나타났거나 시끄러운 소음이 들렸을 때 무리가 대응하는 방법으로 생각할 수 있다. 다음 코드는 이것을 구현하는 한 가지 방법으로서, buttonPress() 메소드 내에 구현되어 있다.

```
    # 새들을 분산시키기 위한 오른쪽 클릭
❶ elif event.button is 3:
        # 분산시키는 속도 벡터를 추가한다
❷    self.vel += 0.1*(self.pos - np.array([[event.xdata, event.ydata]]))
```

❶에서 마우스 버튼 눌림이 오른쪽 클릭 이벤트인지 여부를 확인한다. ❷에서는 방해가 발생한 지점(즉 마우스가 클릭된 지점)에서 반대 방향의 요소를 추가함으로써 모든 새의 속도를 변경한다. 최초에 새들은 그 지점에서 멀어지는 방향으로 흩어지지만, 핵심 규칙 3개의 지배를 받기 때문에 결국은 다시 무리로 합쳐진다.

명령 라인 인수

다음 코드는 보이즈 시뮬레이션 프로그램에서 명령 라인 인수들의 처리 방법이다.

```
❶ parser = argparse.ArgumentParser(description="Implementing Craig
                                    Reynolds's Boids...")
  # 인수들을 추가한다
  parser.add_argument('--num-boids', dest='N', required=False)
  args = parser.parse_args()

  # 새들의 초기 숫자를 설정한다
  N = 100
  if args.N:
     N = int(args.N)

  # 새들을 생성한다
  boids = Boids(N)
```

❶에서는 이제 친숙한 argparse 모듈을 사용해 명령 라인 옵션들을 설정하는 것을 확인할 수 있다.

Boids 클래스

다음으로, 시뮬레이션 자체를 나타내는 Boids 클래스를 살펴보자.

```
  class Boids:
      """보이즈 시뮬레이션을 나타내는 클래스"""
      def __init__(self, N):
          """보이즈 시뮬레이션을 초기화한다"""
          # 초기 위치와 속도
❶         self.pos = [width/2.0, height/2.0] +
                     10*np.random.rand(2*N).reshape(N, 2)
          # 정규화된 임의의 속도
          angles = 2*math.pi*np.random.rand(N)
          self.vel = np.array(list(zip(np.sin(angles), np.cos(angles))))
          self.N = N
          # 최소 접근 거리
          self.minDist = 25.0
          # 3개의 규칙에 의해 계산된 속도의 최댓값
          self.maxRuleVel = 0.03
          # 최종 속도의 최댓값
          self.maxVel = 2.0
```

Boids 클래스는 초기화를 담당하고, 애니메이션을 갱신하며, 규칙을 적용한다. ❶ 및 그 이하에서 위치와 속도 벡터가 초기화되는 것을 확인할 수 있다.

boids.tick()은 다음 코드와 같이 시간 단계마다 호출되어 애니메이션을 갱신한다.

```python
def tick(frameNum, pts, beak, boids):
    #frameNum을 출력한다
    """애니메이션을 위해 함수를 갱신한다"""
    boids.tick(frameNum, pts, beak)
    return pts, beak
```

벡터의 값을 제한하는 방법도 존재해야 한다. 그렇지 않으면 속도가 시간 단계마다 계속 증가해 시뮬레이션은 엉망이 될 것이다.

```python
    def limitVec(self, vec, maxVal):
        """2차원 벡터의 크기를 제한한다"""
        mag = norm(vec)
        if mag > maxVal:
            vec[0], vec[1] = vec[0]*maxVal/mag, vec[1]*maxVal/mag
❶ def limit(self, X, maxVal):
        """배열 X 내의 2차원 벡터의 크기를 maxValue로 제한한다"""
        for vec in X:
            self.limitVec(vec, maxVal)
```

❶에서 정의되는 limit() 메소드는 배열 내의 값들을 시뮬레이션 규칙에 의해 계산되는 값으로 제한하는 기능을 수행한다.

전체 코드

다음 프로그램은 보이즈 시뮬레이션의 완전한 코드다. https://github.com/electronut/pp/blob/master/boids/boids.py에서도 이 코드를 다운로드할 수 있다.

```python
import sys, argparse
import math
import numpy as np
```

```python
import matplotlib.pyplot as plt
import matplotlib.animation as animation
from scipy.spatial.distance import squareform, pdist, cdist
from numpy.linalg import norm

width, height = 640, 480

class Boids:
    """보이즈 시뮬레이션을 나타내는 클래스"""
    def __init__(self, N):
        """보이즈 시뮬레이션을 초기화한다"""
        # 초기 위치와 속도
        self.pos = [width/2.0, height/2.0] + 10*np.random.rand(2*N).reshape(N, 2)
        # 정규화된 임의의 속도
        angles = 2*math.pi*np.random.rand(N)
        self.vel = np.array(list(zip(np.sin(angles), np.cos(angles))))
        self.N = N
        # 최소 접근 거리
        self.minDist = 25.0
        # 시뮬레이션 규칙들에 의해 계산되는 속도의 최대 크기
        self.maxRuleVel = 0.03
        # 최종 속도의 최대 크기
        self.maxVel = 2.0

    def tick(self, frameNum, pts, beak):
        """1개의 시간 단계만큼 시뮬레이션을 갱신한다"""
        # 점들 간의 거리를 계산한다
        self.distMatrix = squareform(pdist(self.pos))
        # 규칙들을 적용한다
        self.vel += self.applyRules()
        self.limit(self.vel, self.maxVel)
        self.pos += self.vel
        self.applyBC()
        # 데이터를 갱신한다
        pts.set_data(self.pos.reshape(2*self.N)[::2],
                     self.pos.reshape(2*self.N)[1::2])
        vec = self.pos + 10*self.vel/self.maxVel
        beak.set_data(vec.reshape(2*self.N)[::2],
                      vec.reshape(2*self.N)[1::2])

    def limitVec(self, vec, maxVal):
        """2차원 벡터의 크기를 제한한다"""
```

```
        mag = norm(vec)
        if mag > maxVal:
            vec[0], vec[1] = vec[0]*maxVal/mag, vec[1]*maxVal/mag

    def limit(self, X, maxVal):
        """배열 X 내의 2차원 벡터의 크기를 maxValue로 제한한다"""
        for vec in X:
            self.limitVec(vec, maxVal)

    def applyBC(self):
        """경계 조건을 적용한다"""
        deltaR = 2.0
        for coord in self.pos:
            if coord[0] > width + deltaR:
                coord[0] = - deltaR
            if coord[0] < - deltaR:
                coord[0] = width + deltaR
            if coord[1] > height + deltaR:
                coord[1] = - deltaR
            if coord[1] < - deltaR:
                coord[1] = height + deltaR

    def applyRules(self):
        # 규칙 1(분리)을 적용한다
        D = self.distMatrix < 25.0
        vel = self.pos*D.sum(axis=1).reshape(self.N, 1) - D.dot(self.pos)
        self.limit(vel, self.maxRuleVel)

        # 거리 임계 값(분리가 아님)
        D = self.distMatrix < 50.0

        # 규칙 2(정렬)를 적용한다
        vel2 = D.dot(self.vel)
        self.limit(vel2, self.maxRuleVel)
        vel += vel2;

        #규칙 3(응집)을 적용한다
        vel3 = D.dot(self.pos) - self.pos
        self.limit(vel3, self.maxRuleVel)
        vel += vel3
```

```
            return vel

    def buttonPress(self, event):
        """matplotlib 버튼 눌림을 처리하는 이벤트 핸들러"""
        # 왼쪽 클릭 - 새를 추가한다
        if event.button is 1:
            self.pos = np.concatenate((self.pos,
                                       np.array([[event.xdata, event.ydata]])),
                                      axis=0)
                # 임의의 속도
                angles = 2*math.pi*np.random.rand(1)
                v = np.array(list(zip(np.sin(angles), np.cos(angles))))
                self.vel = np.concatenate((self.vel, v), axis=0)
                self.N += 1
        # 오른쪽 클릭 - 분산시킨다
        elif event.button is 3:
                # 분산시키는 속도 요소를 추가한다
                self.vel += 0.1*(self.pos - np.array([[event.xdata, event.ydata]]))


def tick(frameNum, pts, beak, boids):
    #frameNum을 출력한다
    """애니메이션을 위해 함수를 갱신한다"""
    boids.tick(frameNum, pts, beak)
    return pts, beak


# main() 함수
def main():
  # 필요하다면 sys.argv를 사용한다
  print('starting boids...')

  parser = argparse.ArgumentParser(description="Implementing Craig Reynold's
                                   Boids...")
  # 인수들을 추가한다
  parser.add_argument('--num-boids', dest='N', required=False)
  args = parser.parse_args()

  # 새들의 수
  N = 100
  if args.N:
      N = int(args.N)
```

```
# 새들을 생성한다
boids = Boids(N)

# 그래프를 설정한다
fig = plt.figure()
ax = plt.axes(xlim=(0, width), ylim=(0, height))

pts, = ax.plot([], [], markersize=10, c='k', marker='o', ls='None')
beak, = ax.plot([], [], markersize=4, c='r', marker='o', ls='None')
anim = animation.FuncAnimation(fig, tick, fargs=(pts, beak, boids),
                              interval=50)

# '버튼 눌림' 이벤트 핸들러를 추가한다
cid = fig.canvas.mpl_connect('button_press_event', boids.buttonPress)

plt.show()

# main() 함수를 호출한다
if __name__ == '__main__':
  main()
```

보이즈 시뮬레이션 실행

시뮬레이션을 실행해 무슨 일이 일어나는지 관찰해보자. 다음과 같이 입력한다.

```
$ python3 boids.py
```

보이즈 시뮬레이션이 시작되고, 모든 새가 창의 중심 근처에 모여 있을 것이다. 어느 정도 지켜보면 새들은 그림 5-4와 비슷한 패턴을 형성하면서 무리를 짓기 시작할 것이다.

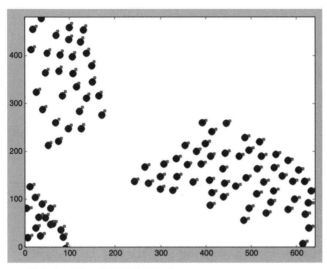

▲ **그림 5-4** 보이즈 시뮬레이션 실행 예

시뮬레이션 창을 클릭해보라. 클릭된 위치에 새가 새로 나타나고, 이 새는 무리와 접촉하면 속도가 변경될 것이다. 마우스를 오른쪽 클릭해보자. 무리가 흩어지겠지만, 이내 다시 모일 것이다.

정리

이번 프로젝트에서는 크레이그 레이놀즈가 제시한 3개의 규칙을 사용해 새들의 무리를 시뮬레이션했다. numpy 배열의 사용법을 배웠으며, 계산 속도를 향상하기 위해 전체 배열에 대해 numpy 메소드를 사용할 때와 명시적 반복문을 사용할 때의 성능 차이도 알 수 있었다. scipy.spatial 모듈을 사용해 빠르고 편리한 거리 계산을 수행했으며, 2개의 마커를 사용해 점의 위치와 방향을 나타내는 matplotlib 기법도 배웠다. 마지막으로, 버튼 눌림의 형태로 UI 상호작용을 matplotlib 플롯에 추가했다.

실습!

다음 실습 과제를 통해 새들의 무리를 좀 더 탐구할 수 있다.

1. 새떼가 장애물을 회피하는 모습을 구현하는 메소드를 avoidObstacle()이라는 이름으로 작성하고, 3개의 핵심 규칙을 적용한 뒤 다음과 같이 곧바로 적용해보라.

```
self.vel += self.applyRules()
self.vel += self.avoidObstacle()
```

avoidObstacle() 메소드는 사전 정의된 튜플 (x, y, R)을 사용해 속도 요소를 새에 추가하는데, 새를 장애물의 위치 (x, y)로부터 멀어지도록 하되 그 새가 장애물로부터 반경 R 이내에 있을 때만 적용돼야 한다. 반경 R은 어떤 새가 장애물을 발견하고는 그 장애물을 피하는 거리로 간주할 수 있다. (x, y, R) 튜플을 명령 라인 옵션으로 전달받을 수 있어야 한다.

2. 새들이 돌풍 속을 날아갈 때 무슨 일이 일어날까? 시뮬레이션의 임의의 시간 단계에서 모든 새에게 전역 속도 요소를 추가하는 방법으로 이 모습을 시뮬레이션하라. 새들은 일시적으로 바람의 영향을 받겠지만, 바람이 멈추면 다시 무리로 돌아올 것이다.

3부
이미지 갖고 놀기

"보는 것만으로 많은 것을 관찰할 수 있다."

– 요기 베라(Yogi Berra)

6장
아스키 아트

이메일이 주로 쓰이고 그래픽 기능은 제한적이었던 1990년대에는 텍스트로 이뤄진 그림을 포함하는 서명을 이메일에 자주 넣곤 했는데, 이렇게 만들어지는 그림을 아스키 아트ASCII art라고 불렀다(아스키는 문자 인코딩 방식을 가리킨다). 그림 6-1은 아스키 아트의 예를 보여준다. 오늘날의 인터넷은 이미지를 너무나 쉽게 공유할 수 있지만, 변변치 않은 텍스트 그래픽은 아직도 완전히 죽지 않았다.

아스키 아트는 1800년대 후반에 나타난 타자기 기술에 기원을 두고 있다. 1960년대의 컴퓨터는 최소한의 그래픽 처리 하드웨어를 갖고 있었기 때문에, 이미지를 표현하는 데 아스키 코드가 널리 사용됐다. 오늘날에도 아스키 아트는 인터넷상에서 표현의 한 형태로 명맥을 이어가고 있으며, 온라인에서 수없이 많은 창조적인 예제를 찾을 수 있다.

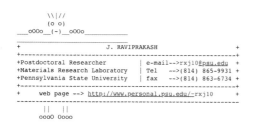
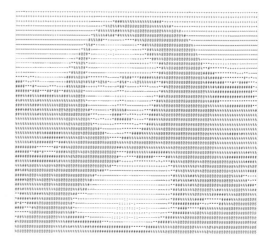

▲ **그림 6-1** 아스키 아트의 예

이번 프로젝트에서는 그래픽 이미지로부터 아스키 아트를 생성하는 프로그램을 파이썬으로 작성할 것이다. 이 프로그램은 출력의 폭(텍스트 열의 개수) 및 수직 스케일(확대/축소) 계수를 사용자가 설정할 수 있다. 또한 그레이스케일grayscale 값을 아스키 문자로 변환하는 두 가지 매핑 방법, 즉 희소한 10레벨 매핑과 좀 더 정밀한 70레벨 매핑을 지원한다.

이미지로부터 아스키 아트를 생성하기 위해 이번 장에서 다루는 내용은 다음과 같다.

- PILPython Imaging Library(파이썬 이미징 라이브러리)의 변종 중 하나인 `Pillow`를 사용해 이미지를 그레이스케일로 변환하기
- `numpy`를 사용해 그레이스케일 이미지의 평균 밝기 계산하기
- 그레이스케일 값을 신속히 찾기 위한 검색 테이블로서 문자열 사용하기

동작 원리

이번 프로젝트는 사람은 어느 정도 거리를 두고 그레이스케일 이미지를 바라볼 때 이미지 밝기의 평균값으로서 인식한다는 사실을 이용한다. 예를 들어, 그림 6-2를 보면 좌측에는 어떤 건물의 그레이스케일 이미지가 있고 우측에는 건물 이미지의 평균 밝기 값으로 채워진 이미지가 보인다. 하지만 멀리 떨어져서 그림 6-2를 보면 두 이미지는 비슷하게 보일 것이다.

▲ **그림 6-2** 그레이스케일 이미지의 평균값

　아스키 아트는 어떤 이미지를 여러 개의 타일들로 분할한 다음, 각 타일의 평균적인 RGB 값을 아스키 문자로 바꾸는 방법으로 생성된다. 사람의 눈은 해상도가 제한되어 있기 때문에, 아스키 아트를 먼 거리에서 바라보면 '평균적인' 값들이 보이며 그 대신에 세부 정보가 손실되기 때문에 가까이에서 보면 아스키 아트는 현실성이 떨어져 보일 것이다.

　이번 장의 프로그램은 이미지를 입력받은 다음, 이미지 내의 모든 픽셀이 [0, 255] 범위의 그레이스케일 값을 갖도록 8비트 그레이스케일로 변환한다(8비트 정수의 범위가 [0, 255]이다). 이 8비트 값을 밝기brightness로 간주하자. 이 값이 0이면 검정색이고, 255이면 흰색이다. 그리고 0과 255 사이의 값들은 회색 음영이다.

　그런 다음, 이미지를 $M \times N$ 타일로 이뤄진 그리드로 분할한다(여기서 M은 아스키 이미지에서 행의 개수이고, N은 열의 개수다). 이어서 그리드 내 모든 타일의 평균 밝기 값을 계산하고 이 값을 적절한 아스키 문자와 대조하는데, 이때 [0, 255] 범위의 그레이스케일 값들을 나타내는 미리 정의된 아스키 문자 램프ramp(증가하는 값으로 이뤄진 집합)가 사용된다. 이 값들은 밝기 값을 찾기 위한 검색 테이블로서 사용될 것이다.

　완성된 아스키 아트는 단지 텍스트 행들의 모임에 불과하다. 그런데 모든 텍스트 문자가 동일한 폭을 갖지 않으면 이미지 내의 문자들이 그리드를 따라 적절히 배열되지 않아서 간격이 제각각이 되고 이미지가 엉망으로 표시되기 때문에, 커리어Courier 같은 고정폭(모노스페이스monospace라고도 부른다) 글꼴을 사용해야 한다.

　글꼴의 **종횡비**aspect ratio(너비를 높이로 나눈 비율) 역시 최종 이미지에 영향을 미친다. 어떤 문자가 차지하는 공간의 종횡비가 그 문자가 대체하는 이미지 타일의 종횡비와 다른 경우, 최종 아스키 이미지는 왜곡되어 보인다. 이 프로그램은 이미지 타일을 아스키 문자로 대체하기 때문에, 둘의 모양이 비슷할 필요가 있다. 예를 들어, 이미지를 정사각형 타일들로 분할하고 각 타일을 위아래로 길쭉한 글꼴로 대체한다면 최종 이미지는 수직으로 늘어나 보일 것이다.

이 문제를 해결하려면, 그리드 내의 행을 커리어 글꼴의 종횡비에 맞춰야 한다(다른 글꼴도 사용하기 위해 비율을 지정하는 명령 라인 인수를 프로그램에 추가할 수도 있다).

지금까지의 설명을 요약하면, 이번 장의 프로그램이 아스키 이미지를 생성하는 과정은 다음과 같다.

1. 입력 이미지를 그레이스케일로 변환한다.

2. $M \times N$ 타일로 이미지를 분할한다.

3. M(행의 개수)을 이미지와 폰트의 종횡비가 같도록 수정한다.

4. 모든 타일의 평균 밝기를 계산하고, 타일별로 적절한 아스키 문자를 검색한다.

5. 아스키 문자로 이뤄진 문자열들을 조립하고, 최종 이미지를 생성하기 위해 파일로 출력한다.

요구사항

이번 프로젝트에서는 PIL 라이브러리의 변형으로서 이미 사용해본 적이 있는 Pillow를 사용해 이미지를 읽어들이고 이미지 내부의 데이터에 접근하며 이미지를 생성 및 수정한다. 또한 평균을 계산하기 위해 numpy 라이브러리도 사용한다.

코드

우선, 아스키 아트를 생성하는 데 사용되는 그레이스케일 레벨을 정의하는 것부터 시작한다. 그다음에는 이미지를 타일로 분할하는 방법 및 타일별로 평균 밝기를 계산하는 방법을 알아본다. 그리고 나서 타일을 아스키 문자로 교체해 최종 결과 이미지를 생성한다. 마지막으로, 사용자가 출력 크기, 출력되는 파일명 등을 지정할 수 있도록 명령 라인 옵션을 설정한다.

프로젝트의 전체 코드는 145페이지의 '전체 코드' 절에서 확인할 수 있다.

그레이스케일 레벨과 그리드 정의하기

프로그램 작성의 첫 번째 단계는 밝기 값을 아스키 문자로 변환하는 데 사용되는 2개의 그레이스케일 레벨을 전역 변수로 정의하는 것이다.

```
  # 70레벨 음영
❶ gscale1 = "$@B%8&WM#*oahkbdpqwmZO0QLCJUYXzcvunxrjft/\|()1{}[]?-_+~<>i!
           lI;:,\"^`". "
  # 10레벨 음영
❷ gscale2 = "@%#*+=-:. "
```

❶에서 gscale1은 70레벨 그레이스케일 램프이고, ❷의 gscale2는 좀 더 단순한 10레벨 그레이스케일 램프다. 두 값 모두 문자열로 저장되는데, 문자열 내의 문자들은 어두운 색에서 밝은 색의 순서로 들어 있다(문자가 그레이스케일 값으로 표현되는 방법을 자세히 알고 싶다면, http://paulbourke.net/dataformats/asciiart/에서 폴 부르크Paul Bourke가 쓴 '그레이스케일 이미지의 문자 표현'을 참조하라).

그레이스케일 램프가 준비됐으니 이제 이미지를 설정할 수 있다. 다음 코드는 이미지를 열고 그리드로 분할한다.

```
  # 이미지를 열고 그레이스케일로 변환한다
❶ image = Image.open(fileName).convert("L")
  # 이미지의 폭과 높이를 저장한다
❷ W, H = image.size[0], image.size[1]
  # 타일의 폭을 계산한다
❸ w = W/cols
  # 폰트의 종횡비와 스케일에 맞춰서 높이를 계산한다
❹ h = w/scale
  # 최종 그리드에서 사용될 행의 개수를 계산한다
❺ rows = int(H/h)
```

❶에서 Image.open()은 입력 이미지 파일을 열고, Image.convert()는 이미지를 그레이스케일로 변환한다. "L"은 휘도luminance를 의미하며, 이미지의 밝기를 측정하는 단위다.

❷에서는 입력 이미지의 폭과 높이를 저장한다. ❸에서는 사용자에 의해 지정된 열의 개수(cols)를 갖고 타일의 폭을 계산한다(사용자가 명령 라인에서 별도로 지정하지 않은 경우 기본 값은 80이다). ❸에서 나누기를 할 때 정수가 아니라 부동소수점을 사용하는 이유는 타일의 크기를 계산할 때 절단 오차를 방지하기 위해서다.

타일의 폭을 얻은 다음, ❹에서는 scale 변수로 전달받은 수직 스케일 계수를 사용해 타일의 높이를 계산한다. ❺에서는 ❹에서 얻은 높이를 이용해 행의 개수를 계산한다.

스케일 계수는 최종 이미지가 왜곡되지 않도록 타일의 높이를 텍스트 표시에 사용되는 글꼴의 종횡비에 일치시키는 역할을 한다. 이 값(scale)은 인수로 전달될 수 있으며, 기본 값은 0.43이다. 0.43은 커리어 글꼴과 잘 어울린다.

평균 밝기 계산하기

다음으로, 그레이스케일 이미지에 들어 있는 타일의 평균 밝기를 계산한다. 이 작업은 getAverageL() 함수가 수행한다.

```
❶ def getAverageL(image):
       # 이미지를 numpy 배열로 얻는다
❷      im = np.array(image)
       # 폭과 높이를 얻는다
❸      w,h = im.shape
       # 평균값을 얻는다
❹      return np.average(im.reshape(w*h))
```

❶에서 타일이 PIL Image 타입의 객체로서 전달된다. ❷에서는 image를 numpy 타입의 배열로 변환하며, 여기서 im은 각 픽셀별 밝기 값을 갖는 2차원 배열이 된다. ❸에서는 이미지의 크기(폭과 높이)를 저장한다. ❹에서는 numpy.average()가 이미지 내의 밝기 값들의 평균을 계산하는데, 이때 numpy.reshape()로 먼저 폭과 높이가 (w,h)인 2차원 배열을 폭과 높이의 곱(w*h)만큼의 길이를 갖는 1차원 배열로 변환한다. 그다음에 np.average()가 호출되어 이 배열의 값 전체에 대해서 평균을 계산한다.

이미지로부터 아스키 콘텐츠 생성하기

프로그램의 핵심 부분은 이미지로부터 아스키 콘텐츠를 생성하는 작업을 수행한다.

```
     # 아스키 이미지는 문자열 리스트다
❶ aimg = []
     # 타일 크기 리스트를 생성한다
  for j in range(rows):
❷       y1 = int(j*h)
        y2 = int((j+1)*h)
        # 마지막 타일을 수정한다
        if j == rows-1:
           y2 = H
        # 빈 문자열을 추가한다
❸       aimg.append("")
        for i in range(cols):
            # 타일에 맞도록 이미지를 잘라낸다
❹           x1 = int(i*w)
            x2 = int((i+1)*w)
            # 마지막 타일을 수정한다
❺           if i == cols-1:
               x2 = W
            # 타일을 다른 Image 객체로 추출하기 위해 이미지를 잘라낸다
❻           img = image.crop((x1, y1, x2, y2))
            # 평균 휘도 값을 얻는다
❼            avg = int(getAverageL(img))
            # 그레이스케일 값(avg)에 해당되는 아스키 문자를 검색한다
            if moreLevels:
❽               gsval = gscale1[int((avg*69)/255)]
            else:
❾               gsval = gscale2[int((avg*9)/255)]
            # 아스키 문자를 문자열에 추가한다
❿           aimg[j] += gsval
```

아스키 이미지는 처음에 문자열 리스트로서 저장되며 ❶에서 초기화된다. 그리고 이미지 타일들을 차례로 반복하면서 ❷와 그 이하에서 각 이미지 타일의 처음과 마지막 y 좌표를 계산한다. 계산된 값은 부동소수점 수이지만, 정수로 변환된 뒤에 이미지 절단 메소드로 전달된다.

이미지를 타일로 나눌 때 이미지의 폭이 열 개수의 정수배일 경우에만 모두 동일한 크기의 타일이 생성되기 때문에, 마지막 행의 타일들의 y 좌표를 이미지의 실제 높이로 수정한다. 이렇게 하면 이미지의 상단 모서리가 잘리지 않게 된다.

❸에서는 현재의 이미지 행을 나타내기 위해, 빈 문자열을 아스키 이미지에 추가한다. 나중에 이 문자열에 아스키 문자들을 넣을 것이다(문자열은 문자들의 리스트로 처리된다).

❹와 그 아래 코드에서는 타일의 왼쪽과 오른쪽 x 좌표를 계산하고, ❺에서는 앞서 y 좌표를 수정했던 것과 같은 이유로 마지막 타일의 x 좌표를 수정한다. ❻에서는 image.crop() 메소드를 사용해 이미지 타일을 추출한 다음 getAverageL() 함수❼에 전달한다. 이 함수는 142페이지의 '평균 밝기 계산하기' 절에서 정의했던 함수로서, 타일의 평균 밝기 값을 얻을 수 있다. ❾에서는 평균 밝기 값을 [0, 255]에서 [0, 9](10레벨 그레이스케일 램프의 범위)로 축소한다. 그러고 나서 gscale2(저장된 램프 문자열)를 관련 아스키 값을 찾기 위한 검색 테이블로서 사용한다. ❽도 비슷한 작업을 하지만, 명령 라인 옵션에서 70레벨 램프를 사용하도록 지정된 경우에만 실행된다는 점이 다르다. 마지막으로, 발견된 아스키 값 gsval을 텍스트 행에 추가하고❿, 모든 행이 처리될 때까지 반복한다.

명령 라인 옵션

프로그램에서 사용할 수 있는 명령 라인 옵션들을 정의하자. 다음 코드는 파이썬에 내장된 argparse 클래스를 사용한다.

```
  parser = argparse.ArgumentParser(description="descStr")
  # 예상되는 인수들을 추가한다
❶ parser.add_argument('--file', dest='imgFile', required=True)
❷ parser.add_argument('--scale', dest='scale', required=False)
❸ parser.add_argument('--out', dest='outFile', required=False)
❹ parser.add_argument('--cols', dest='cols', required=False)
❺ parser.add_argument('--morelevels', dest='moreLevels',
                       action='store_true')
```

❶은 입력받을 이미지 파일을 지정하며 명령 라인 옵션 중에 유일하게 반드시 필요한 인수다. ❷는 수직 스케일 요소를 설정하고 ❸은 출력 파일명을, ❹는 아스키 출력내 텍스트 열의 개수다. ❺에서는 사용자가 더 많은 수준의 그레이스케일 램프를 선택할 수 있도록 --morelevels 옵션을 추가한다.

아스키 아트 문자열을 텍스트 파일에 기록하기

마지막으로, 생성된 아스키 문자열의 리스트를 받아서 텍스트 파일에 문자열을 기록한다.

```
    # 새로 텍스트 파일을 연다
❶ f = open(outFile, 'w')
    # 리스트 내의 문자열들을 새로 열린 파일에 기록한다
❷ for row in aimg:
        f.write(row + '\n')
    # 내용을 비운다
❸ f.close()
```

❶에서 내장 open() 메소드를 사용해 기록에 사용될 텍스트 파일을 연다. 그런 다음 ❷에서 리스트 내의 문자열들을 차례로 파일에 기록한다. ❸에서는 파일 객체를 닫고 시스템 자원을 해제한다.

전체 코드

다음 코드는 완전한 아스키 아트 프로그램이다. https://github.com/electronut/pp/blob/master/ascii/ascii.py에서도 이번 프로젝트의 코드를 다운로드할 수 있다.

```
import sys, random, argparse
import numpy as np
import math

from PIL import Image

# 그레이스케일 레벨의 출처:
# http://paulbourke.net/dataformats/asciiart/

# 70레벨 음영
gscale1 = "$@B%8&WM#*oahkbdpqwmZO0QLCJUYXzcvunxrjft/\|()1{}[]?-_+~<>i!
lI;:,\"^`'. "
# 10레벨 음영
gscale2 = '@%#*+=-:. '
```

```
def getAverageL(image):
    """
    PIL 이미지를 받아서 그레이스케일 값의 평균을 반환한다
    """
    # 이미지를 numpy 배열로 변환한다
    im = np.array(image)
    # 폭과 높이를 얻는다
    w,h = im.shape
    # 평균값을 얻는다
    return np.average(im.reshape(w*h))

def covertImageToAscii(fileName, cols, scale, moreLevels):
    """
    이미지와 크기 (열과 행의 수)를 받아서 m*n 크기의 이미지 리스트를 반환한다
    """
    # 전역 변수를 선언한다
    global gscale1, gscale2
    # 이미지를 열고 그레이스케일로 변환한다
    image = Image.open(fileName).convert('L')
    # 폭과 높이를 저장한다
    W, H = image.size[0], image.size[1]
    print("input image dims: %d x %d" % (W, H))
    # 타일의 폭을 계산한다
    w = W/cols
    # 종횡비와 스케일에 맞춰 높이를 계산한다
    h = w/scale
    # 행의 개수를 계산한다
    rows = int(H/h)

    print("cols: %d, rows: %d" % (cols, rows))
    print("tile dims: %d x %d" % (w, h))

    # 이미지 크기가 너무 작은지 검사한다
    if cols > W or rows > H:
        print("Image too small for specified cols!")
        exit(0)

    # 아스키 이미지는 문자열 리스트다
    aimg = []
    # 크기 (폭과 높이) 리스트를 생성한다
    for j in range(rows):
        y1 = int(j*h)
        y2 = int((j+1)*h)
        # 마지막 타일을 수정한다
```

```python
            if j == rows-1:
                y2 = H
            # 빈 문자열을 추가한다
            aimg.append("")
            for i in range(cols):
                # 이미지를 타일에 맞춰 잘라낸다
                x1 = int(i*w)
                x2 = int((i+1)*w)
                # 마지막 타일을 수정한다
                if i == cols-1:
                    x2 = W
                # 타일을 추출하기 위해 이미지를 잘라낸다
                img = image.crop((x1, y1, x2, y2))
                # 평균 휘도 값을 계산한다
                avg = int(getAverageL(img))
                # 아스키 문자를 검색한다
                if moreLevels:
                    gsval = gscale1[int((avg*69)/255)]
                else:
                    gsval = gscale2[int((avg*9)/255)]
                # 아스키 문자를 문자열에 추가한다
                aimg[j] += gsval

    # 텍스트 이미지를 반환한다
    return aimg


# main() 함수
def main():
    # 파서를 생성한다
    descStr = "This program converts an image into ASCII art."
    parser = argparse.ArgumentParser(description=descStr)
    # 예상되는 인수들을 추가한다
    parser.add_argument('--file', dest='imgFile', required=True)
    parser.add_argument('--scale', dest='scale', required=False)
    parser.add_argument('--out', dest='outFile', required=False)
    parser.add_argument('--cols', dest='cols', required=False)
    parser.add_argument('--morelevels', dest='moreLevels',
                        action='store_true')

    # args를 파싱한다
    args = parser.parse_args()

    imgFile = args.imgFile
    # 출력 파일을 설정한다
```

```
    outFile = 'out.txt'
    if args.outFile:
        outFile = args.outFile
    # 스케일의 기본 값을 0.43으로 설정한다 (커리어 폰트에 적합)
    scale = 0.43
    if args.scale:
        scale = float(args.scale)
    # 열 개수를 설정한다
    cols = 80
    if args.cols:
        cols = int(args.cols)

    print('generating ASCII art...')
    # 이미지를 아스키 텍스트로 변환한다
    aimg = covertImageToAscii(imgFile, cols, scale, args.moreLevels)

    # 파일을 연다
    f = open(outFile, 'w')
    # 파일에 기록한다
    for row in aimg:
        f.write(row + '\n')
    # 내용을 비운다
    f.close()
    print("ASCII art written to %s" % outFile)

# main() 함수를 호출한다
if __name__ == '__main__':
    main()
```

아스키 아트 생성 프로그램 실행

완성된 프로그램을 실행하기 위해 다음과 같이 명령을 입력한다. 여기서 data/robot. jpg는 실제 여러분이 사용할 이미지로 바꿔서 입력해야 한다.

```
$ python ascii.py --file data/robot.jpg --cols 100
```

그림 6-3은 좌측의 로봇 이미지로부터 생성된 아스키 아트를 보여준다.

▲ **그림 6-3** ascii.py의 실행 예

이제 여러분은 직접 아스키 아트를 생성하는 데 필요한 것을 모두 가졌다.

정리

이번 프로젝트에서는 입력받은 이미지로부터 아스키 아트를 생성하는 방법을 배웠다.
또한 평균 밝기의 값을 계산해 이미지를 그레이스케일로 변환하는 방법 및 그레이스
케일 값에 기초해 이미지의 일부를 문자로 교체하는 방법도 알게 됐다. 이제 여러분만
의 아스키 아트를 즐겁게 만들어보자.

실습!

추가로 아스키 아트를 탐구하기 위한 아이디어들이 아래에 소개되어 있다.

1. --scale 1.0 명령 라인 옵션을 사용해 프로그램을 실행해보자. 결과 이미지는 어
   떻게 보이는가? scale에 다양한 값을 시도해보라. 출력 결과를 텍스트 편집기로 복
   사하고 다른 (고정폭) 글꼴들로 변경해서 최종 이미지의 모양에 어떤 영향을 미치는
   지 확인해보자.

2. 검정색은 흰색으로, 흰색은 검정색으로 아스키 아트의 입력 값들을 반전시키는
   --invert 명령 라인 옵션을 추가하라(힌트: 검색 테이블에서 조회할 때 타일의 밝기 값을
   255에서 뺀다).

3. 이번 프로젝트에서는 2개의 하드코딩된 램프를 기반으로 그레이스케일 값을 찾는 검색 테이블을 만들었다. 이것과 다른 문자 램프를 전달해 아스키 아트를 생성할 수 있게 명령 라인 옵션을 구현하라. 예를 들면 다음과 같다.

```
python3 ascii.py --map "@$%^`."
```

위 명령은 인수로 주어진 6문자 램프를 사용해 아스키 출력을 생성한다. 여기서 @는 밝기 값 0에 대응되고, .은 255에 대응된다.

7장
포토모자이크

초등학교 6학년 때 그림 7-1과 같은 그림을 봤는데, 처음에는 무엇인지 정확히 알 수가 없었다. 그리고 한참 동안 눈을 가늘게 뜨고 바라본 끝에야 비로소 무슨 그림인지 알 수 있었다(책을 위아래로 뒤집어놓고 멀리 떨어져서 보면 여러분도 알 수 있다).

포토모자이크photomosaic는 수많은 사각형들로 분할된 이미지로서, 각 사각형은 타깃target(궁극적으로 포토모자이크에서 나타내고자 하는 이미지)과 일치하는 다른 이미지로 대체된 이미지다. 다시 말해, 멀리서 포토모자이크를 보면 하나의 타깃 이미지가 보이지만 가까이에서 보면 많은 수의 작은 이미지들로 이뤄진 것을 알 수 있다.

이런 신기한 현상은 인간의 눈이 동작하는 방식 때문이다. 그림 7-1에 표시된 낮은 해상도의 뭉툭한 이미지는 가까운 거리에서는 인식하기 어렵지만 먼 거리에서 보면 세부 정보를 인식할 수 없기 때문에 모서리가 부드러워 보이며, 이로 인해 무엇을 나타내는 이미지인지 알 수 있다. 포토모자이크의 원리는 이와 비슷하며, 먼 거리에서는 평범한 이미지처럼 보이지만 가까이 가면 비밀이 드러난다. 모든 '블록'이 저마다 고유한 이미지인 것이다!

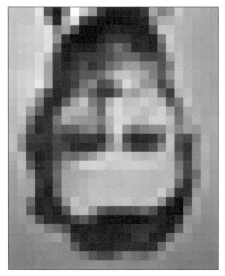

▲ **그림 7-1** 수수께끼 이미지

이번 프로젝트에서는 파이썬을 사용해 포토모자이크를 만드는 방법을 배운다. 하나의 타깃 이미지를 수많은 타일들로 이뤄진 그리드로 분할한 다음, 그리드 내의 각 블록(타일)을 원래 이미지의 포토모자이크 생성에 적합한 이미지로 교체할 것이다. 그리드의 폭과 너비는 지정할 수 있으며, 입력 이미지가 모자이크에서 재사용될지 여부도 선택할 수 있다.

이번 프로젝트에서 다루는 내용은 다음과 같다.

- PIL_{Python Imaging Library}(파이썬 이미징 라이브러리)을 사용해 이미지 생성하기
- 이미지의 평균 RGB 값 계산하기
- 이미지 절단하기
- 이미지의 일부를 다른 이미지로 교체하기
- 평균 거리를 측정해 RGB 값을 서로 비교하기

동작 원리

포토모자이크를 생성하기 위해 저해상도의 타깃 이미지를 사용할 것이다(고해상도 이미지를 사용하면 타일의 수가 너무 많아지기 때문에). 이 이미지의 해상도에 따라서 모자이크의 크기 $M \times N$(M은 행의 수, N은 열의 수)이 정해진다. 그리고 타깃 이미지 내의 타일들을 다음과 같은 방법으로 교체한다.

1. 타깃 이미지 내의 타일을 대체할 입력 이미지들을 읽어들인다.

2. 타깃 이미지를 읽어들인 다음, $M \times N$ 그리드로 분할한다.

3. 각 타일별로 입력 이미지들 중에서 가장 일치하는 이미지를 찾는다.

4. 선택된 입력 이미지들을 $M \times N$ 그리드에 배열해 최종 모자이크를 생성한다.

타깃 이미지 분할하기

우선, 그림 7-2에 보이는 방법대로 타깃 이미지를 $M \times N$ 그리드로 분할한다.

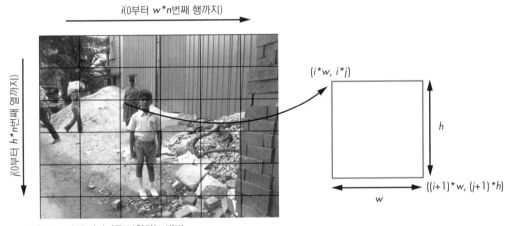

▲ **그림 7-2** 타깃 이미지를 분할하는 방법

그림 7-2는 타깃 이미지를 타일들로 이뤄진 그리드로 분할하는 방법을 보여준다. x축은 그리드의 열이고, y축은 그리드 행을 나타낸다.

이 그리드에 속한 어떤 타일의 좌표를 계산하는 방법을 살펴보자. 인덱스가 (i, j)인 타일 왼쪽 상단의 좌표는 $(i*w, i*j)$이며, 오른쪽 하단의 좌표는 $((i+1)*w, (j+1)*h)$이다. 여기서 w와 h는 각각 타일의 폭과 높이를 나타낸다. 이 좌표들은 타깃 이미지로부터 타일 하나를 잘라서 생성할 때 사용될 것이다.

색상 값의 평균 구하기

이미지 내의 모든 픽셀은 적색, 녹색, 청색 값으로 표현될 수 있는 색상을 갖고 있다. 여기서는 8비트 이미지를 사용하고 있으므로, 적색, 녹색, 청색 요소들은 각각 [0, 255] 범위의 8비트 값을 갖는다. 픽셀의 개수가 총 N개인 이미지가 주어졌을 때, 평균 RGB는 다음과 같이 계산된다.

$$\left(r, g, b \right)_{avg} = \left(\frac{\left(r_1 + r_2 + \cdots + r_N \right)}{N}, \frac{\left(g_1 + g_2 + \cdots + g_N \right)}{N}, \frac{\left(b_1 + b_2 + \cdots + b_N \right)}{N} \right)$$

평균 RGB는 스칼라 값, 즉 하나의 숫자가 아니라 3중 벡터라는 점에 주의하자. 색상 요소별로 평균이 계산되기 때문이다. 평균 RGB를 계산하는 이유는 입력 이미지들과 타깃 이미지를 대조하기 위해서다.

이미지 대조하기

타깃 이미지 내의 모든 타일에 대해, 사용자가 지정한 입력 폴더에 들어 있는 이미지들 중에서 해당 타일과 가장 어울리는 이미지를 찾아야 한다. 2개의 이미지가 어울리는지 여부는 평균 RGB 값을 사용해 결정한다.

가장 단순한 대조 방법은 픽셀의 RGB 값들 사이의 거리를 계산해, 입력 이미지들 중에서 가장 비슷한 것을 찾는 것이다. 이때 3차원 공간에서 두 점 사이의 거리를 계산하는 다음 공식이 사용될 것이다.

$$D_{1,2} = \sqrt{\left(r_1 - r_2 \right)^2 + \left(g_1 - g_2 \right)^2 + \left(b_1 - b_2 \right)^2}$$

이 식은 (r_1, g_1, b_1) 점과 (r_2, g_2, b_2) 점 사이의 거리를 계산한다. 어떤 평균 RGB 값과 입력 이미지들의 평균 RGB 값 리스트가 주어지면, 선형 검색과 3차원 거리 계산을 사용해 가장 비슷한 이미지를 찾을 수 있다.

요구사항

이번 프로젝트에서는 Pillow를 사용해 이미지를 읽어들이고, 이미지 내의 데이터에 접근하며, 이미지를 생성 및 수정한다. 또한 이미지 데이터를 조작할 때 numpy도 사용될 것이다.

코드

우선, 포토모자이크를 생성하는 데 사용될 입력 이미지들을 읽어들인다. 그리고 나서 이 이미지들의 평균 RGB 값을 계산하고, 타깃 이미지를 여러 타일들로 분할한 다음, 각 타일별로 가장 비슷한 입력 이미지를 찾는다. 마지막으로, 이렇게 선택된 타일 이미지들을 조립해 최종적인 포토모자이크를 생성한다.

전체 프로젝트 코드는 163페이지의 '전체 코드' 절에서 확인할 수 있다.

타일 이미지 읽기

먼저, 지정된 폴더에서 입력 이미지들을 읽어들인다.

```
    def getImages(imageDir):
        """
        디렉토리를 인수로 받아서 이미지들의 리스트를 반환한다
        """
❶       files = os.listdir(imageDir)
        images = []
        for file in files:
❷           filePath = os.path.abspath(os.path.join(imageDir, file))
            try:
                # 명시적으로 불러오므로, 시스템 자원 고갈이 일어나지 않는다
❸               fp = open(filePath, "rb")
                im = Image.open(fp)
                images.append(im)
                # 파일에서 이미지 데이터를 불러온다
❹               im.load()
                # 파일을 닫는다
❺               fp.close()
            except:
```

```
            # 건너뛴다
            print("Invalid image: %s" % (filePath,))
    return images
```

❶에서 os.listdir() 함수를 사용해 imageDir 디렉토리 내의 파일들을 리스트로 읽어들인다. 그리고 리스트 내의 파일들을 차례로 PIL Image 객체로 불러온다.

❷에서는 os.path.abspath()와 os.path.join() 함수를 사용해 이미지의 파일명을 얻어온다. 이처럼 2개의 함수를 함께 사용하면 상대 경로(예: \foo\bar)와 절대 경로(예: c:\foo\bar)에서 모두 제대로 동작하도록 보장할 수 있으므로, 파이썬에서 관용적으로 널리 사용되는 기법이다. 게다가 디렉토리의 명명 규칙이 다른 운영체제에서도 동작을 보장한다(예컨대 윈도우에서는 \를, 리눅스에서는 /를 사용한다).

파일을 PIL Image 객체로 불러오기 위해 파일명을 일일이 Image.open() 메소드로 전달할 수도 있지만, 폴더 내에 이미지의 개수가 수백 심지어 수천 개에 이른다면 시스템의 자원을 너무 많이 사용할 수 있다. 그래서 타일 이미지들을 연 다음에, 파일의 핸들 fp를 PIL에 전달하는 방법을 사용하고 있다. 이미지들의 불러오기가 끝나면 파일 핸들을 닫고 시스템 자원을 해제한다.

❸에서 open() 함수로 이미지 파일을 연다. 그리고 이하의 코드에서는 파일의 핸들을 Image.open()으로 전달하고, 결과 이미지 im을 배열에 저장한다.

❹에서는 Image.load()를 호출해 im 내부의 이미지 데이터를 확실히 불러오는데, 이것은 open() 함수가 지연 연산lazy operation이기 때문이다. 다시 말해 이미지를 식별해도, 실제로 이미지를 사용할 때까지는 실제로 이미지 데이터를 모두 읽어들이지 않는다.

❺에서는 시스템 자원을 해제하기 위해 파일 핸들을 닫는다.

입력 이미지의 평균 색상 값 계산하기

이제 읽어들인 입력 이미지들의 평균 색상 값, 그리고 타깃 이미지 내 타일들의 평균 색상 값을 계산해보자. 이 값들을 계산하기 위해 다음과 같이 getAverageRGB() 함수를 작성한다.

```
def getAverageRGB(image):
    """
    입력 이미지 각각에 대해 평균 색상 값을 (r,g,b) 형태로 반환한다
    """
    # 타일 이미지들을 numpy 배열로서 얻는다
❶  im = np.array(image)
    # 입력 이미지들의 크기를 얻는다
❷  w,h,d = im.shape
    # 평균 RGB 값을 얻는다
❸  return tuple(np.average(im.reshape(w*h, d), axis=0))
```

❶에서 numpy를 사용해 각각의 Image 객체를 하나의 데이터 배열로 변환한다. 이렇게 반환된 numpy 배열은 (w, h, d) 형태의 배열이며, w는 이미지의 무게, h는 높이, d는 깊이인데, 이 프로그램의 경우 RGB 이미지에서의 단위 3개를 의미한다(R, G, B에 각각 하나씩). ❷에서는 shape 튜플을 저장하고, 이어서 평균 RGB 값을 계산한다. 이때 이 배열을 numpy.average() 메소드로 평균을 계산할 수 있도록 (w*h, d) 형태로 변환한다.

타깃 이미지 분할하기

이제, 타깃 이미지를 $M \times N$개의 타일로 이뤄진 그리드로 분할한다. 이 작업을 수행하는 코드는 다음과 같다.

```
def splitImage(image, size):
    """
    이미지와 크기(행과 열의 개수)가 주어지면, m*n개의 이미지들로 이뤄진 리스트를 반환한다
    """
❶  W, H = image.size[0], image.size[1]
❷  m, n = size
❸  w, h = int(W/n), int(H/m)
    # 이미지 리스트
    imgs = []
    # 크기(폭과 높이) 리스트를 생성한다
    for j in range(m):
        for i in range(n):
            # 절단된 이미지를 추가한다
❹          imgs.append(image.crop((i*w, j*h, (i+1)*w, (j+1)*h)))
    return imgs
```

우선 ❶에서 타깃 이미지의 크기를, ❷에서 그리드의 크기를 수집한다. ❸에서는 기본적인 나눗셈 연산자를 사용해 타깃 이미지 내의 타일 크기를 계산한다.

이제, 그리드 내부의 타일들을 잘라서 별도의 이미지로 저장한다. ❹에서 image.crop()은 (157페이지의 '타깃 이미지 분할하기' 절에서 설명한 것처럼) 왼쪽 상단 좌표 및 잘라낸 이미지의 크기를 사용해 이미지의 일부를 잘라낸다.

타일과 가장 비슷한 이미지 찾기

이제, 입력 이미지들 중에서 타일과 가장 일치하는 것을 찾아야 한다. 다음과 같이 getBestMatchIndex()를 작성한다.

```
def getBestMatchIndex(input_avg, avgs):
    """
    평균 RGB 거리를 기준으로 가장 가까운 이미지의 인덱스를 반환한다
    """

    # 입력 이미지의 평균
    avg = input_avg

    # RGB 거리를 기준으로 입력 이미지와 가장 가까운 RGB 값을 얻는다
    index = 0
    min_index = 0
    min_dist = float("inf")
    for val in avgs:
        dist = ((val[0] - avg[0])*(val[0] - avg[0]) +
                (val[1] - avg[1])*(val[1] - avg[1]) +
                (val[2] - avg[2])*(val[2] - avg[2]))
        if dist < min_dist:
            min_dist = dist
            min_index = index
        index += 1
    return min_index
```

이 메소드는 avgs 리스트에서 평균 RGB 값 input_avg와 가장 근접하는 것을 찾으려고 시도한다. avgs 리스트는 입력 이미지들의 평균 RGB 값이 들어 있는 리스트다.

가장 비슷한 것을 찾기 위해 입력 이미지들의 평균 RGB 값과 비교가 수행된다. ❶과 ❷에서는 가장 가까운 인덱스를 0으로, 최소 거리를 무한대로 초기화한다. 모

든 거리는 무한대보다 작을 것이므로 최초의 조건 검사는 무조건 통과할 것이다. ❸에서는 리스트 내의 모든 값에 대해 순서대로 거리 계산 공식에 따라서 거리를 계산하기 시작한다(계산 시간을 줄이기 위해 거리의 제곱을 비교하고 있다). 계산된 거리가 최소 거리 min_dist보다 작으면, ❺에서 min_dist는 새로운 최단 거리로 대체된다. 그래서 최종적으로 input_avg와 가장 가까운 평균 RGB 값의 인덱스를 얻게 된다. 이제 이 인덱스를 사용해 리스트에서 가장 비슷한 이미지를 선택할 수 있다.

이미지 그리드 생성하기

포토모자이크 생성을 시작하기 전에, 메소드 하나를 추가로 작성해야 한다. createImageGrid() 메소드는 $M \times N$ 크기의 이미지 그리드를 생성한다. 이 이미지 그리드는 선택된 타일 이미지들의 리스트로 생성된 최종적인 포토모자이크 이미지다.

```
    def createImageGrid(images, dims):
        """
        이미지들의 리스트와 그리드 크기 (m, n)이 주어졌을 때, 이미지 그리드를 생성한다
        """
❶      m, n = dims

        # 정상 여부 검사
        assert m*n == len(images)

        # 이미지의 최대 폭과 높이를 계산한다
        # 이미지들의 폭과 높이가 동일하다고 가정하지 않는다
❷      width = max([img.size[0] for img in images])
        height = max([img.size[1] for img in images])

        # 이미지 그리드를 생성한다
❸      grid_img = Image.new('RGB', (n*width, m*height))

        # 타일 이미지들을 이미지 그리드 내에 배치한다
        for index in range(len(images)):
❹          row = int(index/n)
❺          col = index - n*row
❻          grid_img.paste(images[index], (col*width, row*height))

        return grid_img
```

❶에서 그리드의 크기를 수집한 다음, assert를 사용해 createImageGrid()에 전달된 이미지의 개수가 그리드 크기와 일치하는지 확인한다(assert 메소드는 특히 개발 과정에서 코드 내의 가정을 확인할 때 유용하다). 지금 가장 비슷한 RGB 값에 기반해 타일 이미지 리스트가 주어져 있으며, 이 리스트를 사용해 포토모자이크를 나타내는 이미지 그리드가 생성될 것이다. 선택된 이미지들 중에 일부는 크기 차이로 인해 타일을 100% 채우지 못할 수도 있지만, 그보다 먼저 검정색으로 타일의 배경을 채우기 때문에 별문제가 되지 않는다.

❷와 그 아래의 코드에서는 타일 이미지들의 최대 폭 및 높이를 계산한다(선택된 입력 이미지들의 크기에 관해서는 아무런 가정도 하지 않는다. 즉 이미지들의 크기가 모두 같든 그렇지 않든 코드는 동작한다). 입력 이미지들이 타일에 딱 들어맞지 않을 경우, 타일 사이의 공간은 기본 값인 검정색으로 채워진다.

❸에서는 그리드 내의 모든 이미지를 담을 Image 객체를 새로 생성한다. 타일 이미지들은 이 객체에 채워 넣어질 것이다. ❻에서는 Image.paste() 메소드를 사용해 선택된 이미지들을 차례로 적절한 위치에 채워 넣는다. Imgae.paste() 메소드의 첫 번째 인수는 채워 넣어질 타일 이미지이고, 두 번째 인수는 채워질 위치의 좌측 상단 좌표다. 이 좌표를 알아내기 위해서는 이미지의 인덱스를 행과 열로 나타낼 필요가 있다. 그리드 내에서 어떤 타일의 인덱스는 $N*row + col$로 주어지는데, 여기서 N은 열의 개수이고, (row, col)은 그리드 내에서의 좌표다. 이 식에 따라서 ❹에서는 행 번호를, ❺에서는 열 번호를 계산한다.

포토모자이크 생성하기

이제, 필요한 유틸리티 메소드가 모두 준비됐으므로 포토모자이크를 만드는 메인 함수를 작성할 수 있다.

```
def createPhotomosaic(target_image, input_images, grid_size,
                      reuse_images=True):
    """
    타깃 이미지와 입력 이미지들을 받아서 포토모자이크를 생성한다
    """

    print('splitting input image...')
```

```
                # 타깃 이미지를 분할한다
❶              target_images = splitImage(target_image, grid_size)

                print('finding image matches...')
                # 타일 각각에 대해 가장 비슷한 입력 이미지를 선택한다
                output_images = []
                # 사용자에게 피드백
                count = 0
❷              batch_size = int(len(target_images)/10)

                # 입력 이미지들의 평균 RGB를 계산한다
                avgs = []
                for img in input_images:
❸                  avgs.append(getAverageRGB(img))

                for img in target_images:
                    # 이미지의 평균 RGB 값을 계산한다
❹                  avg = getAverageRGB(img)
                    # 평균 RGB 값 리스트에서
                    # 가장 가까운 RGB 값을 갖는 인덱스를 찾는다
❺                  match_index = getBestMatchIndex(avg, avgs)
❻                  output_images.append(input_images[match_index])
                    # 사용자를 위한 피드백
❼                  if count > 0 and batch_size > 10 and count % batch_size is 0:
                        print('processed %d of %d...' %(count, len(target_images)))
                    count += 1
                    # 플래그가 설정되어 있으면 선택된 이미지를 입력 이미지들 리스트에서 제거한다
❽                  if not reuse_images:
                        input_images.remove(match)

                print('creating mosaic...')
                # 타일들을 사용해 포토모자이크 이미지를 생성한다
❾              mosaic_image = createImageGrid(output_images, grid_size)

                # 포토모자이크를 표시한다
                return mosaic_image
```

createPhotomosaic() 메소드는 타깃 이미지, 입력 이미지들의 리스트, 생성될 포토모자이크의 크기, 이미지의 재사용 가능 여부를 나타내는 플래그를 인수로서 받는다. ❶에서는 타깃 이미지를 타일들로 분할한다. 그러고 나서 입력 폴더 내의 이미지들 중에서 각 타일과 가장 비슷한 것을 찾는다(실행 시간이 오래 걸릴 수 있으므로 프로그램이 잘 동작하고 있는지 사용자에게 피드백을 제공한다).

❷에서는 `batch_size` 변수의 값을 타일 이미지들의 총 개수의 1/10로 지정한다. 이 변수는 ❼에서 사용자를 갱신하는 데 사용된다(1/10이라는 값은 임의로 선택된 것으로서, 프로그램이 "저 살아 있어요"라고 말하는 한 가지 방법일 뿐이다. 프로그램이 전체 이미지 중 1/10만큼 처리를 끝낼 때마다 프로그램이 여전히 실행 중임을 나타내는 메시지를 출력한다).

❸에서는 입력 폴더에 있는 이미지별로 평균 RGB 값을 계산하고 그 값을 `avgs` 리스트에 저장한다. 그런 다음 타깃 이미지 그리드 내의 타일들 각각에 대해 ❹에서 평균 RGB 값을 계산하고, ❺에서는 입력 이미지들의 평균 RGB 값이 들어 있는 리스트에서 이 값에 가장 가까운 것을 찾는다. 검색 결과는 인덱스로서 반환되고, ❻에서 이 값을 사용해 해당되는 Image 객체를 찾은 뒤 리스트에 이 객체를 저장한다.

❼에서 `batch_size` 개수만큼 이미지가 처리될 때마다 사용자에게 메시지를 출력한다. ❽에서 `reuse_images` 플래그가 False로 설정되어 있으면, 선택된 입력 이미지를 리스트에서 제거함으로써 다른 타일에서 재사용되지 않도록 막는다(이것은 선택 가능한 입력 이미지의 수가 매우 많을 때 아주 효과적이다). 마지막으로, ❾에서 최종 포토모자이크를 만들기 위해 이미지들을 합친다.

명령 라인 옵션 추가하기

이 프로그램의 `main()` 메소드는 다음과 같은 명령 라인 옵션들을 지원한다.

```
# 인수들을 파싱한다
parser = argparse.ArgumentParser(description='Creates a photomosaic from
                                 input images')
# 인수들을 추가한다
parser.add_argument('--target-image', dest='target_image', required=True)
parser.add_argument('--input-folder', dest='input_folder', required=True)
parser.add_argument('--grid-size', nargs=2, dest='grid_size',
                    required=True)
parser.add_argument('--output-file', dest='outfile', required=False)
```

3개의 필수 명령 라인 매개변수를 확인할 수 있는데, 타깃 이미지의 이름, 입력 폴더의 이름, 그리드 크기다. 그리고 4번째 매개변수인 출력 파일명은 선택적이다. 이 매개변수가 생략되면 mosaic.png라는 파일에 저장된다.

포토모자이크의 크기 제어하기

마지막으로 해결해야 할 문제는 포토모자이크의 크기를 제어하는 것이다. 입력 이미지들을 아무 생각 없이 타깃 이미지 내의 타일에 채워 넣으면, 당초의 타깃 이미지보다 훨씬 더 큰 포토모자이크가 만들어질 수 있다. 이런 현상을 예방하려면 입력 이미지들의 크기를 그리드 내의 타일 크기와 일치하도록 수정해야 한다(이 작업은 이미지의 크기를 줄이기 때문에 평균 RGB 값의 계산 속도가 향상된다는 장점도 있다). main() 메소드 안에 이 작업을 하는 코드가 존재한다.

```
  print('resizing images...')
  # 그리드 크기가 주어졌을 때, 타일의 최대 폭과 높이를 계산한다
❶ dims = (int(target_image.size[0]/grid_size[1]),
          int(target_image.size[1]/grid_size[0]))
  print("max tile dims: %s" % (dims,))
  # 크기 변경
  for img in input_images:
❷     img.thumbnail(dims)
```

❶에서 그리드 크기를 바탕으로 타깃 이미지의 크기를 계산하고, ❷에서는 PIL의 Image.thumbnail() 메소드를 사용해 이미지들의 크기를 ❶에서 계산된 크기로 변경한다.

전체 코드

이번 프로젝트의 완전한 코드는 https://github.com/electronut/pp/tree/master/photomosaic/photomosaic.py에서 다운로드할 수 있다.

```
import sys, os, random, argparse
from PIL import Image
import imghdr
import numpy as np

def getAverageRGB(image):
    """
    PIL Image 객체가 주어졌을 때, 색상의 평균값을 (r, g, b) 형태로 반환한다
```

```
    """
    # 이미지를 numpy 배열로 얻는다
    im = np.array(image)
    # 크기 정보를 얻는다
    w,h,d = im.shape
    # 평균 RGB를 얻는다
    return tuple(np.average(im.reshape(w*h, d), axis=0))

def splitImage(image, size):
    """
    Image 객체와 크기 정보가 주어졌을 때, (m*n) 크기의 Image 리스트를 반환한다.
    """
    W, H = image.size[0], image.size[1]
    m, n = size
    w, h = int(W/n), int(H/m)
    # 이미지들의 리스트
    imgs = []
    # 크기 정보 리스트를 생성한다
    for j in range(m):
        for i in range(n):
            # 절단된 이미지를 추가한다
            imgs.append(image.crop((i*w, j*h, (i+1)*w, (j+1)*h)))
    return imgs

def getImages(imageDir):
    """
    디렉토리를 인수로 받아서 이미지들의 리스트를 반환한다
    """
    files = os.listdir(imageDir)
    images = []
    for file in files:
        filePath = os.path.abspath(os.path.join(imageDir, file))
        try:
            # 명시적으로 불러오므로, 리소스 고갈이 일어나지 않는다
            fp = open(filePath, "rb")
            im = Image.open(fp)
            images.append(im)
            # 파일로부터 이미지 데이터를 명시적으로 불러온다
            im.load()
            # 파일을 닫는다
            fp.close()
        except:
            # 건너뛴다
            print("Invalid image: %s" % (filePath,))
    return images
```

```python
def getImageFilenames(imageDir):
    """
    이미지들이 위치하는 디렉토리가 주어졌을 때, 이미지 파일명들의 리스트를 반환한다
    """
    files = os.listdir(imageDir)
    filenames = []
    for file in files:
        filePath = os.path.abspath(os.path.join(imageDir, file))
        try:
            imgType = imghdr.what(filePath)
            if imgType:
                filenames.append(filePath)
        except:
            # 건너뛴다
            print("Invalid image: %s" % (filePath,))
    return filenames

def getBestMatchIndex(input_avg, avgs):
    """
    평균 RGB 거리를 기준으로 가장 가까운 이미지의 인덱스를 반환한다
    """

    # 입력 이미지의 평균
    avg = input_avg

    # RGB 거리를 기준으로 입력 이미지와 가장 가까운 RGB 값을 얻는다
    index = 0
    min_index = 0
    min_dist = float("inf")
    for val in avgs:
        dist = ((val[0] - avg[0])*(val[0] - avg[0]) +
                (val[1] - avg[1])*(val[1] - avg[1]) +
                (val[2] - avg[2])*(val[2] - avg[2]))
        if dist < min_dist:
            min_dist = dist
            min_index = index
        index += 1

    return min_index

def createImageGrid(images, dims):
    """
    이미지 리스트와 그리드 크기 (m, n)이 주어졌을 때
    이미지들로 이뤄진 그리드를 생성한다
    """
    m, n = dims
```

```python
    # 정상 여부 검사
    assert m*n == len(images)

    # 이미지의 최대 폭과 높이를 계산한다
    # 이미지들의 폭과 높이가 동일하다고 가정하지 않는다
    width = max([img.size[0] for img in images])
    height = max([img.size[1] for img in images])

    # 출력 이미지를 생성한다
    grid_img = Image.new('RGB', (n*width, m*height))

    # 이미지들을 채워 넣는다
    for index in range(len(images)):
        row = int(index/n)
        col = index - n*row
        grid_img.paste(images[index], (col*width, row*height))

    return grid_img


def createPhotomosaic(target_image, input_images, grid_size,
                      reuse_images=True):
    """
    타깃 이미지와 입력 이미지들이 주어졌을 때, 포토모자이크를 생성한다
    """

    print('splitting input image...')
    # 타깃 이미지를 분할한다
    target_images = splitImage(target_image, grid_size)

    print('finding image matches...')
    # 타일 각각에 대해 가장 가까운 것을 입력 이미지들 중에서 선택한다
    output_images = []
    # 사용자에게 피드백
    count = 0
    batch_size = int(len(target_images)/10)

    # 입력 이미지들의 평균 RGB를 계산한다
    avgs = []
    for img in input_images:
        avgs.append(getAverageRGB(img))

    for img in target_images:
        # 타깃 이미지 내 각 타일들의 평균 RGB를 계산한다
        avg = getAverageRGB(img)
```

```python
        # 가장 가까운 입력 이미지의 인덱스를 얻는다
        match_index = getBestMatchIndex(avg, avgs)
        output_images.append(input_images[match_index])
        # 사용자를 위한 피드백
        if count > 0 and batch_size > 10 and count % batch_size is 0:
            print('processed %d of %d...' % (count, len(target_images)))
        count += 1
        # 플래그가 설정되어 있을 경우, 선택된 이미지를 입력 이미지 리스트에서 제거한다
        if not reuse_images:
            input_images.remove(match)

    print('creating mosaic...')
    # 포토모자이크를 이미지로 그린다
    mosaic_image = createImageGrid(output_images, grid_size)

    # 포토모자이크 이미지를 반환한다
    return mosaic_image

# main() 함수에 코드를 모은다
def main():
    # 명령 라인 인수들은 sys.argv[1], sys.argv[2], ...에 들어 있다
    # sys.argv[0]은 스크립트명 자체이므로 무시해도 된다

    # 인수들을 파싱한다
    parser = argparse.ArgumentParser(description='Creates a photomosaic from
                                     input images')
    # 인수들을 추가한다
    parser.add_argument('--target-image', dest='target_image', required=True)
    parser.add_argument('--input-folder', dest='input_folder', required=True)
    parser.add_argument('--grid-size', nargs=2, dest='grid_size', required=True)
    parser.add_argument('--output-file', dest='outfile', required=False)

    args = parser.parse_args()

    ###### 입력받는 항목 ######

    # 타깃 이미지
    target_image = Image.open(args.target_image)

    # 입력 이미지들
    print('reading input folder...')
    input_images = getImages(args.input_folder)

    # 유효한 입력 이미지가 존재하는지 검사
    if input_images == []:
        print('No input images found in %s. Exiting.' % (args.input_folder, ))
```

```
        exit()

# 좀 더 다양한 결과를 얻기 위해 리스트를 재생성하는가?
random.shuffle(input_images)

# 그리드의 크기
grid_size = (int(args.grid_size[0]), int(args.grid_size[1]))

# 출력
output_filename = 'mosaic.png'
if args.outfile:
    output_filename = args.outfile

# 입력 이미지를 재사용한다
reuse_images = True

# 원래의 이미지 크기에 맞도록 입력 크기를 변경하는가?
resize_input = True

##### 입력받는 항목 종료 #####

print('starting photomosaic creation...')

# 이미지를 재사용하지 않는 경우, m*n <= num_of_images가 되게 한다
if not reuse_images:
    if grid_size[0]*grid_size[1] > len(input_images):
        print('grid size less than number of images')
        exit()

# 입력 크기를 변경한다
if resize_input:
    print('resizing images...')
    # 그리드 크기가 주어졌을 때, 타일의 최대 폭과 높이를 계산한다
    dims = (int(target_image.size[0]/grid_size[1]),
            int(target_image.size[1]/grid_size[0]))
    print("max tile dims: %s" % (dims,))
    # 크기 변경
    for img in input_images:
        img.thumbnail(dims)

# 포토모자이크를 생성한다
mosaic_image = createPhotomosaic(target_image, input_images, grid_size,
                                 reuse_images)

# 포토모자이크를 기록한다
mosaic_image.save(output_filename, 'PNG')
```

```
    print("saved output to %s" % (output_filename,))
    print('done.')

# 프로그램을 실행하기 위한
# 표준적인 main() 함수 호출 방법
if __name__ == '__main__':
    main()
```

포토모자이크 생성 프로그램 실행

다음은 이 프로그램의 실행 예다.

```
$ python photomosaic.py --target-image test-data/cherai.jpg --input-folder
test-data/set6/ --grid-size 128 128
reading input folder...
starting photomosaic creation...
resizing images...
max tile dims: (23, 15)
splitting input image...
finding image matches...
processed 1638 of 16384 ...
processed 3276 of 16384 ...
processed 4914 of 16384 ...
creating mosaic...
saved output to mosaic.png
done.
```

그림 7-3(a)는 타깃 이미지, 그림 7-3(b)는 포토모자이크를 나타낸다. 그리고 그림
7-3(c)는 포토모자이크의 확대 화면(클로즈업)이다.

▲ **그림 7-3** 포토모자이크 실행 예

정리

7장에서는 타깃 이미지와 입력 이미지들이 주어졌을 때 포토모자이크를 만드는 방법을 배웠다. 먼 거리에서 바라보면 포토모자이크는 원래의 이미지처럼 보이지만, 가까이 다가가면 포토모자이크를 구성하는 개별 이미지들을 볼 수 있다.

실습!

포토모자이크를 더 깊이 탐구하는 방법들을 소개한다.

1. 임의의 이미지를 그림 7-1처럼 보이게 만드는 프로그램을 작성하라.

2. 이번 장에서 여러분은 서로 간에 빈 공간이 없는 이미지들을 붙여넣어서 포토모자이크를 만들었다. 하지만 좀 더 예술적으로 표현하고 싶다면, 타일 이미지의 주변에 일정 픽셀의 간격을 넣으면 좋을 것이다. 이러한 간격은 어떻게 만들 수 있을까?(힌트: createImageGrid() 메소드에서 채워 넣기를 할 때와 최종 이미지의 크기를 계산할 때 간격을 고려하도록 코드를 수정한다.)

3. 이번 장의 프로그램은 입력 폴더에서 가장 어울리는 이미지를 찾는 데 실행 시간의 대부분을 소비한다. 따라서 프로그램의 속도를 높이려면 getBestMatchIndex() 메소드의 성능을 개선해야 한다. 본문에서는 (3차원 공간상의 점으로 취급되는) 평균 RGB 값들이 들어 있는 리스트를 단순히 선형 검색하는 방법으로 구현했다. 이 문제는 최근접 이웃 검색nearest neighbor search 문제의 일종인데, 가장 가까운 점을 찾을 수 있는 매우 효과적인 방법으로서 k-d 트리 검색k-d tree search 기법이 있다. scipy 라이브러리에 들어 있는 scipy.spatial.KDTree 클래스를 사용하면 k-d 트리를 생성하고, 이 트리에 질의해 가장 가까운 점을 찾을 수 있다. 본문의 선형 검색을 k-d 트리 검색으로 바꿔보자(http://docs.scipy.org/doc/scipy/reference/generated/scipy.spatial.KDTree.html을 참조한다).

8장
오토스테레오그램

잠시 그림 8-1을 바라보자. 무질서하게 흩어져 있는 점들 외에 무엇이 보이는가? 그림 8-1은 오토스테레오그램autostereogram(매직아이)으로서, 3차원적 지각을 만들어내는 2차원 이미지다. 일반적으로 오토스테레오그램은 두 눈의 초점을 잘 맞추면 3차원처럼 보이는 반복 패턴으로 구성된다. 여러분에게는 3차원적 이미지가 보이지 않더라도 걱정할 필요는 없다. 나 역시도 어느 정도의 시간을 들여 훈련을 한 뒤에야 인식할 수 있었기 때문이다(이 책에 인쇄된 그림으로는 도저히 모르겠다면, https://github.com/electronut/pp/images/에서 컬러 버전으로 시도해보라. 이미지의 정체는 다음 페이지의 각주에서 확인할 수 있다).

8장에서는 파이썬을 사용해 오토스테레오그램을 만들어볼 것이다. 이번 프로젝트에서 다루는 내용은 다음과 같다.

- 선형 거리간격과 깊이 지각
- 깊이맵
- Pillow를 사용해 이미지를 생성하고 편집하는 방법
- Pillow를 사용해 이미지에 그리는 방법

▲ **그림 8-1** 여러분을 괴롭힐 수수께끼의 이미지[1]

이번 프로젝트에서 생성할 오토스테레오그램은 그림 너머의 먼 산을 보듯이 바라봐야 한다. 다시 말하면 이미지 뒤편의 어떤 점(예컨대 벽)에 눈의 초점을 맞추는 것이다. 마치 마법과 같이, 일단 어떤 패턴이 인식되기 시작하면 여러분의 눈은 그 패턴에 자동으로 초점을 둘 것이며, 3차원 이미지가 '눈에 고정되면' 그 이미지를 떨쳐내기가 어려울 것이다(그래도 여전히 이미지가 보이지 않는다면 진 러바인Gene Levine이 쓴 '스테레오그램을 보는 방법 및 연습하기'[2]를 참고하자).

---

1   숨어 있는 이미지는 상어다.

2   http://colorstereo.com/texts_.txt/practice.htm

동작 원리

오토스테레오그램의 원리는 이미지 내 패턴들 사이의 선형 거리간격을 변경함으로써 깊이가 있는 것처럼 지각을 만들어내는 것이다. 오토스테레오그램의 반복 패턴을 바라볼 때 여러분의 뇌는 (특히 각기 다른 거리간격의 패턴들이 다수 존재할 때) 거리간격을 깊이를 나타내는 정보로 해석할 수 있다.

오토스테레오그램 내의 깊이 지각하기

여러분이 이미지 뒤편의 어떤 가상의 점으로 눈의 초점을 모으면, 뇌는 왼쪽 눈으로 보이는 점과 오른쪽 눈으로 보이는 점을 비교한다. 이때 마치 이 점들이 이미지 뒤편의 어떤 평면상에 위치하는 것처럼 보이게 되는데, 이 평면까지의 거리는 패턴 내 거리간격의 크기에 따라 다르게 지각된다. 예를 들어, 그림 8-2에서 A 문자로 이뤄진 3개의 줄을 보자. 각 줄에서 A 문자들 간의 거리간격은 똑같지만, 거리간격 자체는 위에서 아래로 내려갈수록 증가한다.

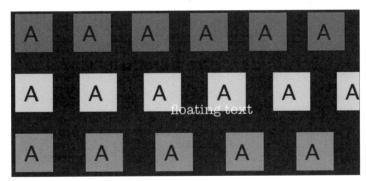

▲ **그림 8-2** 선형 거리간격과 깊이 지각

    그림 8-2의 이미지를 앞서 설명했듯이 먼 산을 보듯 바라보면, 윗줄은 종이 뒤에 있는 것처럼 보이고, 가운데 줄은 윗줄 약간 뒤에, 그리고 아랫줄은 가장 멀리 있는 것처럼 보인다. 'floating text'라는 텍스트는 3개의 줄 위에 '떠 있는' 것처럼 보일 것이다.

    왜 사람의 뇌는 이러한 패턴 사이의 거리간격을 깊이 정보로 해석할까? 일반적으로 멀리 떨어져 있는 물체를 바라볼 때 사람의 두 눈은 안쪽으로 회전하면서 동일한 점에 초점을 두고 수렴한다. 하지만 먼 산 보듯이 오토스테레오그램을 바라볼 때는 이러한 초점 및 수렴이 다른 위치에서 일어난다. 두 눈은 오토스테레오그램에 초점을 두지만 뇌는 반복 패턴들이 동일한 가상의 객체로부터 들어오는 것으로 인식하므로, 두 눈은 그림 8-3과 같이 이미지 뒤편의 어떤 점에 수렴하게 된다. 이와 같은 초점과 수렴의 분리가 오토스테레오그램에서 깊이를 지각하게 되는 원인이다.

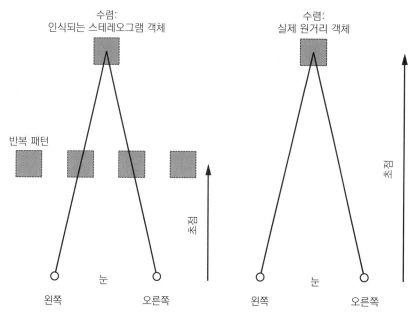

▲ **그림 8-3** 오토스테레오그램에서 깊이를 지각하는 이유

오토스테레오그램에서 지각되는 깊이의 정도는 수평 간격에 따라 다르다. 그림 8-2의 경우, 첫 번째 줄이 패턴 간의 수평 간격이 가장 가깝기 때문에 다른 줄보다 앞에 나타난다. 하지만 간격이 고정되지 않고 가변적일 경우 여러분의 뇌는 그때그때 깊이를 다르게 지각하므로 가상의 3차원 이미지를 볼 수 있다.

깊이맵

깊이맵depth map은 각 픽셀의 값이 깊이 값을 나타내는 이미지로서, 이 값은 그 픽셀이 나타내는 객체의 부분과 여러분의 눈 사이의 거리를 의미한다. 그림 8-4처럼 깊이맵은 가까운 점은 밝은 색으로, 멀리 떨어진 점은 어두운 색으로 표현되는 그레이스케일 이미지로 보일 때가 많다.

▲ **그림 8-4** 깊이맵

이 그림에서 가장 밝은 부분인 상어의 코가 가장 가깝게 보이는 것에 주목하자. 반대로 꼬리로 갈수록 어두워지며 동시에 멀어 보인다.

깊이맵은 각 픽셀의 중심에서 여러분 눈까지의 깊이, 즉 거리를 나타내므로, 이를 이용해 이미지 내의 픽셀 위치와 관련해서 깊이 값을 얻을 수 있다. 수평 간격은 이미지에서 깊이로서 지각되므로, 깊이 값에 비례하여 패턴 이미지 내의 픽셀을 시프트하면 해당 픽셀에 대한 깊이 지각을 깊이맵과 일치하도록 생성할 수 있다. 이 작업을 모든 픽셀에 대해 수행하면 깊이맵 전체를 하나의 이미지로 부호화할 수 있으며, 그 결과물이 바로 오토스테레오그램이다.

깊이맵은 각 픽셀별로 깊이 값을 저장하며, 해상도는 몇 개의 비트로 나타내느냐에 따라서 다르다. 이번 장에서는 8비트 이미지를 사용하므로 깊이 값의 범위는 [0, 255]일 것이다.

사실, 그림 8-4는 그림 8-1의 첫 번째 오토스테레오그램을 만드는 데 사용된 깊이맵이다. 여러분이 직접 만드는 방법은 이제 곧 배울 것이다.

이번 프로젝트의 코드는 다음과 같은 순서로 실행된다.

1. 깊이맵을 읽어들인다.

2. 타일 이미지를 읽어들이거나 '무작위 점' 타일을 생성한다.

3. 타일을 반복해 새로운 이미지를 생성한다. 이 이미지의 폭과 높이는 깊이맵과 일치해야 한다.

4. 새로 생성된 이미지의 모든 픽셀에 대해, 그 픽셀의 깊이 값에 비례해서 오른쪽으로 픽셀을 시프트한다.

5. 오토스테레오그램을 파일에 기록한다.

요구사항

이번 프로젝트에서는 Pillow를 사용해 이미지를 읽고, 이미지 내의 데이터에 접근하며, 이미지를 생성 및 수정할 것이다.

코드

입력받은 깊이맵으로부터 오토스테레오그램을 생성하기 위해서는, 먼저 하나의 타일 이미지를 반복해서 중간 이미지를 생성할 필요가 있다. 임의의 점으로 채워진 타일 이미지를 생성하는 메소드도 작성한다. 다음으로, 입력받은 깊이맵 이미지의 정보를 이용해 입력 이미지를 시프트함으로써 오토스테레오그램을 생성하는 핵심 코드를 작성할 것이다. 전체 코드는 182페이지의 '전체 코드' 절에서 확인할 수 있다.

주어진 타일 반복하기

createTiledImage() 메소드는 어떤 그래픽을 타일 형태로 배열해서 (폭, 높이) 형태의 튜플 dims가 지정하는 크기로 새로운 이미지를 생성하고 반환한다.

```python
# 중간 이미지를 생성하기 위해 입력받은 이미지를 타일 형태로 배열한다
def createTiledImage(tile, dims):
    # 새로운 이미지를 생성한다
➊    img = Image.new('RGB', dims)
    W, H = dims
    w, h = tile.size
    # 필요한 타일의 개수를 계산한다
```

```
❷      cols = int(W/w) + 1
❸      rows = int(H/h) + 1
       # 타일 그래픽을 새로 생성된 이미지 내에 채운다
       for i in range(rows):
           for j in range(cols):
❹              img.paste(tile, (j*w, i*h))
       # 최종적으로 출력 이미지를 반환한다
       return img
```

❶에서는 입력받은 크기(dims)로 새로운 PIL Image 객체를 생성하는데, 이 출력 이미지의 크기는 (폭, 높이) 형태의 튜플 dims로 주어진다. 다음으로, 타일 및 출력 이미지의 폭과 높이를 저장한다. ❷와 ❸에서는 출력 이미지의 크기를 타일의 크기로 나누는 방법으로 중간 이미지의 열과 행의 개수를 각각 알아낸다. 이때 출력 이미지의 크기가 정확히 타일 크기의 정수배가 아닐 경우 오른쪽 끝의 타일이 누락되지 않도록 두 값에 1을 더하고 있다. 1을 더하지 않으면 이미지의 오른쪽 끝이 잘려나갈 수도 있다. ❹에서는 행과 열에 차례로 타일들을 채워 넣는데, 타일의 왼쪽 상단의 위치는 (j*w, i*h)로 정해진다. 채워 넣기가 모두 완료되면, 입력받은 이미지(tile)들이 타일 형태로 배열된 Image 객체가 최종적으로 반환된다.

임의의 원으로 타일 생성하기

타일 이미지를 입력받지 않고, createRandomTile() 메소드를 사용해 임의의 원으로 타일을 생성할 수도 있다.

```
   # 임의의 원으로 채워진 이미지 타일을 생성한다
   def createRandomTile(dims):
       # 이미지를 생성한다
❶      img = Image.new('RGB', dims)
❷      draw = ImageDraw.Draw(img)
       # 임의의 원의 반지름을
       # 폭과 높이의 1% 값 중에서 작은 것으로 설정한다
❸      r = int(min(*dims)/100)
       # 원의 개수
❹      n = 1000
       # 임의의 원을 그린다
       for i in range(n):
```

```
                # -r은 원이 내부에 위치함으로써 타일 모서리에서 일부가
                # 잘리지 않도록 보장한다 (타일 이미지의 모습을 개선하기 위함)
❺               x, y = random.randint(0, dims[0]-r), random.randint(0, dims[1]-r)
❻               fill = (random.randint(0, 255), random.randint(0, 255),
                        random.randint(0, 255))
❼               draw.ellipse((x-r, y-r, x+r, y+r), fill)
           return img
```

❶에서는 dims에 지정된 크기로 Image 객체를 새로 생성한다. ❷에서 ImageDraw.
Draw() 메소드는 이미지의 폭 혹은 높이 중에 더 작은 값을 100으로 나눈 값을 반지름
으로 하는 원들을 이미지 내부에 그린다(파이썬 * 연산자는 dims 튜플 내의 폭과 높이 값을 꺼
내서 min() 메소드로 전달 가능하게 만든다).

❹에서는 원의 개수를 1000으로 설정한다. 그런 다음, random.randint() 함수를
호출해 [0, 폭-r]과 [0, 높이-r] 범위 내에서 임의의 정수를 얻음으로써 모든 원의
x 및 y 좌표를 계산한다❺. 여기서 -r은 생성된 원이 크기가 폭×높이인 이미지 사각
형 내부에 위치하도록 보장한다. -r이 없으면, 이미지 모서리의 오른쪽에 원이 그려질
수 있으며 결과적으로 원의 일부가 잘려나갈 수 있다. 이러한 이미지를 타일 형태로 배
열해 오토스테레오그램을 생성하면, 2개의 타일 사이의 모서리에 있는 원들은 서로 여
유공간이 없으므로 보기에 좋아 보이지 않을 것이다.

원을 그릴 때는 먼저 외곽선을 그린 후에 색을 채운다. ❻에서 [0, 255] 범위에서
임의로 RGB 값을 선택해 원의 내부를 채울 색상을 결정한다. 마지막으로 ❼에서는
draw의 ellipse() 메소드를 사용해 원을 그린다. 이 메소드의 첫 번째 인수는 원의
바운딩 박스로서, 좌측 상단과 우측 하단의 좌표, 즉 (x-r, y-r)과 (x+r, y+r)로 주
어진다. 여기서 (x, y)는 원의 중심이고, r은 반지름이다.

파이썬 인터프리터에서 이 메소드를 테스트해보자.

```
>>> import autos
>>> img = autos.createRandomTile((256, 256))
>>> img.save('out.png')
>>> exit()
```

그림 8-5는 실행 결과를 보여준다.

▲ **그림 8-5** createRandomTile()의 실행 예

그림 8-5에서 볼 수 있듯이, 임의의 점들로 이뤄진 타일 이미지가 생성됐다. 이 타일을 사용해 오토스테레오그램을 만들 것이다.

오토스테레오그램 만들기

이제 오토스테레오그램을 만들어보자. createAutostereogram() 메소드가 대부분의 작업을 수행할 것이다.

```
    def createAutostereogram(dmap, tile):
        # 깊이맵을 단일 채널로 변환한다(필요 시)
❶     if dmap.mode is not 'L':
            dmap = dmap.convert('L')
        # 별도로 지정된 이미지가 없을 경우, 임의의 원으로 타일을 생성한다
❷     if not tile:
            tile = createRandomTile((100, 100))
        # 타일 배열로 이미지를 생성한다
❸     img = createTiledImage(tile, dmap.size)
        # 깊이맵 값을 사용해 시프트된 이미지를 생성한다
❹     sImg = img.copy()
        # Image 객체를 불러와서 픽셀에 대한 접근 방법을 얻는다
❺     pixD = dmap.load()
        pixS = sImg.load()
        # 깊이맵에 따라서 픽셀을 수평으로 시프트한다
❻     cols, rows = sImg.size
        for j in range(rows):
            for i in range(cols):
```

```
❼                xshift = pixD[i, j]/10
❽                xpos = i - tile.size[0] + xshift
❾                if xpos > 0 and xpos < cols:
❿                    pixS[i, j] = pixS[xpos, j]
        # 시프트된 이미지를 표시한다
        return sImg
```

❶에서 깊이맵과 이미지가 크기가 같은지 확인하는 검사를 수행한다. 사용자가 타일 이미지를 제공하지 않은 경우 ❷에서 임의의 원으로 타일을 생성한다. ❸에서는 제공된 깊이맵 이미지와 크기가 일치하는 타일을 생성한다. 그런 다음 ❹에서는 이 타일 이미지의 복사본을 만든다.

❺에서는 Image.Load() 메소드를 사용해 이미지 데이터를 메모리에 불러온다. 이 메소드는 [i, j] 형식의 2차원 배열 형태로 이미지 픽셀에 접근한다. ❻에서 이미지의 크기를 행과 열의 개수로 저장하는데, 이미지를 여러 픽셀들의 그리드로서 취급하는 것이다.

오토스테레오그램을 생성하는 알고리즘의 핵심은 깊이맵에서 얻어진 정보에 따라서 타일 이미지 내의 픽셀을 시프트하는 방법에 있으며, 이를 위해서는 타일 이미지 내부의 픽셀을 차례로 처리해야 한다. ❼에서는 어떤 픽셀을 얼마나 시프트할지 정하기 위해, 우선 깊이맵 pixD를 검색한 다음, 얻어진 값을 10으로 나눈다. 8비트 깊이맵을 사용하고 있으므로 깊이 값은 0부터 255 사이의 값을 가질 수 있는데, 이 값을 10으로 나누므로 대략 0부터 25 사이의 값이 얻어질 것이다. 입력받는 깊이맵 이미지가 일반적으로 수백 픽셀 정도이므로, 이 정도의 시프트 값은 문제없이 동작한다(10 외에도 다양한 값으로 나누면서 최종 이미지가 어떻게 달라지는지 관찰하면 재미있을 것이다).

❽에서는 오토스테레오그램을 타일로 채우면서 픽셀의 새로운 x 위치를 계산한다. 픽셀의 값은 w개의 픽셀마다 반복되므로 식 $a_i = a_i + w$로 표현될 수 있다. 여기서 a_i는 x축상의 인덱스 i에서 픽셀의 색상이다(픽셀의 열이 아니라 행을 기준으로 계산하기 때문에 y축은 신경 쓰지 않아도 된다)

깊이 지각을 생성하기 위해서는 거리간격, 혹은 반복 간격repeat interval을 해당 픽셀의 깊이맵 값에 비례하게 만들어야 한다. 따라서 최종 오토스테레오그램 이미지에서 모든 픽셀은 이전의 위치에 비해 delta_i만큼 시프트된다. 식으로 나타내면 $b_i = b_{i-w+\delta_i}$인데,

여기서 b_i는 최종 오토스테레오그램 이미지에서 인덱스 i에서의 픽셀 색상 값을 나타내며, ❽에서 바로 이 계산을 수행한다. 깊이맵의 값이 0(검정색)인 픽셀은 시프트되지 않고 배경으로 인식된다.

❿에서는 픽셀별로 그 값을 시프트된 값으로 교체한다. ❾에서는 이미지 내부에 위치하지 않는 픽셀에 접근하지 않는지 검사한다. 시프트로 인해 이미지 모서리에서 일어날 수도 있기 때문이다.

명령 라인 옵션

이제, `main()` 메소드에서 명령 라인 옵션 관련 코드를 살펴보자.

```python
# 파서를 생성한다
parser = argparse.ArgumentParser(description="Autosterograms...")
# 예상되는 인수를 추가한다
parser.add_argument('--depth', dest='dmFile', required=True)
parser.add_argument('--tile', dest='tileFile', required=False)
parser.add_argument('--out', dest='outFile', required=False)
# args를 파싱한다
args = parser.parse_args()
# 출력 파일을 설정한다
outFile = 'as.png'
if args.outFile:
    outFile = args.outFile
# 타일을 설정한다
tileFile = False
if args.tileFile:
    tileFile = Image.open(args.tileFile)
```

❶에서는 이전의 프로젝트들과 마찬가지로 `argparse`를 사용해 프로그램의 명령 라인 옵션들을 정의한다. 필수 인수는 깊이맵 파일뿐이고, 나머지 2개의 인수는 선택적으로서 각각 타일의 파일명과 출력 파일명이다. 타일 이미지가 지정되지 않은 경우, 프로그램은 임의의 원들로 이뤄진 타일을 생성할 것이다. 출력 파일명이 지정되지 않은 경우는 as.png라는 파일에 오토스테레오그램이 기록된다.

전체 코드

아래에서 오토스테레오그램 프로그램의 완전한 코드를 볼 수 있다. 또한 https://github.com/electronut/pp/blob/master/autos/autos.py에서 이 코드를 다운로드할 수 있다.

```python
import sys, random, argparse
from PIL import Image, ImageDraw

# 거리간격/깊이 예제를 생성한다
def createSpacingDepthExample():
    tiles = [Image.open('test/a.png'), Image.open('test/b.png'),
            Image.open('test/c.png')]
    img = Image.new('RGB', (600, 400), (0, 0, 0))
    spacing = [10, 20, 40]
    for j, tile in enumerate(tiles):
        for i in range(8):
            img.paste(tile, (10 + i*(100 + j*10), 10 + j*100))
    img.save('sdepth.png')

# 임의의 원으로 채워진 타일 이미지를 생성한다
def createRandomTile(dims):
    # 이미지를 생성한다
    img = Image.new('RGB', dims)
    draw = ImageDraw.Draw(img)
    # 임의의 원의 반지름을
    # 폭과 높이의 1% 값 중에서 작은 것으로 설정한다
    r = int(min(*dims)/100)
    # 원의 개수
    n = 1000
    # 임의의 원을 그린다
    for i in range(n):
        # -r은 원이 내부에 위치함으로써 타일 모서리에서 일부가
        # 잘리지 않도록 보장한다 (타일 이미지의 모습을 개선하기 위함)
        x, y = random.randint(0, dims[0]-r), random.randint(0, dims[1]-r)
        fill = (random.randint(0, 255), random.randint(0, 255),
                random.randint(0, 255))
        draw.ellipse((x-r, y-r, x+r, y+r), fill)
    # 이미지를 반환한다
    return img

# 주어진 이미지를 타일로 배열해서 크기가 dims인 이미지를 생성한다
```

```python
def createTiledImage(tile, dims):
    # 출력 이미지를 생성한다
    img = Image.new('RGB', dims)
    W, H = dims
    w, h = tile.size
    # 필요한 타일의 개수를 계산한다
    cols = int(W/w) + 1
    rows = int(H/h) + 1
    # 타일들을 채워 넣는다
    for i in range(rows):
        for j in range(cols):
            img.paste(tile, (j*w, i*h))
    # 출력 이미지를 반환한다
    return img


# 테스트용 깊이맵을 생성한다
def createDepthMap(dims):
    dmap = Image.new('L', dims)
    dmap.paste(10, (200, 25, 300, 125))
    dmap.paste(30, (200, 150, 300, 250))
    dmap.paste(20, (200, 275, 300, 375))
    return dmap


# 깊이맵과 입력 이미지가 주어졌을 때,
# 깊이 값에 따라서 픽셀이 시프트된 이미지를 생성한다
def createDepthShiftedImage(dmap, img):
    # 크기 검사
    assert dmap.size == img.size
    # 시프트된 이미지를 생성한다
    sImg = img.copy()
    # 픽셀 접근 방법을 얻는다
    pixD = dmap.load()
    pixS = sImg.load()
    # 깊이맵에 따라서 픽셀을 시프트한다
    cols, rows = sImg.size
    for j in range(rows):
        for i in range(cols):
            xshift = pixD[i, j]/10
            xpos = i - 140 + xshift
            if xpos > 0 and xpos < cols:
                pixS[i, j] = pixS[xpos, j]
    # 시프트된 이미지를 반환한다
    return sImg
```

```
# 깊이맵과 입력 이미지가 주어졌을 때,
# 깊이 값에 따라서 픽셀이 시프트된 이미지를 생성한다
def createAutostereogram(dmap, tile):
    # 깊이맵을 단일 채널로 변환한다(필요한 경우)
    if dmap.mode is not 'L':
        dmap = dmap.convert('L')
    # 별도로 지정된 타일이 없으면 임의의 이미지를 사용한다
    if not tile:
        tile = createRandomTile((100, 100))
    # 타일 배열로 이미지를 생성한다
    img = createTiledImage(tile, dmap.size)
    # 시프트된 이미지를 생성한다
    sImg = img.copy()
    # 픽셀 접근 방법을 얻는다
    pixD = dmap.load()
    pixS = sImg.load()
    # 깊이맵에 따라서 픽셀을 시프트한다
    cols, rows = sImg.size
    for j in range(rows):
        for i in range(cols):
            xshift = pixD[i, j]/10
            xpos = i - tile.size[0] + xshift
            if xpos > 0 and xpos < cols:
                pixS[i, j] = pixS[xpos, j]
    # 시프트된 이미지를 반환한다
    return sImg


# main() 함수
def main():
    # sys.argv를 사용한다(필요한 경우)
    print('creating autostereogram...')
    # 파서를 생성한다
    parser = argparse.ArgumentParser(description="Autosterograms...")
    # 예상되는 인수를 추가한다
    parser.add_argument('--depth', dest='dmFile', required=True)
    parser.add_argument('--tile', dest='tileFile', required=False)
    parser.add_argument('--out', dest='outFile', required=False)
    # args를 파싱한다
    args = parser.parse_args()
    # 출력 파일을 설정한다
    outFile = 'as.png'
    if args.outFile:
        outFile = args.outFile
    # 타일을 설정한다
```

```
    tileFile = False
    if args.tileFile:
        tileFile = Image.open(args.tileFile)
    # 깊이맵을 연다
    dmImg = Image.open(args.dmFile)
    # 스테레오그램을 생성한다
    asImg = createAutostereogram(dmImg, tileFile)
    # 결과를 저장한다
    asImg.save(outFile)

# main() 함수를 호출한다
if __name__ == '__main__':
    main()
```

오토스테레오그램 생성 프로그램 실행

어떤 의자의 깊이맵(stool-depth.png)을 사용해 프로그램을 실행해보자.

```
$ python3 autos.py --depth data/stool-depth.png
```

그림 8-6의 왼쪽은 깊이맵 이미지이고, 오른쪽은 생성된 오토스테레오그램이다. 타일 이미지를 지정하지 않았으므로 이 오토스테레오그램은 임의의 타일을 사용했다.

 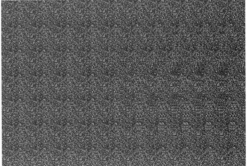

▲ **그림 8-6** autos.py의 실행 예

이번에는 타일 이미지를 지정해보자. 깊이맵은 여전히 stool-depth.png를 사용하되, 타일 이미지로서 escher-tile.jpg[3]를 지정한다.

```
$ python3 autos.py --depth data/stool-depth.png --tile data/escher-tile.jpg
```

그림 8-7에서 실행 결과를 볼 수 있다.

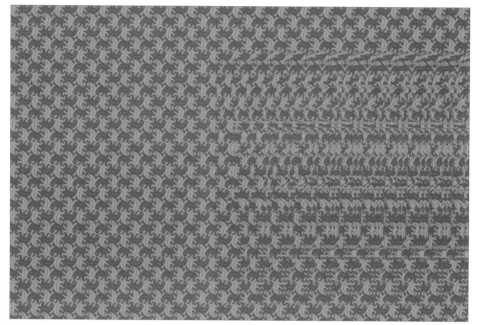

▲ **그림 8-7** 타일 이미지를 지정한 autos.py의 실행 예

정리

이번 프로젝트에서는 오토스테레오그램을 생성하는 방법을 배웠다. 깊이맵 이미지가 주어지면, 임의의 점으로 이뤄진 오토스테레오그램 또는 사용자가 지정한 타일 이미지로 이뤄진 오토스테레오그램을 생성할 수 있을 것이다.

---

3 http://calculus-geometry.hubpages.com/hub/Free-M-C-Escher-Tessellation-Background-Patterns-Tiling-Lizard-Background/

실습!

다음 과제로 오토스테레오그램을 이용한 더 많은 실습을 할 수 있다.

1. 그림 8-2와 비슷한 이미지를 생성하면서 이미지 내 선형 간격의 변화가 어떻게 깊이 지각을 만드는지 예시하는 코드를 작성하라(힌트: 이미지 타일과 `Image.paste()` 메소드를 사용한다).

2. 깊이맵 값에 적용될 스케일을 지정하는 명령 라인 옵션을 추가하라(본문 코드에서는 10을 사용했다). 이 값의 변화가 오토스테레오그램에 어떤 영향을 미치는가?

3. 스케치업SketchUp(http://sketchup.com/) 같은 도구를 사용해 3차원 모델로부터 여러분이 직접 깊이맵을 생성하는 방법을 알아보라. 또는 온라인상에서 이미 만들어진 스케치업 모델을 얻을 수도 있다. 스케치업의 안개Fog 옵션을 사용해 깊이맵을 생성할 수 있으며, 유튜브 동영상 https://www.youtube.com/watch?v=fDzNJYi6Bok/에서 도움을 얻을 수 있을 것이다.

4부
3D 입문

"1차원에서는 움직이는 점이 2개의 종점을 갖는 선분을 만들지 않았습니까?

2차원에서는 움직이는 선분이 4개의 종점을 갖는 사각형을 만들지 않았습니까?

3차원에서는 움직이는 사각형이 8개의 종점을 갖는 축복받은 존재인

육면체를 만들지 않았습니까?"

– 에드윈 A. 애벗(Edwin A. Abbott),

『Flatland: A Romance of Many Dimensions(플랫랜드: 다차원 세계의 이야기)』

9장
OpenGL의 이해

이번 프로젝트에서는 OpenGL과 GLFW를 사용해 텍스처 매핑된 사각형을 보여주는 간단한 프로그램을 작성할 것이다. OpenGL은 GPU~graphics processing unit~에 접근할 수 있는 소프트웨어 인터페이스를 제공하며, GLFW는 OpenGL 창을 처리할 수 있는 툴킷이다. 또한 이번 장에서는 C와 유사한 GLSL~OpenGL Shading Language~을 사용해 GPU 내에서 실행되는 코드인 셰이더~shaders~를 작성하는 방법도 학습할 것이다. 셰이더는 OpenGL 연산에 엄청난 유연성을 제공하는데, 이번 장에서는 텍스처가 입혀진 회전 폴리곤(다각형)을 생성할 때 지오메트리(도형)를 변환하고 색상을 입히기 위해 GLSL 셰이더를 사용하는 방법을 보여줄 것이다(그림 9-1 참조).

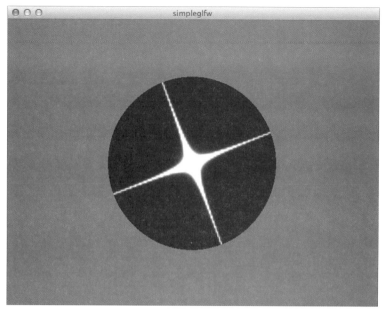

▲ **그림 9-1** 이번 프로젝트에서 생성되는 결과 이미지. 별 모양의 회전 폴리곤으로서, 셰이더를 사용해 이 폴리곤의 정사각형 경계를 검정색 원 모양으로 잘라낸 것이다.

    GPU는 대량의 데이터에 대해 반복적이고 병렬적으로 그래픽 계산을 수행할 수 있게 최적화된 프로세서로서, CPU_{central processing unit}보다 훨씬 빠른 속도로 그래픽 연산을 수행할 수 있다. GPU는 컴퓨터 그래픽 용도만이 아니라 범용 컴퓨팅에도 활용될 수 있으며, 이런 용도로 사용되는 전문적인 언어들이 존재한다. 이번 장의 프로젝트는 GPU와 OpenGL, 그리고 셰이더를 활용할 것이다.

    파이썬은 훌륭한 '접착제' 언어다. 즉 파이썬에는 C 같은 언어로 작성된 라이브러리를 파이썬에서 사용할 수 있는 수많은 바인딩binding(연결) 모듈이 존재한다. 9장을 비롯한 10장, 11장에서는 OpenGL과의 바인딩을 제공하는 PyOpenGL을 사용해 컴퓨터 그래픽을 생성할 것이다.

    OpenGL은 상태 기계state machine이므로, ON과 OFF의 두 가지 상태를 갖는 전기 스위치와 비슷한 면이 있다. 전기 스위치는 하나의 상태에서 다른 상태로 전환되면 새로운 상태를 유지한다. 다만 OpenGL은 단순 스위치보다는 복잡하며, 수많은 스위치와 다이얼들이 배열되어 있는 스위치보드switchboard와 더 비슷하다고 볼 수 있다. 스위치보드상에서 특정 설정의 상태를 OFF로 변경하면, ON으로 바꾸지 않는 한 계속 OFF

를 유지한다. 마찬가지로 어떤 OpenGL 호출을 특정 객체로 바인딩하면, 그때부터 관련 OpenGL 호출들은 명시적으로 바인딩이 해제될 때까지 계속해서 바인딩된 객체로 전달된다.

이번 프로젝트에서 다루는 내용은 다음과 같다.

- OpenGL용 GLFW 라이브러리를 사용하는 방법
- GLSL을 사용해 버텍스 셰이더와 프래그먼트 셰이더를 작성하는 방법
- 텍스처 매핑을 수행하는 방법
- 3D 변환을 사용하는 방법

우선, OpenGL의 동작 방법을 살펴보자.

올드스쿨 OpenGL

대부분의 컴퓨터 그래픽 시스템에서는 하나의 파이프라인을 형성하는 상호연결된 일련의 기능적 블록들을 통해 버텍스vertex(정점)를 전송하는 방법으로 화면에 그림이 그려진다. 최근에 OpenGL APIapplication programming interface는 기능이 고정된 그래픽 파이프라인에서 프로그래밍 가능한 그래픽 파이프라인으로 전환됐지만, 웹에서 찾을 수 있는 OpenGL 예제들은 여전히 '올드스쿨old-school(구식)' 방식을 따르고 있으므로 최근에 바뀐 방식의 장점을 이해하는 데 도움이 되도록 과거 스타일의 코드도 소개하기로 한다.

예를 들어, 다음과 같은 구식의 OpenGL 프로그램은 화면에 노란색 사각형을 그린다.

```
import sys
from OpenGL.GLUT import *
from OpenGL.GL import *

def display():
    glClear (GL_COLOR_BUFFER_BIT|GL_DEPTH_BUFFER_BIT)
    glColor3f (1.0, 1.0, 0.0)
    glBegin(GL_QUADS)
    glVertex3f (-0.5, -0.5, 0.0)
    glVertex3f (0.5, -0.5, 0.0)
```

```
        glVertex3f (0.5, 0.5, 0.0)
        glVertex3f (-0.5, 0.5, 0.0)
        glEnd()
        glFlush();

glutInit(sys.argv)
glutInitDisplayMode(GLUT_SINGLE|GLUT_RGB)
glutInitWindowSize(400, 400)
glutCreateWindow("oldgl")
glutDisplayFunc(display)
glutMainLoop()
```

실행 결과는 그림 9-2와 같다.

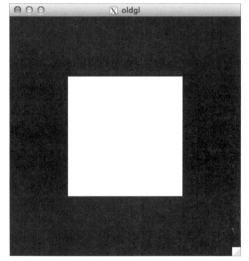

▲ **그림 9-2** 구식 OpenGL 프로그램의 실행 결과

올드스쿨 방식의 OpenGL을 사용할 때는 3D 프리미티브primitive(위 예제에서는 GL_
QUAD, 즉 직사각형)의 버텍스들을 일일이 명세한 다음, GPU로 개별적으로 전송돼야 한다
(당연히 비효율적이다). 이런 올드스쿨 방식은 확장성이 부족하고, 복잡한 지오메트리를
그릴 때 속도가 매우 느려진다. 또한 화면상의 버텍스 및 픽셀이 변환되는 방법을 제한
적으로만 통제할 수 있다(9장의 프로젝트에서는 이러한 한계를 극복하기 위해 새로 등장한 프로그
래밍 가능 파이프라인을 사용할 것이다).

현대적인 OpenGL: 3D 그래픽 파이프라인

현대적인 OpenGL이 어떻게 동작하는지 개념적으로 이해하기 위해 3D 그래픽 파이프라인3D graphics pipeline이라고 불리는 일련의 연산을 통해 화면상에 삼각형을 표시해보자. 그림 9-3은 3D 그래픽 파이프라인을 단순화해서 표현한 것이다.

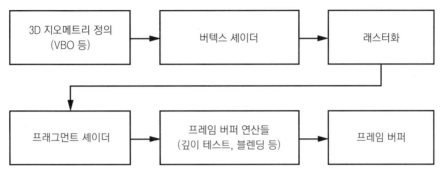

▲ **그림 9-3** (단순화된) OpenGL 그래픽 파이프라인

우선, 3D 공간에 삼각형의 버텍스들을 정의하고 각 버텍스에 색상을 명세함으로써 3D 지오메트리를 정의한다. 그다음으로 이 버텍스들을 변환한다. 첫 번째 변환은 3D 공간에 버텍스를 배치하고, 두 번째 변환은 3D 좌표를 2D 공간으로 투영한다. 이 단계에서는 조명 등의 요소를 반영해 버텍스의 색상 값도 계산되는데, 일반적으로 버텍스 셰이더vertex shader라고 부르는 코드에서 수행된다.

다음으로, 지오메트리는 래스터화rasterization(지오메트리 객체가 픽셀로 변환됨)되고, 각 픽셀에 대해 프래그먼트 셰이더fragment shader라고 불리는 코드가 실행된다. 버텍스 셰이더는 3D 버텍스에 대해 동작했다면, 프래그먼트 셰이더는 래스터화 이후의 2D 픽셀에 대해 동작한다.

마지막으로 픽셀에 대해 일련의 프레임버퍼 연산들이 적용되는데, 깊이 버퍼 테스트depth buffer testing(하나의 프래그먼트가 다른 프래그먼트를 가리는지 여부를 검사), 블렌딩blending(투명도를 이용해 2개의 프래그먼트를 혼합), 그리고 현재의 색상을 프레임 버퍼상의 그 위치에 이미 존재하는 색상과 조합하는 연산 등이 포함된다. 이러한 연산의 결과가 최종 프레임 버퍼에 적용되고, 이 버퍼가 일반적으로 화면에 표시된다.

지오메트리 프리미티브

OpenGL은 저수준의 그래픽 라이브러리이기 때문에, OpenGL에 직접 육면체cube나 구 sphere를 그려달라고 요청할 수 없으며 OpenGL 위에 구축된 라이브러리를 거쳐야 한 다. OpenGL은 점, 선, 삼각형 등의 저수준 지오메트리 프리미티브(기초 도형)만을 이해 할 수 있다.

현대적인 OpenGL은 GL_POINTS, GL_LINES, GL_LINE_STRIP, GL_LINE_LOOP, GL_ TRIANGLES, GL_TRIANGLE_STRIP, GL_TRIANGLE_FAN 프리미티브 타입만을 지원한다. 그림 9-4는 프리미티브의 버텍스들이 어떻게 구성되는지 보여준다. 이 그림에 보이는 버텍스들은 모두 3차원 좌표 (x, y, z)이다.

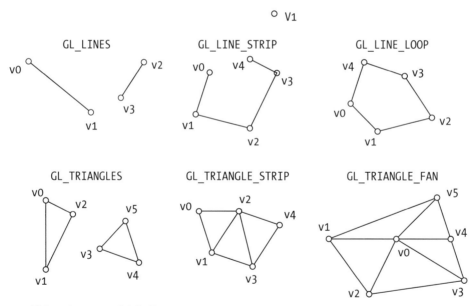

▲ **그림 9-4** OpenGL 프리미티브들

OpenGL에서 구를 그리려면, 우선 구의 지오메트리를 수학적으로 정의하고 버텍스들을 계산한다. 그리고 나서 버텍스들을 기초적인 프리미티브로 조립한다. 예를 들어, 3개의 버텍스 집합을 하나의 삼각형으로 묶는 것이다. 그다음에 OpenGL을 사용해 이 버텍스들을 렌더링할 수 있다.

3D 변환

3D 변환을 배우지 않고는 컴퓨터 그래픽을 배울 수 없다. 3D 변환의 개념 자체는 쉽게 이해할 수 있다. 여러분에게 객체가 하나 주어졌다고 하자. 이걸 갖고 무엇을 할 수 있을까? 다른 곳으로 옮기거나, 늘리거나(또는 줄이거나), 돌릴 수 있을 것이다. 물론 다른 일도 할 수 있지만, 이 세 가지가 어떤 객체에 가장 일반적으로 적용되는 연산 혹은 변환으로서, 다르게 표현하면 이동, 확대/축소, 회전으로 부를 수 있다. 이렇게 널리 사용되는 세 가지 변환과 더불어서, 화면의 2차원 평면에 3D 객체를 매핑하는 투영projection도 많이 사용된다. 이와 같은 변환 연산들은 여러분이 변환하고자 하는 객체의 좌표에 적용된다.

여러분은 3차원 좌표를 (x, y, z) 형식으로 나타내는 데 익숙하겠지만, 3차원 컴퓨터 그래픽에서는 (x, y, z, w) 형식의 좌표를 사용하며 이를 동차 좌표homogeneous coordinates라고 부른다(이 좌표체계는 사영 기하학projective geometry이라는 수학의 한 분야에서 기원했는데, 이 기하학에 관한 설명은 이 책의 범위를 넘어서므로 생략한다).

동차 좌표는 앞서 설명한 3D 변환들을 4×4 행렬로 표현할 수 있다. 하지만 이번 장의 OpenGL 프로젝트를 이해하는 데는 동차 좌표 (x, y, z, w)가 3D 좌표 $(x/w, y/w, z/w, 1.0)$와 같다는 사실만 알면 된다. 즉 3D 좌표 $(1.0, 2.0, 3.0)$은 동차 좌표 $(1.0, 2.0, 3.0, 1.0)$으로 표현될 수 있다.

다음 식은 변환 행렬을 이용한 3차원 변환의 예다. 행렬 곱셈으로 인해 점 $(x, y, z, 1.0)$이 $(x + t_x, y + t_y, z + t_z, 1.0)$으로 이동되고 있다.

$$\begin{bmatrix} 1 & 0 & 0 & t_x \\ 0 & 1 & 0 & t_y \\ 0 & 0 & 1 & t_z \\ 0 & 0 & 0 & 1 \end{bmatrix} \times \begin{bmatrix} x \\ y \\ z \\ 1 \end{bmatrix} = \begin{bmatrix} x + t_x \\ y + t_y \\ z + t_z \\ 1 \end{bmatrix}$$

여러분이 OpenGL 프로젝트에서 자주 접하는 2개의 용어가 바로 모델뷰modelview와 투영projection 변환이다. 현대적인 OpenGL에서는 셰이더를 사용자 정의할 수 있기 때문에 모델뷰와 투영 변환 모두 평범한 변환일 뿐이다. 과거의 OpenGL에서 모델뷰 변환은 3D 모델을 공간 내에 배치하기 위해 적용됐고, 투영 변환은 3D 좌표를 2차원 평면에 매핑하는 데 사용됐다. 모델뷰 변환은 3D 객체를 배치하는 사용자 정의 변환이고, 투영 변환은 말 그대로 3D를 2D에 투영하는 변환이다.

3D 그래픽에서 가장 널리 쓰이는 2개의 투영 변환은 직교orthographic 투영과 원근perspective 투영인데, 이번 장에서는 원근 투영만을 사용할 것이다. 원근 투영은 시야field of view(사람의 눈이 볼 수 있는 정도), 근거리 평면(눈에 가장 가까운 평면), 원거리 평면(눈에서 가장 먼 평면), 종횡비aspect ratio(근거리 평면의 폭과 높이의 비율)로 정의될 수 있다. 이 매개변수들은 투영이 수행될 때 3차원 물체가 어떻게 2차원 화면으로 매핑될지 결정하는 카메라 모델을 구성한다(그림 9-5 참조). 그림 9-5에서 상단이 잘려나간 피라미드를 뷰 프러스텀view frustum(시각 절두체)이라고 부르며, 이 그림에서 눈은 3D 공간 내에서 카메라의 위치다(직교 투영이라면 눈은 무한히 멀리 떨어져 있으며 피라미드는 직육면체가 될 것이다).

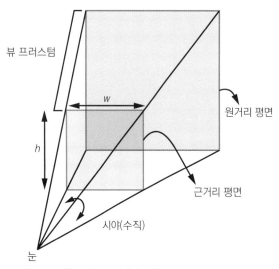

▲ **그림 9-5** 원근 투영의 카메라 모델

원근 투영이 완료됐지만 아직 래스터화되기 전에, 그래픽 프리미티브들은 그림 9-5와 같이 근거리 평면과 원거리 평면에서 모두 잘려나간 상태다. 근거리 및 원거리 평면은 여러분이 화면상에 표시하고자 하는 3D 객체가 뷰 프러스텀 내부에 위치하도록 선택된다. 그렇지 않으면, 그 객체는 잘려나갈 것이기 때문이다.

셰이더

지금까지 현대적인 OpenGL의 프로그래밍 가능한 그래픽 파이프라인에서 셰이더가 어떤 역할을 하는지 배웠다. 이제, GLSL의 동작 원리를 이해하기 위해 간단한 버텍스 셰이더와 프래그먼트 셰이더를 살펴보자.

버텍스 셰이더

다음 코드는 간단한 버텍스 셰이더다.

---

❶ #버전 330 코어

❷ in vec3 aVert;

❸ uniform mat4 uMVMatrix;
❹ uniform mat4 uPMatrix;

❺ out vec4 vCol;

```
    void main() {
        // 변환을 적용한다
❻      gl_Position = uPMatrix * uMVMatrix * vec4(aVert, 1.0);
        // 색상을 설정한다
❼      vCol = vec4(1.0, 0.0, 0.0, 1.0);
    }
```

---

❶에서는 셰이더에서 사용할 GLSL의 버전을 3.3으로 설정한다. 그런 다음 ❷에서 in 키워드를 사용해 버텍스 셰이더에 입력될 vec3 타입(3D 벡터)의 aVert 변수를 정의한다. ❸과 ❹에서는 각각 모델뷰 및 투영 행렬에 해당하는 mat4 타입(4×4 행렬)의 변수 2개를 정의한다. 여기서 uniform은 렌더링 과정에서 버텍스 셰이더가 실행되는 동안 값이 변경되지 않음을 의미한다. ❺의 out 접두사는 버텍스 셰이더의 출력을 의미하며, vec4 타입(적색, 녹색, 청색, 알파 채널을 저장하는 4D 벡터)의 색상을 나타내는 변수다.

이제, 버텍스 셰이더가 호출되는 main() 함수를 보자. ❻에서는 전달받은 행렬들을 사용해 aVert 입력을 변환함으로써 gl_Position의 값을 계산한다. ❼에서는 (1, 0, 0, 1) 값을 사용해 버텍스 셰이더의 출력 색상을 투명도가 없는 적색으로 설정하고 있다. 이 색상 값은 파이프라인의 그다음 셰이더에서 입력 값으로 사용될 것이다.

프래그먼트 셰이더

이번에는 간단한 프래그먼트 셰이더를 살펴보자.

```
❶ #버전 330 코어

❷ in vec4 vCol;

❸ out vec4 fragColor;

   void main() {
       // 버텍스 색상을 사용한다
❹       fragColor = vCol;
   }
```

---

❶에서 셰이더에서 사용될 GLSL의 버전을 설정한 후, ❷에서 프래그먼트 셰이더에 입력될 변수로서 vCol을 설정한다. vCol은 앞서 버텍스 셰이더의 출력으로서 설정된 변수였다(프래그먼트 셰이더가 화면상의 모든 픽셀에 대해 실행되는 반면, 버텍스 셰이더는 3D 공간 내의 모든 버텍스에 대해 실행된다는 점을 기억하자).

(버텍스 셰이더와 프래그먼트 셰이더의 중간에 실행되는) 래스터화가 실행되는 동안에 OpenGL은 변환된 버텍스들을 픽셀로 변환하고, 버텍스들의 사이에 위치하는 픽셀의 색상은 각 버텍스의 색상 값을 보간해 계산한다.

❸에서 출력 색상 변수 fragColor를 설정하고, ❹에서는 보간된 색상이 출력 색상으로 설정된다. 대부분의 경우 프래그먼트 셰이더는 2차원 화면을 출력하기 위해 사용되며, 설정된 색상도 2차원 화면에서 사용된다(단, 그래픽 파이프라인의 마지막 단계에서 수행되는 깊이 테스트 같은 연산의 영향을 받는 경우는 제외).

GPU가 셰이더 코드를 실행하기 위해서는 코드가 하드웨어가 이해할 수 있는 명령어들로 컴파일 및 링크돼야 한다. OpenGL은 이 작업을 수행하는 수단을 제공하며, 컴파일 및 링크 과정의 오류를 자세히 보여주기 때문에 셰이더 코드를 작성하는 데 많은 도움을 받을 수 있다.

컴파일 과정에서 셰이더 내에 선언된 변수의 위치 테이블 또는 인덱스가 생성되는데, 조금 뒤에 이 테이블을 이용해 파이썬 코드 내의 변수와 셰이더 내의 변수를 연결하는 방법을 설명할 것이다.

버텍스 버퍼

버텍스 버퍼는 OpenGL 셰이더에서 사용하는 중요한 기능이다. 현대적인 그래픽 하드웨어와 OpenGL은 대규모의 3D 지오메트리를 처리할 수 있게 설계됐으며, 프로그램에서 GPU로의 데이터 전송을 효율화하기 위한 여러 가지 메커니즘이 OpenGL에 포함되어 있다. 프로그램에서 3D 지오메트리를 그릴 때 필요한 일반적인 설정은 다음과 같다.

1. 3D 지오메트리의 모든 버텍스에 대해 좌표, 색상, 기타 속성으로 이뤄진 배열을 정의한다.

2. VAO_{Vertex Array Object}(버텍스 배열 객체)를 생성하고 바인딩한다.

3. 버텍스별로 정의된 각 속성마다 VBO_{Vertex Buffer Object}(버텍스 버퍼 객체)를 생성한다.

4. VBO에 바인딩하고, 사전 정의된 배열을 사용해 버퍼 데이터를 설정한다.

5. 셰이더 내에서 사용될 버텍스 속성들의 데이터와 위치를 지정한다.

6. 버텍스 속성들을 활성화한다.

7. 데이터를 렌더링한다.

버텍스의 측면에서 3D 지오메트리를 정의한 후, VAO를 생성 및 바인딩한다. VAO는 3D 지오메트리를 좌표, 색상 등의 배열로서 그룹화할 수 있는 편리한 방법이다. 그런 다음, 버텍스의 모든 속성별로 VBO(버텍스 버퍼 객체)를 생성하고 3D 데이터를 VBO 내에 설정한다. VBO는 버텍스 데이터를 GPU의 메모리에 저장한다. 이제, 남은 일은 셰이더에서 접근할 수 있도록 버퍼 데이터를 연결하는 것뿐이다. 셰이더 내에서 사용되는 변수의 위치를 사용하는 호출을 통해 이 작업을 수행할 수 있다.

텍스처 매핑

다음으로, 이 장에서 사용되는 중요한 컴퓨터 그래픽 기법인 텍스처 매핑에 대해 알아보자. 텍스처 매핑texture mapping은 (연극 무대의 배경그림처럼) 3D 객체를 2차원으로 표현한 그림을 이용함으로써 현실감을 부여하는 방법이다. 일반적으로 텍스처는 이미지 파일로부터 읽히며, ([0, 1] 범위의) 2D 좌표를 폴리곤의 3D 좌표로 매핑함으로써 일정한 영역을 덮을 수 있도록 늘어난다. 예를 들어, 그림 9-6은 육면체의 한 면을 덮고 있는 이미지를 보여준다(여기서는 GL_TRIANGLE_STRIP 프리미티브를 사용해 육면체의 각 면을 그렸으므로 버텍스의 순서는 면을 구성하는 선들에 의해 정해진다).

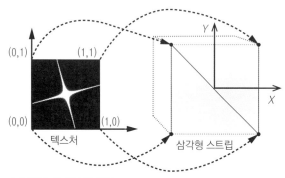

▲ **그림 9-6** 텍스처 매핑

그림 9-6에서 텍스처의 (0, 0)은 육면체 면의 좌측 하단 버텍스로 매핑된다. 마찬가지로 텍스처의 다른 구석 좌표가 어디에 매핑되는지 그림에서 확인할 수 있는데, 이러한 매핑은 텍스처가 육면체의 면으로 '채워 넣기'되는 효과를 가져다준다. 육면체 면의 지오메트리는 삼각형 스트립으로서 정의되고, 버텍스들은 하단에서 좌측 상단으로, 그리고 하단에서 우측 상단으로 지그재그 모양으로 그려진다. 11장에서 배우겠지만 텍스처는 매우 강력하고 다재다능한 컴퓨터 그래픽 도구다.

OpenGL을 화면에 표시하기

이제, OpenGL로 화면에 무언가를 그리는 방법에 대해 얘기해보자. 모든 OpenGL 상태 정보를 저장하는 개체를 가리켜 OpenGL 컨텍스트context라고 부른다. 컨텍스트에는 OpenGL 그리기가 수행되는, 창과 비슷하면서 눈으로 볼 수 있는 영역이 있는데 1개의 애플리케이션 프로세스에 여러 개의 컨텍스트가 있을 수 있지만, 1개의 스레드에는 한 번에 1개의 컨텍스트만이 존재할 수 있다(다행히도 툴킷이 컨텍스트 처리를 대부분 알아서 처리해준다).

OpenGL의 실행 결과가 화면상의 창에 표시되려면 운영체제의 도움이 필요하다. 이번 장의 프로젝트에서는 GLFW를 사용하는데, 이것은 OpenGL 컨텍스트의 생성 및 관리, 3D 그래픽의 표시, 마우스 클릭 및 키보드 눌림 등의 사용자 입력 처리를 가능케 하는 경량의 크로스 플랫폼 C 라이브러리다(부록 A에서 이 라이브러리의 설치 방법을 자세하게 설명한다).

여러분은 지금 C가 아니라 파이썬으로 코드를 작성하고 있으므로 GLFW로의 바인딩 코드가 필요하다(glfw.py. 이 책 코드 저장소의 common 디렉토리에 들어 있다). 이 바인딩을 이용해 여러분은 파이썬 코드 내에서 GLFW의 모든 기능에 접근할 수 있다.

요구사항

널리 쓰이는 OpenGL용 파이썬 바인딩 PyOpenGL을 사용해 렌더링을 수행한다. 그리고 3차원 좌표와 변환 행렬을 나타내기 위해 numpy 배열을 사용한다.

코드

OpenGL을 사용해 간단한 파이썬 애플리케이션을 구축해보자. 프로젝트의 코드 전체를 보고 싶으면 214페이지의 '전체 코드' 절에서 확인할 수 있다.

OpenGL 창 생성하기

가장 먼저 할 일은 렌더링이 수행될 OpenGL 창을 생성하기 위해 GLFW를 설정하는 것이다. 이를 위해 RenderWindow라는 클래스를 작성하자.

이 클래스의 초기화 코드는 다음과 같다.

```python
class RenderWindow:
    """GLFW 창을 렌더링하는 클래스 """
    def __init__(self):

        # 현재의 작업 디렉토리를 저장한다
        cwd = os.getcwd()

        # glfw를 초기화한다
❶       glfw.glfwInit()

        # cwd를 복원한다
        os.chdir(cwd)

        # 버전 힌트
❷       glfw.glfwWindowHint(glfw.GLFW_CONTEXT_VERSION_MAJOR, 3)
        glfw.glfwWindowHint(glfw.GLFW_CONTEXT_VERSION_MINOR, 3)
        glfw.glfwWindowHint(glfw.GLFW_OPENGL_FORWARD_COMPAT, GL_TRUE)
        glfw.glfwWindowHint(glfw.GLFW_OPENGL_PROFILE,
                            glfw.GLFW_OPENGL_CORE_PROFILE)

        # 창을 만든다
        self.width, self.height = 640, 480
        self.aspect = self.width/float(self.height)
❸       self.win = glfw.glfwCreateWindow(self.width, self.height,
                                         b'simpleglfw')

        # 현재의 컨텍스트로 만든다
❹       glfw.glfwMakeContextCurrent(self.win)
```

❶에서 GLFW 라이브러리를 초기화한다. ❷ 이하에서는 OpenGL 버전을 3.3 Core Profile로 설정하고, ❸에서는 640×480 크기로 OpenGL 창을 생성한다. 마지막으로, ❹에서 현재 컨텍스트를 설정하면 이제 OpenGL을 호출할 모든 준비가 끝난다.

다음으로, 몇 가지 초기화 호출을 실행한다.

```python
# GL을 초기화한다
❶ glViewport(0, 0, self.width, self.height)
❷ glEnable(GL_DEPTH_TEST)
❸ glClearColor(0.5, 0.5, 0.5, 1.0)
```

❶에서 OpenGL이 3D 지오메트리를 렌더링할 뷰포트 또는 화면의 크기(폭과 높이)를 설정한다. ❷에서는 GL_DEPTH_TEST로 깊이 테스트를 활성화하고, ❸에서는 렌더링 도중에 glClear()가 실행될 때 사용되는 배경색을 알파 값이 1.0인 50% 회색으로 설정한다(알파 값은 픽셀의 투명도를 지정한다).

콜백 설정하기

다음으로, 마우스 클릭과 키보드 눌림에 응답할 수 있도록 GLFW 창에 사용자 인터페이스 이벤트를 위한 이벤트 콜백들을 등록한다.

```
# 콜백을 설정한다
glfw.glfwSetMouseButtonCallback(self.win, self.onMouseButton)
glfw.glfwSetKeyCallback(self.win, self.onKeyboard)
glfw.glfwSetWindowSizeCallback(self.win, self.onSize)
```

위 코드는 마우스 버튼 눌림, 키보드 눌림, 창 크기 변경을 위한 콜백을 설정하고 있다. 이 이벤트들 중의 하나가 일어나면, 콜백으로 등록된 함수가 실행될 것이다.

키보드 콜백

키보드 콜백을 살펴보자.

```
    def onKeyboard(self, win, key, scancode, action, mods):
        #print 'keyboard: ', win, key, scancode, action, mods
❶       if action == glfw.GLFW_PRESS:
            # ESC를 누르면 종료한다
            if key == glfw.GLFW_KEY_ESCAPE:
❷               self.exitNow = True
            else:
                # 원 표시를 켜거나 끈다
❸               self.scene.showCircle = not self.scene.showCircle
```

onKeyboard() 콜백은 키보드 이벤트가 발생할 때마다 호출된다. 이 함수에 전달되는 인수들에는 어떤 종류의 이벤트가 일어났는지(예를 들면 키가 올라오는지 아니면 눌리는지) 및 어떤 키가 눌렸는지 등의 유용한 정보가 들어 있다. ❶의 glfw.GLFW_PRESS는 키 눌림, 즉 PRESS 이벤트만을 신경 쓰라는 의미다. ❷에서는 ESC 키가 눌리면 종료 플래그를 설정한다. 그 밖의 키가 눌리면, showCircle 불리언 변수의 값이 바뀌고 이 변수는 프래그먼트 셰이더로 전달된다❸.

창 크기 변경 이벤트

다음 코드는 창 크기 변경 이벤트를 처리하는 핸들러 코드다.

```
    def onSize(self, win, width, height):
        #print 'onsize: ', win, width, height
        self.width = width
        self.height = height
        self.aspect = width/float(height)
❶      glViewport(0, 0, self.width, self.height)
```

창의 크기가 변경될 때마다 glViewport()가 호출되어 크기를 재설정함으로써 3D 지오메트리가 화면상에 제대로 그려지도록 보장한다❶. 또한 width와 height의 값을 저장하고, 크기가 변경된 창의 종횡비를 aspect에 저장한다.

메인 루프

이제, 프로그램의 메인 루프가 무엇을 하는지 살펴보자(GLFW는 기본 프로그램 루프를 제공하지 않는다).

```
    def run(self):
        # 타이머를 초기화한다
❶      glfw.glfwSetTime(0)
        t = 0.0
❷      while not glfw.glfwWindowShouldClose(self.win) and not self.exitNow:
            # x초마다 갱신한다
❸          currT = glfw.glfwGetTime()
            if currT - t > 0.1:
                # 시간을 갱신한다
                t = currT
                # 기존 값을 지운다
❹              glClear(GL_COLOR_BUFFER_BIT | GL_DEPTH_BUFFER_BIT)

                # 투영 행렬을 만든다
❺              pMatrix = glutils.perspective(45.0, self.aspect, 0.1, 100.0)
```

```
❻              mvMatrix = glutils.lookAt([0.0, 0.0, -2.0], [0.0, 0.0, 0.0],
                                          [0.0, 1.0, 0.0])
               # 렌더링한다
❼              self.scene.render(pMatrix, mvMatrix)
               # 단계별
❽              self.scene.step()

❾              glfw.glfwSwapBuffers(self.win)
               # 이벤트를 폴링 및 처리한다
❿              glfw.glfwPollEvents()
       # 종료
       glfw.glfwTerminate()
```

❶에서 glfw.glfwSetTime()은 GLFW 타이머를 0으로 재설정한다. 이 타이머는 정기적으로 그래픽을 다시 그리기 위해 사용된다. ❷에서 while 루프가 시작되며, 창이 닫히거나 exitNow의 값이 True로 설정되는 경우에만 종료된다. 루프를 벗어나면 glfw.glfwTerminate()가 호출되어 GLFW를 정상적으로 종료한다.

루프의 내부에서 glfw.glfwGetTime()은 현재의 타이머 값을 얻는데❸, 이 값은 가장 최근의 그리기 이후에 경과된 시간을 계산하는 데 사용된다. 여러분이 원하는 대로 값을 설정함으로써(여기서는 0.1초, 즉 100밀리초) 렌더링 프레임 레이트를 조정할 수 있다.

다음으로 ❹에서는 glClear()가 깊이와 컬러 버퍼의 기존 값을 지우고, 다음 프레임을 준비하기 위해 배경 색상으로 대체한다. ❺에서는 glutils.py에 정의된 perspective() 메소드를 사용해 투영 행렬을 계산한다(glutils.py는 다음 절에서 자세히 설명한다). 여기서는 45도 각도의 시야 및 각각 0.1/100.0의 근거리/원거리 평면을 요청하고 있다. 그런 다음 ❻에서 glutils.py에 정의된 lookAt() 메소드를 사용해 모델뷰 행렬을 설정한다. 눈의 위치는 (0, 0, -2)로 설정하고, '위를 향하는' 벡터 (0, 1, 0)으로 원점 (0, 0, 0)을 바라본다. 그리고 나서 이 행렬을 전달하면서 ❼에서 scene 객체의 render() 메소드를 호출한다. 그리고 ❽에서는 현재 단계에 필요한 변수를 갱신할 수 있게 scene.step() 함수를 호출한다. ❾에서 glfwSwapBuffers()가 호출되는데 이 메소드는 전면 버퍼와 후면 버퍼를 맞바꾸면서, 갱신된 3D 그래픽을 화면에 표시한다. ❿에서는 모든 UI 이벤트에 대해 GLFW의 PollEvents()가 호출되고 제어권이 while 루프로 돌아간다.

Scene 클래스

3D 지오메트리의 초기화 및 그리기를 담당하는 Scene 클래스를 살펴보자.

```
class Scene:
    """ OpenGL 3D Scene 클래스"""
    # 초기화
    def __init__(self):
        # 세이더를 생성한다
❶       self.program = glutils.loadShaders(strVS, strFS)

❷       glUseProgram(self.program)
```

Scene 클래스의 생성자에서는 세이더를 컴파일하고 불러오기 위해 유틸리티 메소드로서 glutils.py에 정의되어 있는 loadShaders()를 사용했다. 이 메소드는 문자열로 세이더를 불러오고 컴파일한 뒤 OpenGL 프로그램 객체로 링크하는 데 필요한 일련의 OpenGL 호출들을 포함하고 있다. OpenGL은 상태 기계이기 때문에 ❷에서 glUseProgram()을 호출해 코드가 특정한 '프로그램 객체'를 사용하도록 설정하고 있다(하나의 프로젝트가 여러 개의 프로그램을 가질 수 있으므로).

이제, 파이썬 코드 내의 변수를 세이더 내의 변수와 연결한다.

```
self.pMatrixUniform = glGetUniformLocation(self.program, b'uPMatrix')
self.mvMatrixUniform = glGetUniformLocation(self.program, b'uMVMatrix')
# 텍스처
self.tex2D = glGetUniformLocation(self.program, b'tex2D')
```

위 코드는 glGetUniformLocation() 메소드를 사용해 uPMatrix, uMVMatrix, 그리고 버텍스 및 프래그먼트 셰이더에 정의된 tex2D 변수들의 위치를 조회한다. 이 변수들의 위치는 셰이더 변수들에 값을 설정할 때 사용될 것이다.

3D 지오메트리 정의하기

정사각형의 3D 지오메트리를 정의해보자.

```
    # 삼각형 스트립 버텍스들을 정의한다
❶ vertexData = numpy.array(
        [-0.5, -0.5, 0.0,
         0.5, -0.5, 0.0,
         -0.5, 0.5, 0.0,
         0.5, 0.5, 0.0], numpy.float32)


    # VAO를 설정한다
❷ self.vao = glGenVertexArrays(1)
    glBindVertexArray(self.vao)
    # 버텍스들
❸ self.vertexBuffer = glGenBuffers(1)
    glBindBuffer(GL_ARRAY_BUFFER, self.vertexBuffer)
    # 버퍼 데이터를 설정한다
❹ glBufferData(GL_ARRAY_BUFFER, 4*len(vertexData), vertexData,
                GL_STATIC_DRAW)
    # 버텍스 배열을 활성화한다
❺ glEnableVertexAttribArray(0)
    # 버퍼 데이터 포인터를 설정한다
❻ glVertexAttribPointer(0, 3, GL_FLOAT, GL_FALSE, 0, None)
    # VAO 바인딩을 해제한다
❼ glBindVertexArray(0)
```

❶에서는 사각형을 그리는 데 사용되는 삼각형 스트립의 버텍스들로 이뤄진 배열을 정의한다. 원점을 중심으로 하고 변의 길이가 1.0인 정사각형이 있다고 하자. 이 정사각형의 좌측 하단 버텍스의 좌표는 (-0.5, -0.5, 0.0)이고, 그다음 버텍스(즉 우측 하단 버텍스)의 좌표는 (0.5, -0.5, 0.0)일 것이다. 각 좌표의 순서는 GL_TRIANGLE_STRIP의 순서와 같다. ❷에서는 VAO를 생성한다. 한 번 바인딩을 하고 나면, 이후의 호출은 모두 이 VAO에 바인딩된다. ❸에서 버텍스 데이터의 렌더링을 관리하기 위해 VBO를

생성한다. 그리고 VBO의 버퍼가 바인딩되고 나면, ❹에서 여러분이 정의한 버텍스로 부터 버퍼의 데이터를 설정한다.

이제 셰이더가 이 데이터에 접근할 수 있게 활성화해야 하는데, ❺에서 바로 이 작업을 수행한다. glEnableVertexAttribArray() 메소드가 인덱스 0으로 호출되는데, 인덱스 값이 0인 이유는 앞서 버텍스 데이터 변수에 대해 버텍스 셰이더에서 설정한 위치이기 때문이다. ❻에서 glVertexAttribPointer() 메소드는 버텍스 속성 배열의 위치 및 데이터 포맷을 설정한다. 속성의 인덱스는 0, 컴포넌트의 개수는 3(3D 버텍스이므로), 버텍스의 데이터 타입은 GL_FLOAT이다. ❼에서 VAO 바인딩을 해제하는 이유는 다른 관련 호출들이 방해하지 않도록 하기 위해서다. OpenGL은 상태 기계이기 때문에, 여러분이 마무리를 제대로 짓지 않으면 그 상태가 계속 지속된다.

다음 코드는 이미지를 OpenGL 텍스처로서 불러온다.

```
# 텍스처
self.texId = glutils.loadTexture('star.png')
```

반환되는 텍스처 ID는 나중에 렌더링 시에 사용된다.

다음으로, 사각형이 회전하도록 Scene 객체 내의 변수들을 갱신한다.

```
    # 단계별
    def step(self):
        # 각도를 증가시킨다
❶       self.t = (self.t + 1) % 360
        # 셰이더 각도를 라디안 단위로 설정한다
❷       glUniform1f(glGetUniformLocation(self.program, 'uTheta'),
                    math.radians(self.t))
```

❶에서는 각도 변수 t를 증가시키고 이 값이 [0, 360] 범위를 유지하도록 모듈러스 연산자(%)를 사용한다. 그런 다음 ❷에서 glUniform1f() 메소드를 사용해 셰이더 프로그램에서 이 값을 설정한다. 이전과 마찬가지로, 셰이더로부터 각도 변수 uTheta의 위치를 얻기 위해 glGetUniformLocation() 메소드를, 각도의 단위를 도에서 라디안으로 변환하기 위해 파이썬 내장 함수 math.radians()를 사용한다.

이제, 메인 렌더링 코드를 살펴보자.

```python
# 렌더링한다
def render(self, pMatrix, mvMatrix):
    # 셰이더를 사용한다
❶   glUseProgram(self.program)

    # 투영 행렬을 설정한다
❷   glUniformMatrix4fv(self.pMatrixUniform, 1, GL_FALSE, pMatrix)

    # 모델뷰 행렬을 설정한다
    glUniformMatrix4fv(self.mvMatrixUniform, 1, GL_FALSE, mvMatrix)

    # 원을 표시하는가?
❸    glUniform1i(glGetUniformLocation(self.program, b'showCircle'),
                self.showCircle)

    # 텍스처를 활성화한다
❹   glActiveTexture(GL_TEXTURE0)
❺   glBindTexture(GL_TEXTURE_2D, self.texId)
❻   glUniform1i(self.tex2D, 0)

    # VAO에 바인딩한다
❼   glBindVertexArray(self.vao)
    # 그리기를 수행한다
❽   glDrawArrays(GL_TRIANGLE_STRIP, 0, 4)
    # VAO 바인딩을 해제한다
❾   glBindVertexArray(0)
```

❶에서 셰이더 프로그램을 사용하기 위해 렌더링을 설정한다. ❷부터는 glUniformMatrix4fv() 메소드를 사용해 투영 행렬과 모델뷰 행렬을 설정한다. ❸에서는 glUniform1i() 메소드를 사용해 프래그먼트 셰이더에서 showCircle 변수의 현재 값을 설정한다. OpenGL은 복수의 텍스처 유닛을 허용하며, ❹에서 glActiveTexture() 메소드는 텍스처 유닛 0(기본 값)을 활성화하고 있다. ❺에서는 앞서 생성된 텍스처 ID를 바인딩하여 렌더링을 위한 활성화를 수행한다. 프래그먼트 셰이더의 sampler2D 변수가 ❻에서 텍스처 유닛 0으로 설정된다. ❼에서는 앞서 생성된 VAO에 바인딩한다. 이제, VAO를 사용할 때의 이점을 느낄 수 있을 것이다. 실제로 그리기를 수행하기 전에 버텍스 버퍼와 관련되는 호출들을 전부 반복할 필요가 없는 것이다. ❽에서 glDrawArrays() 메소드는 바인딩된 버텍스 버퍼를 렌더링하기 위

해 호출된다. 프리미티브 타입은 삼각형 스트립이고, 렌더링할 버텍스는 4개다. ❾에서 VAO의 바인딩을 해제하며, 이렇게 마무리를 깔끔하게 짓는 것은 언제나 좋은 코딩 습관이다.

GLSL 셰이더 정의하기

이제, 이번 프로젝트의 가장 흥미로운 부분인 GLSL 셰이더를 살펴보자. 다음은 버텍스 셰이더다.

```
#버전 330 코어

❶ layout(location = 0) in vec3 aVert;

❷ uniform mat4 uMVMatrix;
   uniform mat4 uPMatrix;
   uniform float uTheta;

❸ out vec2 vTexCoord;

   void main() {
       // 회전 변환
❹     mat4 rot = mat4(
                   vec4(cos(uTheta), sin(uTheta), 0.0, 0.0),
                   vec4(-sin(uTheta), cos(uTheta), 0.0, 0.0),
                   vec4(0.0, 0.0, 1.0, 0.0),
                   vec4(0.0, 0.0, 0.0, 1.0)
                   );
       // 버텍스를 변환한다
❺     gl_Position = uPMatrix * uMVMatrix * rot * vec4(aVert, 1.0);
       // 텍스처 좌표를 설정한다
❻     vTexCoord = aVert.xy + vec2(0.5, 0.5);
   }
```

❶에서 layout 키워드를 사용해 aVert 버텍스 속성의 위치(여기서는 0)를 명시적으로 설정하고 있다. ❷부터는 uniform 변수들을 선언하고 있는데, 투영 행렬, 모델뷰 행렬, 회전 각도 등이다. 이 변수들은 나중에 파이썬 코드에서 설정될 것이다. ❸에서는 2차원 벡터 vTexCoord를 셰이더의 출력으로 설정한다. 이 벡터는 프래그먼트 셰이더의 입력으로서 사용될 것이다. 셰이더 내의 main() 메소드에서는 정해진 각도만큼

z축 주위로 회전하는 회전 행렬을 설정한다❹. 프로젝션, 모델뷰, 회전 행렬을 모두 이어서 gl_Position을 계산한다❺. ❻에서는 텍스처 좌표로서 2D 벡터를 설정한다. 앞서, 원점을 중심으로 하고 각 변의 길이가 1.0인 정사각형을 위해 삼각형 스트립을 정의했었다. 텍스처 좌표들은 [0, 1] 범위 내에 위치하므로, x 값과 y 값에 (0.5, 0.5)를 더하는 방법으로 버텍스 좌표로부터 텍스처 좌표를 생성할 수 있다. 이것은 연산에 있어서 셰이더의 힘과 엄청난 유연성을 보여주는 사례이기도 하다. 텍스처 좌표와 그 밖의 변수들은 신성불가침이 아니다. 즉 어떤 값으로도 설정할 수 있다.

이제, 프래그먼트 셰이더를 살펴보자.

```
#버전 330 코어
```

❶ ```
in vec4 vCol;
    in vec2 vTexCoord;
```

❷ ```
uniform sampler2D tex2D;
```
❸ ```
uniform bool showCircle;
```

❹ ```
out vec4 fragColor;
```

```
void main() {
    if (showCircle) {
        // 원 외부의 프래그먼트를 버린다
```
❺ ```
        if (distance(vTexCoord, vec2(0.5, 0.5)) > 0.5) {
            discard;
        }
        else {
```
❻ ```
            fragColor = texture(tex2D, vTexCoord);
        }
    }
    else {
```
❼ ```
        fragColor = texture(tex2D, vTexCoord);
    }
}
```

---

❶과 그 아래 줄에서는 프래그먼트 셰이더의 입력을 정의한다. 버텍스 셰이더의 출력으로 정의했던 색상 및 텍스처 좌표 변수와 같음을 알 수 있다. 프래그먼트 셰이더는 픽셀 단위로 동작하기 때문에 이 변수들에 설정된 값은 현재의 픽셀에 맞도록 보간된
```

값이다. ❷에서 sampler2D 변수를 선언하는데, 이 값은 특정 텍스처 유닛에 연결되며 텍스처 값을 검색하는 데 사용된다. ❸에서는 불리언 타입의 플래그 showCircle을 선언하는데, 이 변수의 값은 파이썬 코드에서 설정될 것이다. 그리고 ❹에서 fragColor를 프래그먼트 셰이더의 출력으로서 선언한다. 기본적으로, 이 값이 화면에 표시되는 색상 값이다(깊이 테스트 및 블렌딩 등의 최종적인 프레임 버퍼 연산이 끝난 후).

showCircle 플래그가 설정되어 있지 않으면 ❼에서 GLSL의 texture() 메소드를 사용해 텍스처 좌표와 샘플러를 사용하는 텍스처 컬러 값을 검색한다. 실질적으로는 별 이미지를 사용해 삼각형 스트립에 텍스처를 입히는 것이다. 하지만 showCircle 플래그가 True로 설정되어 있으면 ❺에서 GLSL의 내장 함수 distance()를 사용해 현재의 픽셀이 폴리곤의 중심에서 얼마나 떨어져 있는지 검사한다. 이때 (보간된) 텍스처 좌표가 사용되는데, 이 좌표는 버텍스 셰이더에 의해 전달된다. 이렇게 계산된 거리가 특정 임계 값보다 큰 경우(여기서는 0.5), GLSL의 discard() 메소드를 사용해 현재의 픽셀을 제거한다. 반대로 임계 값보다 작다면 ❻에서 텍스처로부터 적절한 색상을 설정한다. 기본적으로 이 작업은 정사각형의 한가운데를 중심으로 하고 반지름이 0.5인 원의 밖에 있는 픽셀을 무시하는 과정으로서, showCircle이 설정되어 있을 때 폴리곤이 원의 내부에 들어가도록 절단하는 작업이다.

전체 코드

이번 장의 간단한 OpenGL 애플리케이션의 전체 코드는 2개의 파일로 나뉜다. simpleglfw.py 파일은 이번 장에서 설명한 코드를 포함하고 있으며, https://github.com/electronut/pp/tree/master/simplegl/에서 다운로드할 수 있다. 그리고 glutils.py 파일은 개발자의 인생을 도와주는 헬퍼 메소드들을 포함하고 있으며, common 디렉토리에서 찾을 수 있다.

```
import OpenGL
from OpenGL.GL import *

import numpy, math, sys, os
import glutils
```

```
import glfw

strVS = """
#버전 330 코어

layout(location = 0) in vec3 aVert;

uniform mat4 uMVMatrix;
uniform mat4 uPMatrix;
uniform float uTheta;

out vec2 vTexCoord;

void main() {
    // 회전 변환
    mat4 rot = mat4(
            vec4( cos(uTheta),  sin(uTheta), 0.0, 0.0),
            vec4(-sin(uTheta),  cos(uTheta), 0.0, 0.0),
            vec4(0.0,          0.0,          1.0, 0.0),
            vec4(0.0,          0.0,          0.0, 1.0)
            );
    // 버텍스를 변환한다
    gl_Position = uPMatrix * uMVMatrix * rot * vec4(aVert, 1.0);
    // 텍스처 좌표를 설정한다
    vTexCoord = aVert.xy + vec2(0.5, 0.5);
}
"""
strFS = """
#버전 330 코어

in vec2 vTexCoord;

uniform sampler2D tex2D;
uniform bool showCircle;

out vec4 fragColor;

void main() {
    if (showCircle) {
        // 원 외부의 프래그먼트를 버린다
        if (distance(vTexCoord, vec2(0.5, 0.5)) > 0.5) {
            discard;
        }
        else {
            fragColor = texture(tex2D, vTexCoord);
        }
```

```
        }
        else {
            fragColor = texture(tex2D, vTexCoord);
        }
}
"""


class Scene:
    """ OpenGL 3D Scene 클래스"""
    # 초기화
    def __init__(self):
        # 세이더를 생성한다
        self.program = glutils.loadShaders(strVS, strFS)

        glUseProgram(self.program)

        self.pMatrixUniform = glGetUniformLocation(self.program,
                                                   b'uPMatrix')
        self.mvMatrixUniform = glGetUniformLocation(self.program,
                                                    b'uMVMatrix')
        # 텍스처
        self.tex2D = glGetUniformLocation(self.program, b'tex2D')

        # 삼각형 스트립 버텍스들을 정의한다
        vertexData = numpy.array(
            [-0.5, -0.5, 0.0,
              0.5, -0.5, 0.0,
             -0.5,  0.5, 0.0,
              0.5,  0.5, 0.0], numpy.float32)

        # VAO를 설정한다
        self.vao = glGenVertexArrays(1)
        glBindVertexArray(self.vao)
        # 버텍스들
        self.vertexBuffer = glGenBuffers(1)
        glBindBuffer(GL_ARRAY_BUFFER, self.vertexBuffer)
        # 버퍼 데이터를 설정한다
        glBufferData(GL_ARRAY_BUFFER, 4*len(vertexData), vertexData,
                GL_STATIC_DRAW)
        # 버텍스 배열을 활성화한다
        glEnableVertexAttribArray(0)
        # 버퍼 데이터 포인터를 설정한다
        glVertexAttribPointer(0, 3, GL_FLOAT, GL_FALSE, 0, None)
        # VAO 바인딩을 해제한다
        glBindVertexArray(0)
```

```python
        # 시간
        self.t = 0

        # 텍스처
        self.texId = glutils.loadTexture('star.png')

        # 원을 표시하는가?
        self.showCircle = False

    # 단계별
    def step(self):
        # 각도를 증가시킨다
        self.t = (self.t + 1) % 360
        # 셰이더 각도를 라디안 단위로 설정한다
        glUniform1f(glGetUniformLocation(self.program, 'uTheta'),
                    math.radians(self.t))

    # 렌더링한다
    def render(self, pMatrix, mvMatrix):
        # 셰이더를 사용한다
        glUseProgram(self.program)

        # 투영 행렬을 설정한다
        glUniformMatrix4fv(self.pMatrixUniform, 1, GL_FALSE, pMatrix)

        # 모델뷰 행렬을 설정한다
        glUniformMatrix4fv(self.mvMatrixUniform, 1, GL_FALSE, mvMatrix)

        # 원을 표시하는가?
        glUniform1i(glGetUniformLocation(self.program, b'showCircle'),
                    self.showCircle)

        # 텍스처를 활성화한다
        glActiveTexture(GL_TEXTURE0)
        glBindTexture(GL_TEXTURE_2D, self.texId)
        glUniform1i(self.tex2D, 0)

        # VAO에 바인딩한다
        glBindVertexArray(self.vao)
        # 그리기를 수행한다
        glDrawArrays(GL_TRIANGLE_STRIP, 0, 4)
        # VAO 바인딩을 해제한다
        glBindVertexArray(0)


class RenderWindow:
```

```python
"""GLFW 창을 렌더링하는 클래스 """
def __init__(self):

    # 현재의 작업 디렉토리를 저장한다
    cwd = os.getcwd()

    # glfw를 초기화한다 - cwd가 변경된다
    glfw.glfwInit()

    # cwd를 복원한다
    os.chdir(cwd)

    # 버전 힌트
    glfw.glfwWindowHint(glfw.GLFW_CONTEXT_VERSION_MAJOR, 3)
    glfw.glfwWindowHint(glfw.GLFW_CONTEXT_VERSION_MINOR, 3)
    glfw.glfwWindowHint(glfw.GLFW_OPENGL_FORWARD_COMPAT, GL_TRUE)
    glfw.glfwWindowHint(glfw.GLFW_OPENGL_PROFILE,
                        glfw.GLFW_OPENGL_CORE_PROFILE)

    # 창을 만든다
    self.width, self.height = 640, 480
    self.aspect = self.width/float(self.height)
    self.win = glfw.glfwCreateWindow(self.width, self.height,
                                     b'simpleglfw')
    # 컨텍스트를 현재 컨텍스트로 만든다
    glfw.glfwMakeContextCurrent(self.win)

    # GL을 초기화한다
    glViewport(0, 0, self.width, self.height)
    glEnable(GL_DEPTH_TEST)
    glClearColor(0.5, 0.5, 0.5,1.0)

    # 콜백을 설정한다
    glfw.glfwSetMouseButtonCallback(self.win, self.onMouseButton)
    glfw.glfwSetKeyCallback(self.win, self.onKeyboard)
    glfw.glfwSetWindowSizeCallback(self.win, self.onSize)

    # 3D를 생성한다
    self.scene = Scene()

    # 종료 플래그
    self.exitNow = False


def onMouseButton(self, win, button, action, mods):
#print 'mouse button: ', win, button, action, mods
    pass
```

```python
def onKeyboard(self, win, key, scancode, action, mods):
#print 'keyboard: ', win, key, scancode, action, mods
    if action == glfw.GLFW_PRESS:
        # ESC가 눌리면 종료한다
        if key == glfw.GLFW_KEY_ESCAPE:
            self.exitNow = True
        else:
            # 원 표시를 켜거나 끈다
            self.scene.showCircle = not self.scene.showCircle

def onSize(self, win, width, height):
    self.width = width
    self.height = height
    self.aspect = width/float(height)
    glViewport(0, 0, self.width, self.height)

def run(self):
    # 타이머를 초기화한다
    glfw.glfwSetTime(0)
    t = 0.0
    while not glfw.glfwWindowShouldClose(self.win) and not self.exitNow:
        # x초마다 갱신한다
        currT = glfw.glfwGetTime()
        if currT - t > 0.1:
            # 시간을 갱신한다
            t = currT
            # 기존 값을 지운다
            glClear(GL_COLOR_BUFFER_BIT | GL_DEPTH_BUFFER_BIT)

            # 투영 행렬을 만든다
            pMatrix = glutils.perspective(45.0, self.aspect, 0.1, 100.0)

            mvMatrix = glutils.lookAt([0.0, 0.0, -2.0], [0.0, 0.0, 0.0],
                                      [0.0, 1.0, 0.0])
            # 렌더링한다
            self.scene.render(pMatrix, mvMatrix)
            # 단계별
            self.scene.step()

            glfw.glfwSwapBuffers(self.win)
            # 이벤트를 폴링 및 처리한다
            glfw.glfwPollEvents()
    # 종료
    glfw.glfwTerminate()

def step(self):
```

```python
        # 기존 값을 지운다
        glClear(GL_COLOR_BUFFER_BIT | GL_DEPTH_BUFFER_BIT)

        # 투영 행렬을 만든다
        pMatrix = glutils.perspective(45.0, self.aspect, 0.1, 100.0)

        mvMatrix = glutils.lookAt([0.0, 0.0, -2.0], [0.0, 0.0, 0.0],
                                  [0.0, 1.0, 0.0])
        # 렌더링한다
        self.scene.render(pMatrix, mvMatrix)
        # 단계별
        self.scene.step()

        glfw.SwapBuffers(self.win)
        # 이벤트를 폴링 및 처리한다
        glfw.PollEvents()

# main() 함수
def main():
    print("Starting simpleglfw. "
          "Press any key to toggle cut. Press ESC to quit.")
    rw = RenderWindow()
    rw.run()

# main() 함수를 호출한다
if __name__ == '__main__':
    main()
```

OpenGL 애플리케이션 실행

다음과 같이 프로그램을 실행한다.

```
$ python simpleglfw.py
```

실행 결과는 그림 9-1과 같다.

이번에는 glutils.py에 정의된 유틸리티 함수들을 간단히 살펴보자.

```python
def loadTexture(filename):
    """주어진 이미지 파일로부터 OpenGL 2D 텍스처를 불러온다"""
```

```
❶    img = Image.open(filename)
❷    imgData = numpy.array(list(img.getdata()), np.int8)
❸    texture = glGenTextures(1)
❹    glBindTexture(GL_TEXTURE_2D, texture)
❺    glPixelStorei(GL_UNPACK_ALIGNMENT, 1)
❻    glTexParameterf(GL_TEXTURE_2D, GL_TEXTURE_WRAP_S, GL_CLAMP_TO_EDGE)
     glTexParameterf(GL_TEXTURE_2D, GL_TEXTURE_WRAP_T, GL_CLAMP_TO_EDGE)
❼    glTexParameterf(GL_TEXTURE_2D, GL_TEXTURE_MAG_FILTER, GL_LINEAR)
     glTexParameterf(GL_TEXTURE_2D, GL_TEXTURE_MIN_FILTER, GL_LINEAR)
❽    glTexImage2D(GL_TEXTURE_2D, 0, GL_RGBA, img.size[0], img.size[1],
                  0, GL_RGBA, GL_UNSIGNED_BYTE, imgData)
     return texture
```

loadTexture() 함수는 ❶에서 PIL의 Image 모듈을 사용해 이미지를 읽어들인다. 그런 다음 ❷에서 Image 객체로부터 데이터를 얻어서 8비트 numpy 배열에 저장하고, ❸에서 OpenGL의 texture 객체를 생성하는데, OpenGL에서 텍스처로 무언가를 하려면 반드시 이 객체를 생성해야 한다. ❹에서는 모든 텍스처 관련 설정이 적용되도록, 이제는 익숙해졌을 바인딩을 texture 객체에 대해 수행한다. ❺에서는 언팩 정렬의 값을 1로 설정하는데, 하드웨어가 이미지 데이터를 1바이트 또는 8비트로 간주할 것을 의미한다. ❻과 그 아래 줄은 모서리에서의 텍스처 처리 방법을 OpenGL에게 지시한다. 위 코드에서는 텍스처 색상을 지오메트리의 모서리로 고정시키도록 지시하고 있다(텍스처 좌표를 지정할 때는 x와 y 대신 S와 T를 사용하는 것이 일반적인 관행이다). ❼과 그 아래 줄에서는 텍스처가 늘어나거나 폴리곤으로 매핑되기 위해 압축될 때 어떤 보간 방법을 사용할지 지정한다. 위 코드에서는 선형 필터링linear filtering으로 지정하고 있다. ❽에서는 바인딩된 텍스처 내의 이미지 데이터를 설정한다. 이때 이미지 데이터는 그래픽 메모리로 전송되고, 텍스처를 사용할 준비가 모두 끝난다.

정리

파이썬과 OpenGL을 사용한 첫 번째 프로그램을 마친 것을 축하한다. 이제 여러분은 3D 그래픽 프로그래밍이라는 매혹적인 세계로의 여행을 시작했다.

실습!

이번 프로젝트를 개선할 수 있는 몇 가지 아이디어를 소개한다.

1. 이번 장의 프로젝트에서 버텍스 셰이더는 사각형을 z축 (0, 0, 1) 주위로 회전시키고 있다. (1, 1, 0) 축의 주위로 회전하도록 수정할 수 있겠는가? 이 문제는 두 가지 방법으로 구현할 수 있다. 첫 번째는 셰이더 내에서 회전 행렬을 수정하는 것이고, 두 번째는 파이썬 코드에서 이 행렬을 계산한 다음 셰이더에 `uniform` 변수로서 전달하는 것이다. 두 가지 방법을 모두 시도해보자!

2. 이번 장의 프로젝트에서 텍스처 좌표는 버텍스 셰이더 내부에서 생성되어 프래그먼트 셰이더로 전달된다. 하지만 이 방법이 제대로 동작한 이유는 삼각형 스트립의 버텍스로 편의적인 값이 선택됐기 때문일 뿐이다. (버텍스를 전달하는 방식과 비슷하게) 텍스처 좌표를 별도의 속성으로서 버텍스 셰이더로 전달하도록 수정해보자. 그리고 별 모양 텍스처가 삼각형 스트립 전체에 타일 형태로 배열되게 만들 수 있는가? 별이 1개가 아니라 4×4 그리드 형태로 사각형 위에 표시되게 만들자(힌트: 1.0보다 큰 텍스처 좌표들을 사용하고, `glTexParameterf()`의 `GL_TEXTURE_WRAP_S/T` 매개변수들을 `GL_REPEAT`로 설정한다).

3. 프래그먼트 셰이더의 코드만 변경해 그림 9-7처럼 보이게 만들 수 있는가?(힌트: GLSL의 `sin()` 함수를 사용한다.)

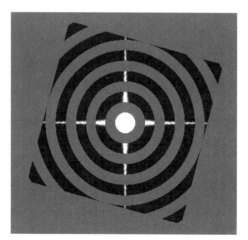

▲ **그림 9-7** 프래그먼트 셰이더를 사용해 동심원 차단하기

10장
입자 시스템

컴퓨터 그래픽의 세계에서 입자 시스템particle system이란 (선, 점, 삼각형, 폴리곤 등의) 그래픽 프리미티브들을 사용해 연기, 불, 머리카락처럼 분명한 형태가 없어서 표준적인 기법으로는 모델링하기 어려운 대상을 표현하는 기법을 가리킨다.

예를 들어, 어떻게 컴퓨터상에서 폭발을 표현할 수 있을까?(물론, 라이터를 사용하지 않고 말이다.) 폭발을 공간의 한 지점에서 발생하여 급속도로 퍼져 나가는 복잡한 3차원 개체로서 시간의 흐름에 따라서 형태와 색상이 바뀌는 것이라고 상상해보자. 이것을 수학적으로 모델링하려고 시도한다면 아마 말문이 막힐 것이다.

하지만 이번에는 폭발을 저마다 위치와 색상을 갖는 작은 입자들로 구성되는 무언가로 생각해보자. 폭발이 처음 발생했을 때 입자들은 공간 내의 단일한 점에 모여 있지만, 시간이 흐르면서 입자들은 사방으로 흩어지고 입자들의 색은 특정한 수학적 규칙에 따라 변경되는 것으로 생각한다면, 일정 간격으로 입자들을 화면에 그리는 방법으로 폭발을 애니메이션으로 나타낼 수 있을 것이다. 좋은 수학적 모델, 대량의 입자, 투명도와 빌보드 기법 등의 렌더링 방법들을 사용하면, 그림 10-1과 같이 현실감이 느껴지는 이펙트_effect_(효과)를 만들어낼 수 있다.

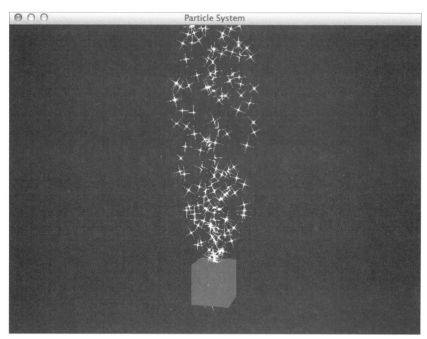

▲ **그림 10-1** 완성된 프로젝트의 실행 예

이번 프로젝트에서는 입자의 움직임을 시간의 함수로서 나타내는 수학적 모델을 수립하고, GPU에서 실행되는 셰이더로 모델을 계산할 것이다. 그런 다음, 빌보드 기법 billboard method 혹은 빌보딩billboarding이라고 부르는 기법을 사용해 입자들을 편리하게 그리는 렌더링 방식을 고안할 것이다. 빌보딩은 2차원 이미지를 언제나 관찰자와 마주보게 유지함으로써 3차원 이미지처럼 보이게 하는 기법이다. 또한 입자를 회전시키고 애니메이션 표현을 만들기 위해 OpenGL 셰이더를 사용할 것이다. 그리고 키 눌림으로 다양한 이펙트를 켜고 끌 수 있을 것이다.

수학적 모델은 입자들의 초기 위치와 속도를 설정하고, 입자가 시간이 지남에 따라 어떻게 이동할지 결정한다. 텍스처의 검은 영역을 투명화하여 정사각형 이미지로부터 스파크(불꽃)를 생성하고, 스파크를 보는 사람과 마주하게 만듦으로써 3차원처럼 보이게 할 것이다. 그리고 입자의 위치를 정기적으로 갱신하고 입자의 밝기를 시간이 갈수록 어둡게 만들면서 애니메이션을 생성한다.

10장에서 다루는 내용은 다음과 같다.

- 입자 시스템을 표현하는 수학적 모델
- GPU 셰이더를 사용한 연산
- 텍스처와 빌보딩을 사용한 복잡한 3D 객체 표현
- 블렌딩, 깊이 마스크, 알파 채널 등의 OpenGL 렌더링 기능을 사용해 반투명 객체 그리기
- 카메라 모델을 사용해 3D 투시도 그리기

동작 원리

애니메이션을 만들려면 수학적 모델이 필요하다. 그림 10-2와 같이 시간이 지남에 따라 대량의 입자들이 고정된 지점에서 포물선 궤적으로 이동하는 스파크 분수를 만들어보자. 이것을 분수 입자 시스템이라고 부를 수 있다.

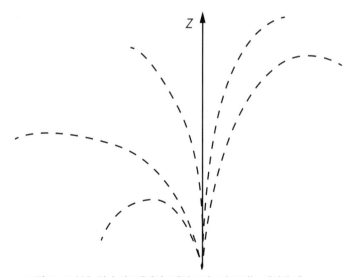

▲ **그림 10-2** 분수 입자 시스템에서 5개의 스파크가 그리는 궤적의 예

이번 장의 입자 시스템에는 다음과 같은 기능이 있어야 한다.

- 입자들은 고정된 지점에서 처음 나타나야 하고, 입자의 움직임은 포물선 형태를 따라야 한다.
- 입자들은 분수의 수직축(z축 또는 높이)에 대해 사전 정의된 거리를 이동할 수 있어야 한다.
- 분수의 수직축의 중앙에 가까운 입자일수록 초기 속도가 커야 한다.
- 좀 더 현실적인 효과를 내기 위해 입자들이 모두 동시에 흩어지면 안 된다.
- 입자의 밝기는 지속적으로 어두워진다.

입자의 움직임 모델링하기

입자 시스템이 N개의 입자들로 구성되어 있다고 가정하자. i번째 입자의 움직임은 다음 식으로 나타낼 수 있다.

$$P_t^i = P_0 + V_0^i t + \frac{1}{2}at^2$$

여기서 P_t는 주어진 시간 t에서의 위치이고, P_0는 입자의 초기 위치, V_0는 입자의 초기 속도, 그리고 a는 가속도다. a는 입자를 아래로 끌어당기는 중력의 힘이다.

이 매개변수들은 모두 3차원 벡터로서 3차원 좌표로 표현될 수 있다. 예를 들어, 가속도의 값으로 (0, 0, -9.8)을 사용할 텐데, 이 값은 z 방향(높이)으로 작용하는 지구의 중력가속도다.

최대 스프레드 설정하기

분수가 현실적으로 보이도록 입자들은 z축에 대해 각기 다른 각도로 흩어져야 한다. 하지만 각 입자의 초기 속도를 특정 범위 내로 제한해야 분수 모양을 유지할 수 있으므로 최대 스프레드를 설정할 필요가 있다. 이를 위해 그림 10-3처럼 수직축에 대해 20도로 최대 각도를 고정할 것이다.

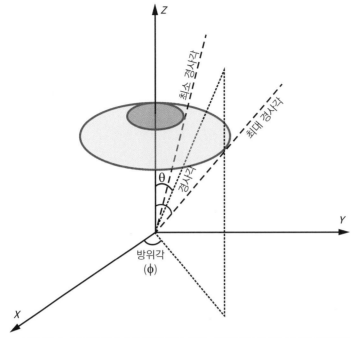

▲ **그림 10-3** 입자의 초기 속도 범위 제한. 음영 표현된 원 내부로 속도가 제한된다.

그림 10-3에서 방위각 φ는 x축에 대한 속도 벡터의 각도이고, 경사각 θ는 z축에 대한 속도 벡터의 각도다. 경사각의 범위는 속도 벡터가 그림 10-3에서 밝은 회색 음영 내에 위치하도록 선택된다.

속도의 방향은 큰 원 내부로 감싸지는 반구의 일부에서 임의로 선택돼야 한다. 이렇게 선택된 방향은 반지름이 한 단위 길이인 구 위의 점들과 교차하므로, 구면 좌표계 spherical coordinate system를 사용해 방향을 계산해야 한다. 또한 축과의 각도가 커질수록 속도의 크기는 증가시키는 것이 바람직하다. 이런 점들을 감안해 입자의 초기 속도는 다음과 같이 나타낼 수 있다.

$$V_0^i = \left(1 - \alpha^2\right) V$$

여기서 α는 최대 각도(이번 프로젝트에서는 20도)에 대한 경사 각도의 비율이다. 이 비율이 1에 가까울수록 초기 속도는 (선형적이 아니라 2차식으로) 감소한다. 속도 V는 단위 구상의 한 점으로서, 다음과 같이 나타낼 수 있다.

$$V = \left(\cos(\theta)\sin(\phi), \sin(\theta)\sin(\phi), \cos(\phi)\right)$$

경사각은 [0, 20] 범위에서, 방위각은 [0, 360] 범위에서 임의로 선택된다.

$$\theta = random\left([0,20]\right), \phi = random\left([0,360]\right)$$

이 식은 그림 10-3에서 원 내부의 임의의 위치에 있는 입자를 가리킨다(이번 프로젝트에서 모든 각도는 도가 아니라 라디안 단위로 계산돼야 함을 주의하자).

또한 모든 입자가 동시에 움직임을 시작하지 않도록 고려해야 한다(그 이유는 이 장 끝부분의 '실습!' 절에서 찾을 수 있다). 이를 위해 각 입자마다 시간차를 계산해야 하는데, 이렇게 계산된 값은 입자의 위치를 계산할 때 사용된다. i번째 입자의 시간차는 다음과 같이 계산된다.

$$t_{\text{lag}}^{i} = 0.05i$$

위 식들에서 상수는 어떻게 정해진 것일까? 예를 들어, 시간차를 계산할 때 0.05를 사용하고 최대 각도가 20도인 이유는 무엇일까? 특별한 이유가 있는 것은 아니고 단지 실습을 위해 임의로 선택된 것이다. 우선 기본적인 수학 모델을 수립하는 것이 중요하며, 나중에 이런 값들을 변경해서 최고의 시각 효과를 얻을 수 있다. 프로그램 내에서 매개변수를 이리저리 바꿔보면서 결과에 어떤 영향을 미치는지 확인할 수 있다.

입자를 렌더링하기

입자를 렌더링하는 가장 간단한 방법은 점으로 그리는 것이다. OpenGL의 GL_POINTS 프리미티브는 본질적으로 화면상의 도트(점)다. 그리고 여러분은 픽셀 크기와 도트의 색상을 제어할 수 있다. 하지만 지금 우리는 입자를 회전하는 스파크처럼 만들고 싶다.

스파크를 완전히 새롭게 그리는 일은 너무 복잡하므로, 스파크의 사진 이미지를 가져와서 직사각형(쿼드quad라고 부름) 위에 텍스처로 채워 넣는 방법을 사용하자. 따라서 분수의 모든 입자는 텍스처가 입혀진 스파크 이미지로서 그려질 것이다. 하지만 이 방법은 두 가지 문제가 있는데, 첫 번째로 정사각형 모양의 스파크는 진짜처럼 보이지 않는다는 점이고, 두 번째는 다른 각도에서 분수를 바라보면 쿼드가 부정확하게 배열된다는 점이다.

현실적인 스파크를 생성하기 위해 OpenGL 블렌딩 사용하기

좀 더 현실적인 스파크를 생성하기 위해, 이번 프로젝트에서는 OpenGL의 블렌딩 blending을 사용할 것이다. (프래그먼트 셰이더가 실행된 후) 프래그먼트는 프레임 버퍼 내의 기존 내용과 합쳐지는데, 이때 일반적으로 알파 채널이 사용된다.

예를 들어, 여러분이 지금 화면에 2개의 폴리곤을 그리고 있는데 이 2개를 혼합하고 싶다고 하자. 이럴 때 알파 블렌딩을 사용할 수 있는데, 2개의 폴리곤 위에 투명한 시트를 얹는 것과 같다. 알파 채널은 픽셀의 불투명도를 의미하는 것으로서, 픽셀이 얼마나 투명한지 측정하는 방법이다. 픽셀의 색을 나타낼 때 적색, 녹색, 청색 성분 외에 알파 값을 함께 저장할 수 있으며, 이러한 색상 체계를 RGBA라고 부른다. 32비트 RGBA 색상 체계에서 알파 값의 범위는 [0, 255]이며, 0은 완전히 투명한 상태이고 255는 완전 불투명한 상태를 가리킨다. 알파 채널은 그 자체로는 아무것도 하지 않는다. 픽셀의 최종적인 RGB 값을 변경하는 용도로 알파 값을 사용하는 경우에만 투명도와 관련된 다양한 효과가 만들어진다.

OpenGL은 블렌딩 방법을 조정할 수 있는 몇 가지 방법을 제공한다. 이번 프로젝트에서는 그림 10-4의 텍스처를 사용하는데, 검은 영역은 안 보이고 스파크만 보여야 한다.

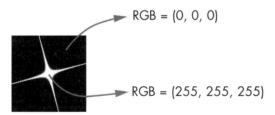

▲ **그림 10-4** 스파크 텍스처. RGB 값으로 표시됐으며, (0, 0, 0)은 검정이고 (255, 255, 255)는 흰색이다.

OpenGL 블렌딩을 활성화하고, 프래그먼트의 알파 값에 텍스처 색상을 곱하는 방법으로 텍스처의 검정 영역이 사라지게 할 수 있다. 검정 영역의 RGB 값은 (0, 0, 0)이며 이것을 알파 값과 곱하면 결과는 0이 된다. 따라서 최종 이미지에서 검정 영역의 불투명도가 0으로 설정되고 배경색만이 보일 것이므로, 스파크 텍스처 내의 검정 영역이 효과적으로 차단된다(238페이지의 '프래그먼트 셰이더 생성하기' 절에서 살펴보겠지만, 알파 값은 프래그먼트 셰이더에서 설정된다).

알파 값을 셰이더에서 설정하지 않고, 텍스처 이미지의 알파 채널을 직접 조작해 흑백 영역에 각기 다른 알파 값을 설정하는 방법으로 투명도를 제어할 수도 있다. 하지만 셰이더에서 알파 값을 사용하는 편이 더 효율적인데, 텍스처의 알파 채널을 특정 영역별로 각기 다른 값으로 지정하기보다는 검정 배경을 갖는 텍스처를 생성한 다음 검정 영역을 모두 투명하게 만드는 편이 훨씬 간단하기 때문이다.

빌보딩 사용하기

두 번째 문제(다른 각도에서 분수를 바라보면 쿼드가 잘못 배열되는 문제)를 해결하기 위해서는 빌보딩 기법이 사용될 것이다. 복잡한 3차원 객체를 그리지 않고, 광고판(빌보드)처럼 2차원 객체를 항상 정면으로(관찰자의 시선 방향에 수직으로) 배치하는 것이다. 예를 들어 여러분이 배경에 나무들이 펼쳐져 있는 3차원 게임을 개발하고 있다면, 이 배경을 텍스처를 입힌 폴리곤 빌보드로 교체하는 것이다. 게임 플레이어가 너무 가까이에서 보지만 않는다면, 가짜 '사진 나무'는 실제 나무처럼 보일 것이다.

이제, 항상 카메라 방향과 마주하도록 폴리곤을 배치하기 위해 필요한 수학 이론을 살펴보자. 그림 10-5는 텍스처를 입힌 쿼드를 빌보드로 전환하는 방법을 보여준다.

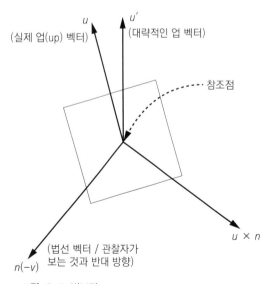

▲ **그림 10-5** 빌보딩

쿼드가 배열되기 위해서는 어떤 참조점이 필요한데, 이번 프로젝트에서는 쿼드의 중심이 참조점이다. 쿼드를 정렬하려면 서로 수직인 3개의 벡터들로 소좌표계를 생성해야 한다. 첫 번째 벡터 n은 쿼드의 법선normal 벡터로서 쿼드의 평면에 수직인데, 이는 법선 벡터의 방향이 곧 쿼드를 마주보는 방향이므로 쿼드를 바라보는 방향의 벡터 v와 법선 벡터 n은 서로 반대 방향이 될 것이다. 관찰자가 바라보는 방향은 화면을 향하고, 법선 벡터는 반대 방향, 즉 화면 밖으로 튀어나가는 방향이 된다.

따라서 $n = -v$를 얻는다. 이제, 쿼드의 최종 방향에 대해 대략적으로 위 방향을 향하는 업up 벡터인 u를 선택하자. u를 $(0, 0, 1)$로 선택할 텐데, z 방향이 '위'를 가리키기 때문이다('대략적'이라고 말하는 이유는 쿼드의 법선 벡터는 알고 있지만 카메라의 방향은 아직 모르기 때문이다). 그다음 세 번째 벡터 r은 $r = u \times n$(즉 외적)으로 얻어진다. 쿼드의 평면상에서 직교하는 2개의 벡터 n과 r을 얻었으므로, 이 2개의 외적을 구해서 세 번째 벡터를 얻을 수 있다. 따라서 새로운 업 벡터 $u' = n \times r = n \times (u \times n)$이 구해진다. 이 새로운 업 벡터는 3개의 벡터가 서로 수직이 되도록 하기 위해 필요하다. 마지막으로, 직교정규 좌표계orthonormal coordinate system(모든 벡터가 단위 길이면서 서로 수직인 좌표계)를 생성하기 위해 이 벡터들을 모두 단위 길이로 정규화한다. 이렇게 3개의 벡터를 구하고 나면 3D 그래픽 이론에서 자주 나오는 회전 행렬을 사용할 수 있다. 아래의 회전 행렬 R은 원점에 위치하는 직교정규 좌표계를 벡터 r, u', n으로 형성되는 좌표계 위로 회전한다.

$$R = \begin{pmatrix} r_x & u'_x & n_x & 0 \\ r_y & u'_y & n_y & 0 \\ r_z & u'_z & n_z & 0 \\ 0 & 0 & 0 & 1 \end{pmatrix}$$

이 회전 행렬을 적용하면, 텍스처가 입혀진 쿼드는 관찰자 방향으로 정렬되어 제대로 빌보드 역할을 할 수 있다.

애니메이션 생성하기

스파크 분수를 애니메이션으로 나타내기 위해서, GLFW 라이브러리를 사용해 렌더링과 시간을 갱신하면서 일정한 시간 간격으로 입자 시스템의 위치를 그릴 것이다.

요구사항

렌더링을 위해 PyOpenGL(널리 사용되는 OpenGL용 파이썬 바인딩)을 사용하고, 3차원 좌표
와 변환 행렬을 나타내기 위해 numpy 배열을 사용할 것이다.

입자 시스템을 구현하는 코드

우선, 분수에서 사용되는 입자의 3D 지오메트리를 정의하는 것부터 시작하자. 그러고
나서 애니메이션을 위해 입자들 사이의 시간차를 만드는 방법, 입자의 초기 속도를 설
정하는 방법, 그리고 OpenGL의 버텍스 셰이더와 프래그먼트 셰이더가 프로그램 내에
서 어떻게 사용되는지 살펴본다. 최종적으로는 이 코드들을 모두 합쳐서 입자 시스템
을 렌더링하는 방법을 알아볼 것이다. 프로젝트의 완전한 코드는 242페이지의 '입자
시스템의 전체 코드' 절을 확인하라.

분수를 구현하는 코드는 ParticleSystem이라는 클래스 안에 캡슐화되어 있다. 이
클래스는 입자 시스템을 생성하고, OpenGL 셰이더를 설정하며, OpenGL을 사용해 입
자 시스템을 렌더링하고, 애니메이션을 5초마다 재시작한다.

입자의 지오메트리 정의하기

우선, 버텍스 속성 배열들을 관리하기 위한 VAOVertex Array Object를 생성해 입자의 지오
메트리를 정의한다.

```
# VAO(버텍스 배열 객체)를 생성한다
self.vao = glGenVertexArrays(1)
# VAO에 바인딩한다
glBindVertexArray(self.vao)
```

입자는 정사각형이며, 버텍스와 텍스처 좌표는 다음과 같이 정의된다.

```
    # 버텍스들
    s = 0.2
❶ quadV = [
```

```
                -s,  s,  0.0,
                -s, -s,  0.0,
                 s,  s,  0.0,
                 s, -s,  0.0,
                 s,  s,  0.0,
                -s, -s,  0.0
                ]
❷  vertexData = numpy.array(numP*quadV, numpy.float32)
❸  self.vertexBuffer = glGenBuffers(1)
❹  glBindBuffer(GL_ARRAY_BUFFER, self.vertexBuffer)
❺  glBufferData(GL_ARRAY_BUFFER, 4*len(vertexData), vertexData,
                GL_STATIC_DRAW)
   # 텍스처 좌표
❻  quadT = [
            0.0, 1.0,
            0.0, 0.0,
            1.0, 1.0,
            1.0, 0.0,
            1.0, 1.0,
            0.0, 0.0
            ]
   tcData = numpy.array(numP*quadT, numpy.float32)
   self.tcBuffer = glGenBuffers(1)
   glBindBuffer(GL_ARRAY_BUFFER, self.tcBuffer)
   glBufferData(GL_ARRAY_BUFFER, 4*len(tcData), tcData, GL_STATIC_DRAW)
```

❶에서 각 변이 원점을 둘러싸고 길이가 0.2가 되도록 정사각형의 버텍스를 정의한다. 버텍스들의 순서는 GL_TRIANGLES의 경우와 동일하다. 그다음, ❷에서 이 버텍스들을 numP번(입자당 1개의 쿼드) 반복해 numpy 배열을 생성한다(그려지는 지오메트리가 모두 하나의 커다란 배열에 저장될 것이다).

다음으로, 9장에서와 마찬가지로 이 버텍스들을 VBO에 저장한다. VBO는 ❸에서 생성되며 ❹에서 바인딩된다. 그리고 바인딩된 버퍼는 ❺에서 버텍스 데이터로 채워진다. 4*len(vertexData)는 vertexData 배열 내의 각 요소마다 4바이트가 필요하다고 지정한다.

마지막으로, ❻에서 쿼드의 텍스처 좌표들을 정의하고 그 이하에서는 VBO를 설정한다.

입자들의 시간차 배열 정의하기

다음으로, 입자들의 시간차 배열을 정의한다. 하나의 정사각형을 이루는 4개의 버텍스는 모두 같은 시간차를 가져야 하므로, 다음과 같이 코드를 작성할 수 있다.

```
    # 시간차
❶ timeData = numpy.repeat(0.005*numpy.arange(numP, dtype=numpy.float32),
                          4)
   self.timeBuffer = glGenBuffers(1)
   glBindBuffer(GL_ARRAY_BUFFER, self.timeBuffer)
   glBufferData(GL_ARRAY_BUFFER, 4*len(timeData), timeData,
            GL_STATIC_DRAW)
```

❶에서 numpy.arange() 메소드는 [0, 1, ..., $numP_{-1}$] 형태의 증가하는 값들로 이뤄진 배열을 하나 생성한다. 그리고 이 배열에 0.005를 곱하고 인수의 값이 4인 numpy.repeat() 메소드를 호출해 [0.0, 0.0, 0.0, 0.0, 0.005, 0.005, 0.005, 0.005, ...] 형태의 배열을 생성한다. 그 아래의 코드는 VBO를 설정하고 있다.

입자의 초기 속도 설정하기

이번에는 입자들의 초기 속도를 설정하자. 수직축에 대해 최대 각도 내에 분포하는 임의의 속도들을 생성하는 것이 목표다.

```
    # 속도
    velocities = []
    # 각도
❶ coneAngle = math.radians(20.0)
    # 입자들의 속도를 설정한다
    for i in range(numP):
        # 경사각
❷      angleRatio = random.random()
        a = angleRatio*coneAngle
        # 방위각
❸      t = random.random()*(2.0*math.pi)
        # 구상에서의 속도를 계산한다
❹      vx = math.sin(a)*math.cos(t)
        vy = math.sin(a)*math.sin(t)
        vz = math.cos(a)
```

```
        # 속도의 크기는 각도가 커질수록 감소한다
❺      speed = 15.0*(1.0 - angleRatio*angleRatio)
        # 계산된 속도들을 추가한다
❻      velocities += 6*[speed*vx, speed*vy, speed*vz]
    # 속도 버텍스 버퍼를 설정한다
    self.velBuffer = glGenBuffers(1)
    glBindBuffer(GL_ARRAY_BUFFER, self.velBuffer)
❼  velData = numpy.array(velocities, numpy.float32)
    glBufferData(GL_ARRAY_BUFFER, 4*len(velData), velData, GL_STATIC_DRAW)
```

❶에서 분수 입자의 궤적을 제한하기 위한 각도를 정의한다(도를 라디안으로 변환하기 위해 내장 함수인 math.radians()가 사용되고 있다). 다음으로, 226페이지의 '입자의 움직임 모델링하기' 절에서 설명한 공식을 사용해 각 입자별로 속도를 계산한다.

❷에서는 최대 경사각의 비율을 임의로 얻으며, 그 아래 줄에서는 이 비율을 사용해 현재의 경사각을 계산한다. ❸에서는 방위각을 계산하는데, random.random()은 [0, 1] 범위의 값을 반환하므로 0부터 2π 사이의 임의의 각도를 얻으려면 2.0*math.pi를 곱해야 한다.

❹부터는 구면 좌표계의 공식을 사용해 단위 구 위에서의 속도 벡터를 계산한다. ❺에서는 ❷에서 얻은 각도 비율을 사용해 수직 각도에 크기가 반비례하는 속도를 계산하며, ❻에서는 입자의 최종 속도를 계산하고 이 값을 2개의 삼각형을 구성하는 6개의 버텍스 전부에 대해 반복한다. ❼에서 파이썬 리스트로부터 numpy 배열을 생성하면, 이제 속도에 대한 VBO를 생성할 준비가 끝난다. 마지막으로, 모든 버텍스 속성을 활성화하고 버텍스 버퍼의 데이터 포맷을 설정한다(이 과정은 9장과 비슷하므로 여기서는 자세한 설명을 생략하고 버텍스 셰이더에 대한 설명으로 넘어간다).

버텍스 셰이더 생성하기

버텍스 셰이더는 버텍스들을 개별적으로 처리하면서 입자 시스템의 궤도를 계산한다. 코드는 다음과 같다.

```
#버전 330 코어

in vec3 aVel;
in vec3 aVert;
```

```
in float aTime0;
in vec2 aTexCoord;

uniform mat4 uMVMatrix;
uniform mat4 uPMatrix;
uniform mat4 bMatrix;
uniform float uTime;
uniform float uLifeTime;
uniform vec4 uColor;
uniform vec3 uPos;

out vec4 vCol;
out vec2 vTexCoord;
```

버텍스 셰이더는 입자 시스템의 모든 쿼드에 대해, 그리고 쿼드의 모든 버텍스에 대해 실행된다. 우선 몇 개의 in 변수들을 정의하는데, VBO에 저장될 배열을 나타내는 값이다. 그다음에는 셰이더가 실행되는 동안 값이 일정하게 유지되는 unifom 변수들을 정의하고, 마지막의 out 변수들은 버텍스 셰이더 내에서 값이 설정되며 보간을 위해 프래그먼트 셰이더로 전달된다.

이제, 셰이더의 main() 함수를 살펴보자.

```
void main() {
    // 위치를 설정한다
❶    float dt = uTime - aTime0;
❷    float alpha = clamp(1.0 - 2.0*dt/uLifeTime, 0.0, 1.0);
❸    if(dt < 0.0 || dt > uLifeTime || alpha < 0.01) {
        // 시야에서 사라진다!
        gl_Position = vec4(0.0, 0.0, -1000.0, 1.0);
    }
    else {
        // 새로운 위치를 계산한다
❹        vec3 accel = vec3(0.0, 0.0, -9.8);
        // 비틀기를 적용한다
        float PI = 3.14159265358979323846264;
❺        float theta = mod(100.0*length(aVel)*dt, 360.0)*PI/180.0;
❻        mat4 rot = mat4(vec4(cos(theta), sin(theta), 0.0, 0.0),
                vec4(-sin(theta), cos(theta), 0.0, 0.0),
                vec4(0.0, 0.0, 1.0, 0.0),
                vec4(0.0, 0.0, 0.0, 1.0));
        // 빌보드 행렬을 적용한다
```

```
❼          vec4 pos2 = bMatrix*rot*vec4(aVert, 1.0);
           // 위치를 계산한다
❽          vec3 newPos = pos2.xyz + uPos + aVel*dt + 0.5*accel*dt*dt;
           // 변환을 적용한다
❾          gl_Position = uPMatrix * uMVMatrix * vec4(newPos, 1.0);
       }
       // 색상을 설정한다
❿      vCol = vec4(uColor.rgb, alpha);
       // 텍스처 좌표를 설정한다
       vTexCoord = aTexCoord;
    }
```

❶에서 현재까지 경과된 시간을 계산한다. 이 값은 현재의 시간 단계에서 입자의 시간차를 뺀 것과 같다. ❷에서는 버텍스의 알파 값을 계산하는데, 이 값은 경과 시간이 길수록 감소하므로 입자들은 시간이 지남에 따라 어두워진다. 이 값의 범위를 [0, 1]로 제한하기 위해 GLSL의 clamp() 메소드를 사용한다.

수명이 끝난 입자가 보이지 않게 만들기 위해서는 입자를 OpenGL 뷰 프러스텀 밖에 두면 된다. ❸에서 (입자 시스템의 생성자에서 설정된 대로) 입자의 수명이 아직 끝나지 않았는지 혹은 입자의 알파 값이 특정 값 이하로 떨어졌는지를 검사하는데, 해당된다면 시야 밖으로 위치가 설정된다.

❹에서는 입자의 가속도를 지구의 중력가속도인 $9.8m/s^2$으로 설정한다. 입자가 분수에서 흩어질 때 초기 속도가 클수록 더 빠른 속도로 회전시키기 위해 mod() 메소드(파이썬의 모듈러스 연산자 %와 비슷)를 사용하며, ❺에서 각도의 값을 [0, 360]으로 제한한다. ❻에서는 이렇게 계산된 각도 값을 쿼드의 z축을 둘러싼 회전각으로 사용하는데, z축을 둘러싼 각도 θ만큼의 회전을 나타내는 변환 행렬의 수식은 다음과 같다.

$$R_{\theta,z} = \begin{pmatrix} \cos(\theta) & \sin(\theta) & 0.0 & 0.0 \\ -\sin(\theta) & \cos(\theta) & 0.0 & 0.0 \\ 0.0 & 0.0 & 1.0 & 0.0 \\ 0.0 & 0.0 & 0.0 & 1.0 \end{pmatrix}$$

❼에서는 입자의 버텍스들에 2개의 변환을 적용한다. 하나는 조금 전에 계산된 축 회전이고, 다른 하나는 bMatrix를 사용한 빌보딩을 위한 회전이다. ❽에서는 앞서 설명한 입자의 움직임에 관한 식을 이용해 버텍스의 현재 위치를 계산한다(uPos는 분수의 원점을 여러분이 원하는 대로 배치하기 위한 것이다).

❾에서는 입자의 위치에 모델뷰 행렬과 투영 행렬을 적용한다. 마지막으로, ❿과 그 이허 줄에서는 보간을 위해 프래그먼트 셰이더로 전달될 색상과 텍스처 좌표를 설정한다(❷에서 계산된 버텍스의 알파 값이 사용되고 있음에 주의하자).

프래그먼트 셰이더 생성하기

이제, 픽셀의 색상을 설정하는 프래그먼트 셰이더를 살펴보자.

```
#버전 330 코어

uniform sampler2D uSampler;
in vec4 vCol;
in vec2 vTexCoord;
out vec4 fragColor;

void main() {
    // 텍스처의 색상을 얻는다
❶  vec4 texCol = texture2D(uSampler, vec2(vTexCoord.s, vTexCoord.t));
    // 텍스처 색상을 버텍스 색상과 곱한다. 버텍스 색상의 알파 값이 사용된다
❷  fragColor = vec4(texCol.rgb*vCol.rgb, vCol.a);
}
```

❶에서는 GLSL의 `texture2D()` 메소드를 사용해 스파크 이미지를 위한 기본 텍스처 색상(텍스처로 사용될 이미지에서 찾을 색상)을 찾는데, 이때 버텍스 셰이더로부터 전달된 텍스처 좌표가 사용된다. 그런 다음, 이 텍스처 색상 값을 스파크 분수의 색상 값으로 곱하고 그 결과 색상을 출력 변수 `fragColor`에 설정한다❷. 분수의 색상은 입자 시스템이 재시작될 때마다 `ParticleSystem`의 `restart()` 메소드에 의해 임의로 설정된다. 알파 값은 버텍스 셰이더에서 계산된 값을 바탕으로 설정되며, 렌더링이 실행될 때 블렌딩에 사용된다.

렌더링

분수 입자 시스템을 렌더링하는 코드는 다음 순서를 따른다.

1. 버텍스/프래그먼트 셰이더 프로그램을 활성화한다.

2. 모델뷰 및 투영 행렬을 설정한다.

3. 현재의 카메라 뷰를 기반으로 빌보드 행렬을 계산 및 설정한다.

4. 위치, 시간, 수명, 색상 등의 uniform 변수들을 설정한다.

5. 버텍스, 텍스처 좌표, 시간차, 속도에 대한 버텍스 속성 배열을 활성화한다.

6. 텍스처 사용 및 스파크 텍스처 바인딩을 활성화한다.

7. 깊이 버퍼 쓰기를 사용하지 않는다.

8. OpenGL 블렌딩을 활성화한다.

9. 지오메트리를 그린다.

이 단계를 구현하는 코드의 일부를 살펴보자.

빌보딩을 위한 회전 행렬 계산하기

다음 코드는 빌보딩을 위한 회전 행렬을 계산한다.

```
      N = camera.eye - camera.center
❶ N /= numpy.linalg.norm(N)
      U = camera.up
      U /= numpy.linalg.norm(U)
      R = numpy.cross(U, N)
      U2 = numpy.cross(N, R)
❷ bMatrix = numpy.array([R[0], U2[0], N[0], 0.0,
                          R[1], U2[1], N[1], 0.0,
                          R[2], U2[2], N[2], 0.0,
                          0.0, 0.0, 0.0, 1.0], numpy.float32)
❸ glUniformMatrix4fv(self.bMatrixU, 1, GL_TRUE, bMatrix)
```

쿼드를 관찰자 방향으로 배열하는 회전 행렬의 수학적 모델링에 관한 설명은 이미 했다(분수 입자들이 언제나 카메라 방향을 바라보게 한다). ❶에서는 numpy.linalg.norm() 메소드를 사용해 벡터를 정규화한다(따라서 벡터의 크기가 1이 된다). ❷에서는 회전 행렬을 numpy 배열로 조립한 후, 프로그램 내에서 설정한다❸.

메인 렌더링 코드

메인 렌더링 코드에서는 알파 블렌딩을 사용해 입자 시스템에 투명도를 지정한다. 이 기법은 OpenGL에서 반투명 객체를 렌더링할 때 널리 사용된다.

```
    # 텍스처를 활성화한다
❶ glActiveTexture(GL_TEXTURE0)
❷ glBindTexture(GL_TEXTURE_2D, self.texid)
❸ glUniform1i(self.samplerU, 0)

    # 깊이 마스크를 비활성화한다
    if self.disableDepthMask:
❹     glDepthMask(GL_FALSE)

    # 블렌딩을 활성화한다
    if self.enableBlend:
❺     glBlendFunc(GL_SRC_ALPHA, GL_ONE)
❻     glEnable(GL_BLEND)

    # VAO에 바인딩한다
❼ glBindVertexArray(self.vao)
    # 그리기를 수행한다
❽ glDrawArrays(GL_TRIANGLES, 0, 6*self.numP)
```

❶에서 첫 번째 OpenGL 텍스처 유닛 GL_TEXTURE0을 활성화한다. 여기서는 텍스처 유닛이 하나뿐이지만, OpenGL 컨텍스트에서는 동시에 둘 이상의 텍스처 유닛이 활성화될 수 있으므로 각각 명시적으로 호출하는 것이 바람직한 프로그래밍 습관이다. ❷에서는 ParticleSystem의 생성자에서 glutils.loadTexture()를 호출해 앞서 생성된 텍스처 객체를 스파크 이미지로 활성화한다.

셰이더 내에서 텍스처에 접근할 때 샘플러가 사용되며, ❸에서 첫 번째 텍스처 유닛 GL_TEXTURE0을 사용하기 위한 샘플러 변수를 설정한다. 그다음에는 OpenGL 블렌딩으로 텍스처 내의 검정색 픽셀들을 제거한다. 하지만 이렇게 '보이지 않는' 픽셀들은 여전히 깊이 값을 갖고 있으므로 그 뒤에 있는 다른 입자의 일부를 가릴 수 있다. 이 문제를 방지하기 위해 ❹에서는 깊이 버퍼에 기록하지 않도록 설정한다.

❺에서는 프래그먼트 셰이더로부터의 소스 픽셀의 알파를 사용하기 위해 OpenGL 블렌딩 함수를 설정하고, ❻에서 OpenGL 블렌딩을 활성화한다. 그런 다음 ❼에서 VAO에 바인딩을 하여 앞서 설정된 속성들을 모두 활성화하고, ❽에서는 바인딩된 VBO들을 화면상에 그린다.

Camera 클래스

마지막으로, Camera 클래스는 OpenGL의 뷰 매개변수들을 설정한다.

```python
# 간단한 카메라 클래스
class Camera:
    """뷰를 위한 헬퍼 클래스"""
    def __init__(self, eye, center, up):
        self.r = 10.0
        self.theta = 0
        self.eye = numpy.array(eye, numpy.float32)
        self.center = numpy.array(center, numpy.float32)
        self.up = numpy.array(up, numpy.float32)

    def rotate(self):
        """단계별로 눈을 회전한다"""
        self.theta = (self.theta + 1) % 360
        # 눈의 위치를 재계산한다
        self.eye = self.center + numpy.array([
                self.r*math.cos(math.radians(self.theta)),
                self.r*math.sin(math.radians(self.theta)),
                0.0], numpy.float32)
```

❶ (def __init__)
❷ (self.theta = ...)
❸ (self.eye = ...)

3차원 투시 뷰는 3개의 매개변수로 정의될 수 있다. 눈의 위치, 업(상향) 벡터, 방향 벡터다. Camera 클래스는 이 매개변수들을 묶어서 시간 단계마다 뷰를 회전할 수 있는 편리한 방법을 제공한다.

에서는 생성자가 camera 객체의 초깃값들을 설정한다. rotate() 메소드가 호출되면 회전 각도를 증가시키고❷, 회전 후의 눈의 위치와 방향 벡터를 계산한다❸.

> **참고** 점 $(r \cos(\theta), r \sin(\theta))$는 원점을 중심으로 반지름이 r인 원 위의 한 점을 나타내고, θ는 원점에서 그 점까지 선을 그렸을 때 x축과 이루는 각도다. center 변수를 사용해 이동시키면, 회전의 중심이 원점이 아닌 경우에도 정상적인 동작을 보장할 수 있다.

입자 시스템의 전체 코드

다음은 입자 시스템의 완전한 코드다. https://github.com/electronut/pp/tree/master/particle-system/에서 ps.py 파일을 다운로드해서 확인할 수도 있다.

```
import sys, random, math
import OpenGL
from OpenGL.GL import *
import numpy
import glutils

strVS = """
#버전 330 코어

in vec3 aVel;
in vec3 aVert;
in float aTime0;
in vec2 aTexCoord;

uniform mat4 uMVMatrix;
uniform mat4 uPMatrix;
uniform mat4 bMatrix;
uniform float uTime;
uniform float uLifeTime;
uniform vec4 uColor;
uniform vec3 uPos;

out vec4 vCol;
out vec2 vTexCoord;
```

```
void main() {
    // 위치를 설정한다
    float dt = uTime - aTime0;
    float alpha = clamp(1.0 - 2.0*dt/uLifeTime, 0.0, 1.0);
    if(dt < 0.0 || dt > uLifeTime || alpha < 0.01) {
        // 시야에서 사라진다!
        gl_Position = vec4(0.0, 0.0, -1000.0, 1.0);
    }
    else {
        // 새로운 위치를 계산한다
        vec3 accel = vec3(0.0, 0.0, -9.8);
        // 비틀기를 적용한다
        float PI = 3.14159265358979323846264;
        float theta = mod(100.0*length(aVel)*dt, 360.0)*PI/180.0;
        mat4 rot = mat4(vec4(cos(theta), sin(theta), 0.0, 0.0),
            vec4(-sin(theta), cos(theta), 0.0, 0.0),
            vec4(0.0, 0.0, 1.0, 0.0),
            vec4(0.0, 0.0, 0.0, 1.0));
        // 빌보드 행렬을 적용한다
        vec4 pos2 = bMatrix*rot*vec4(aVert, 1.0);
        // 위치를 계산한다
        vec3 newPos = pos2.xyz + uPos + aVel*dt + 0.5*accel*dt*dt;
        // 변환을 적용한다
        gl_Position = uPMatrix * uMVMatrix * vec4(newPos, 1.0);
    }
    // 색상을 설정한다
    vCol = vec4(uColor.rgb, alpha);
    // 텍스처 좌표를 설정한다
    vTexCoord = aTexCoord;
}
"""

strFS = """
#버전 330 코어

uniform sampler2D uSampler;
in vec4 vCol;
in vec2 vTexCoord;
out vec4 fragColor;

void main() {
    // 텍스처 색상을 얻는다
    vec4 texCol = texture(uSampler, vec2(vTexCoord.s, vTexCoord.t));
```

```
    // 버텍스 색상과 곱한다. 알파 값이 사용된다
    fragColor = vec4(texCol.rgb*vCol.rgb, vCol.a);
}
"""

# 간단한 카메라 클래스
class Camera:
    """뷰를 위한 헬퍼 클래스"""
    def __init__(self, eye, center, up):
        self.r = 10.0
        self.theta = 0
        self.eye = numpy.array(eye, numpy.float32)
        self.center = numpy.array(center, numpy.float32)
        self.up = numpy.array(up, numpy.float32)

    def rotate(self):
        """단계별로 눈을 회전한다"""
        self.theta = (self.theta + 1) % 360
        # 눈의 위치를 재계산한다
        self.eye = self.center + numpy.array([
                self.r*math.cos(math.radians(self.theta)),
                self.r*math.sin(math.radians(self.theta)),
                0.0], numpy.float32)

# 입자 시스템 클래스
class ParticleSystem:

    # 초기화
    def __init__(self, numP):
        # 입자의 개수
        self. numP = numP
        # 시간 변수
        self.t = 0.0
        self.lifeTime = 5.0
        self.startPos = numpy.array([0.0, 0.0, 0.5])
        # 텍스처를 불러온다
        self.texid = glutils.loadTexture('star.png')
        # 셰이더를 생성한다
        self.program = glutils.loadShaders(strVS, strFS)
        glUseProgram(self.program)

        # 샘플러를 설정한다
        texLoc = glGetUniformLocation(self.program, b"uTex")
```

```
    glUniform1i(texLoc, 0)

    # uniform 변수들
    self.timeU = glGetUniformLocation(self.program, b"uTime")
    self.lifeTimeU = glGetUniformLocation(self.program, b"uLifeTime")
    self.pMatrixUniform = glGetUniformLocation(self.program, b'uPMatrix')
    self.mvMatrixUniform = glGetUniformLocation(self.program,
                                               b"uMVMatrix")
    self.bMatrixU = glGetUniformLocation(self.program, b"bMatrix")
    self.colorU = glGetUniformLocation(self.program, b"uColor")
    self.samplerU = glGetUniformLocation(self.program, b"uSampler")
    self.posU = glGetUniformLocation(self.program, b"uPos")

    # 속성들
    self.vertIndex = glGetAttribLocation(self.program, b"aVert")
    self.texIndex = glGetAttribLocation(self.program, b"aTexCoord")
    self.time0Index = glGetAttribLocation(self.program, b"aTime0")
    self.velIndex = glGetAttribLocation(self.program, b"aVel")

    # 렌더링 플래그
    self.enableBillboard = True
    self.disableDepthMask = True
    self.enableBlend = True

    # 사용될 텍스처
    self.useStarTexture = True
    # 재시작 - 첫 번째
    self.restart(numP)

# 단계별
def step(self):
    # 시간 값을 증가시킨다
    self.t += 0.01

# 입자 시스템을 재시작한다
def restart(self, numP):
    # 입자 개수를 설정한다
    self.numP = numP

    # 시간 변수들
    self.t = 0.0
    self.lifeTime = 5.0
```

```python
# 색상
self.col0 = numpy.array([random.random(), random.random(),
                         random.random(), 1.0])

# VAO를 생성한다
self.vao = glGenVertexArrays(1)
# VAO에 바인딩한다
glBindVertexArray(self.vao)

# 속성 배열과 버텍스 버퍼를 생성한다

# 버텍스들
s = 0.2
quadV = [
    -s,  s, 0.0,
    -s, -s, 0.0,
     s,  s, 0.0,
     s, -s, 0.0,
     s,  s, 0.0,
    -s, -s, 0.0
    ]
vertexData = numpy.array(numP*quadV, numpy.float32)
self.vertexBuffer = glGenBuffers(1)
glBindBuffer(GL_ARRAY_BUFFER, self.vertexBuffer)
glBufferData(GL_ARRAY_BUFFER, 4*len(vertexData), vertexData,
             GL_STATIC_DRAW)

# 텍스처 좌표
quadT = [
    0.0, 1.0,
    0.0, 0.0,
    1.0, 1.0,
    1.0, 0.0,
    1.0, 1.0,
    0.0, 0.0
    ]
tcData = numpy.array(numP*quadT, numpy.float32)
self.tcBuffer = glGenBuffers(1)
glBindBuffer(GL_ARRAY_BUFFER, self.tcBuffer)
glBufferData(GL_ARRAY_BUFFER, 4*len(tcData), tcData,
             GL_STATIC_DRAW)

# 시간차
```

```
timeData = numpy.repeat(0.005*numpy.arange(numP, dtype=numpy.float32),
                        4)
self.timeBuffer = glGenBuffers(1)
glBindBuffer(GL_ARRAY_BUFFER, self.timeBuffer)
glBufferData(GL_ARRAY_BUFFER, 4*len(timeData), timeData,
             GL_STATIC_DRAW)


# 속도
velocities = []
# 각도
coneAngle = math.radians(20.0)
# 입자들의 속도를 설정한다
for i in range(numP):
    # 경사각
    angleRatio = random.random()
    a = angleRatio*coneAngle
    # 방위각
    t = random.random()*(2.0*math.pi)
    # 구면상에서의 속도를 계산한다
    vx = math.sin(a)*math.cos(t)
    vy = math.sin(a)*math.sin(t)
    vz = math.cos(a)
    # 속도의 크기는 각도가 커질수록 감소한다
    speed = 15.0*(1.0 - angleRatio*angleRatio)
    # 계산된 속도들을 추가한다
    velocities += 6*[speed*vx, speed*vy, speed*vz]
# 속도 버텍스 버퍼를 설정한다
self.velBuffer = glGenBuffers(1)
glBindBuffer(GL_ARRAY_BUFFER, self.velBuffer)
velData = numpy.array(velocities, numpy.float32)
glBufferData(GL_ARRAY_BUFFER, 4*len(velData), velData,
             GL_STATIC_DRAW)


# 배열들을 활성화한다
glEnableVertexAttribArray(self.vertIndex)
glEnableVertexAttribArray(self.texIndex)
glEnableVertexAttribArray(self.time0Index)
glEnableVertexAttribArray(self.velIndex)


# 버퍼들을 설정한다
glBindBuffer(GL_ARRAY_BUFFER, self.vertexBuffer)
glVertexAttribPointer(self.vertIndex, 3, GL_FLOAT, GL_FALSE, 0, None)
```

```python
        glBindBuffer(GL_ARRAY_BUFFER, self.tcBuffer)
        glVertexAttribPointer(self.texIndex, 2, GL_FLOAT, GL_FALSE, 0, None)

        glBindBuffer(GL_ARRAY_BUFFER, self.velBuffer)
        glVertexAttribPointer(self.velIndex, 3, GL_FLOAT, GL_FALSE, 0, None)

        glBindBuffer(GL_ARRAY_BUFFER, self.timeBuffer)
        glVertexAttribPointer(self.time0Index, 1, GL_FLOAT, GL_FALSE, 0, None)

        # VAO 바인딩을 해제한다
        glBindVertexArray(0)

    # 입자 시스템을 렌더링한다
    def render(self, pMatrix, mvMatrix, camera):
        # 세이더를 사용한다
        glUseProgram(self.program)

        # 투영 행렬을 설정한다
        glUniformMatrix4fv(self.pMatrixUniform, 1, GL_FALSE, pMatrix)
        # 모델뷰 행렬을 설정한다
        glUniformMatrix4fv(self.mvMatrixUniform, 1, GL_FALSE, mvMatrix)
        # 쿼드가 관찰자 방향을 바라보도록 빌보드 행렬을 설정한다
        if self.enableBillboard:
            N = camera.eye - camera.center
            N /= numpy.linalg.norm(N)
            U = camera.up
            U /= numpy.linalg.norm(U)
            R = numpy.cross(U, N)
            U2 = numpy.cross(N, R)
            bMatrix = numpy.array([R[0], U2[0], N[0], 0.0,
                                   R[1], U2[1], N[1], 0.0,
                                   R[2], U2[2], N[2], 0.0,
                                   0.0,  0.0,  0.0,  1.0], numpy.float32)
            glUniformMatrix4fv(self.bMatrixU, 1, GL_TRUE, bMatrix)
        else:
            # 동일 행렬
            bMatrix = numpy.array([1.0, 0.0, 0.0, 0.0,
                                   0.0, 1.0, 0.0, 0.0,
                                   0.0, 0.0, 1.0, 0.0,
                                   0.0, 0.0, 0.0, 1.0], numpy.float32)
            glUniformMatrix4fv(self.bMatrixU, 1, GL_FALSE, bMatrix)

        # 시작 위치를 설정한다
        glUniform3fv(self.posU, 1, self.startPos)
```

```
# 시간을 설정한다
glUniform1f(self.timeU, self.t)
# 수명을 설정한다
glUniform1f(self.lifeTimeU, self.lifeTime)
# 색상을 설정한다
glUniform4fv(self.colorU, 1, self.col0)

# 텍스처를 활성화한다
glActiveTexture(GL_TEXTURE0)
glBindTexture(GL_TEXTURE_2D, self.texid)
glUniform1i(self.samplerU, 0)

# 깊이 마스크를 비활성화한다
if self.disableDepthMask:
    glDepthMask(GL_FALSE)

# 블렌딩을 활성화한다
if self.enableBlend:
    glBlendFunc(GL_SRC_ALPHA, GL_ONE)
    glEnable(GL_BLEND)

# VAO에 바인딩한다
glBindVertexArray(self.vao)
# 그리기를 수행한다
glDrawArrays(GL_TRIANGLES, 0, 6*self.numP)
# VAO 바인딩을 해제한다
glBindVertexArray(0)

# 블렌딩을 비활성화한다
if self.enableBlend:
    glDisable(GL_BLEND)

# 깊이 마스크를 활성화한다
if self.disableDepthMask:
    glDepthMask(GL_TRUE)

# 텍스처를 비활성화한다
glBindTexture(GL_TEXTURE_2D, 0)
```

스파크 분수에 대한 코드는 일단 끝났다. 여기에 분수 입자 시스템의 원천을 빨간색 박스로 표시하는 코드를 추가해보자.

박스 코드

보는 사람의 분수에 대한 관심도를 지속시키기 위해, 조명이 없는 빨간색 큐브를 그리기로 하자.

```
import sys, random, math
import OpenGL
from OpenGL.GL import *
import numpy
import glutils

strVS = """
#버전 330 코어

in vec3 aVert;
uniform mat4 uMVMatrix;
uniform mat4 uPMatrix;
out vec4 vCol;

void main() {
    // 변환을 적용한다
    gl_Position = uPMatrix * uMVMatrix * vec4(aVert, 1.0);
    // 색상을 설정한다
    vCol = vec4(0.8, 0.0, 0.0, 1.0);
}
"""

strFS = """
#버전 330 코어

in vec4 vCol;
out vec4 fragColor;

void main() {
    // 버텍스 색상을 사용한다
    fragColor = vCol;
}
"""


class Box:
    def __init__(self, side):
```

```
self.side = side

# 셰이더를 불러온다
self.program = glutils.loadShaders(strVS, strFS)
glUseProgram(self.program)

s = side/2.0
vertices = [
    -s,  s, -s,
    -s, -s, -s,
     s,  s, -s,
     s, -s, -s,
     s,  s, -s,
    -s, -s, -s,

    -s,  s,  s,
    -s, -s,  s,
     s,  s,  s,
     s, -s,  s,
     s,  s,  s,
    -s, -s,  s,

    -s, -s,  s,
    -s, -s, -s,
     s, -s,  s,
     s, -s, -s,
     s, -s,  s,
    -s, -s, -s,

    -s,  s,  s,
    -s,  s, -s,
     s,  s,  s,
     s,  s, -s,
     s,  s,  s,
    -s,  s, -s,

    -s, -s,  s,
    -s, -s, -s,
    -s,  s,  s,
    -s,  s, -s,
    -s,  s,  s,
    -s, -s, -s,

     s, -s,  s,
```

```
                    s, -s,-s,
                    s,  s,  s,
                    s,  s, -s,
                    s,  s,  s,
                    s, -s,-s
                    ]

        # VAO를 설정한다
        self.vao = glGenVertexArrays(1)
        glBindVertexArray(self.vao)
        # VBO들을 설정한다
        vertexData = numpy.array(vertices, numpy.float32)
        self.vertexBuffer = glGenBuffers(1)
        glBindBuffer(GL_ARRAY_BUFFER, self.vertexBuffer)
        glBufferData(GL_ARRAY_BUFFER, 4*len(vertexData), vertexData,
                     GL_STATIC_DRAW)
        # 배열을 활성화한다
        self.vertIndex = glGetAttribLocation(self.program, "aVert")
        glEnableVertexAttribArray(self.vertIndex)
        # 버퍼를 설정한다
        glBindBuffer(GL_ARRAY_BUFFER, self.vertexBuffer)
        glVertexAttribPointer(self.vertIndex, 3, GL_FLOAT, GL_FALSE, 0, None)
        # VAO 바인딩을 해제한다
        glBindVertexArray(0)

    def render(self, pMatrix, mvMatrix):

        # 세이더를 사용한다
        glUseProgram(self.program)

        # 투영 변환을 설정한다
        glUniformMatrix4fv(glGetUniformLocation(self.program, 'uPMatrix'),
                           1, GL_FALSE, pMatrix)

        # 모델뷰 행렬을 설정한다
        glUniformMatrix4fv(glGetUniformLocation(self.program, 'uMVMatrix'),
                           1, GL_FALSE, mvMatrix)

        # VAO에 바인딩한다
        glBindVertexArray(self.vao)
        # 그리기를 수행한다
        glDrawArrays(GL_TRIANGLES, 0, 36)
        # VAO 바인딩을 해제한다
        glBindVertexArray(0)
```

이 코드는 큐브를 그리기 위해 간단한 버텍스 셰이더와 프래그먼트 셰이더를 사용하고 있다. 여기서 사용되는 개념은 9장에서 설명한 것과 동일하다.

메인 프로그램의 코드

이번 프로젝트의 메인 소스 파일인 psmain.py는 GLFW 창을 설정하고, 키보드 이벤트를 처리하며, 입자 시스템을 생성한다. 전체 프로그램 코드를 보고 싶다면 257페이지의 '메인 프로그램의 전체 코드' 절을 확인하라.

```python
class PSMaker:
    """입자 시스템을 위한 GLFW 창 렌더링 클래스"""
    def __init__(self):
❶       self.camera = Camera([15.0, 0.0, 2.5],
                             [0.0, 0.0, 2.5],
                             [0.0, 0.0, 1.0])
        self.aspect = 1.0
        self.numP = 300
        self.t = 0
        # 카메라 뷰 회전 플래그
        self.rotate = True

        # 현재의 작업 디렉토리를 저장한다
        cwd = os.getcwd()

        # glfw를 초기화한다 - cwd가 변경된다
❷       glfw.glfwInit()

        # cwd를 복원한다
        os.chdir(cwd)

        # 버전 힌트
        glfw.glfwWindowHint(glfw.GLFW_CONTEXT_VERSION_MAJOR, 3)
        glfw.glfwWindowHint(glfw.GLFW_CONTEXT_VERSION_MINOR, 3)
        glfw.glfwWindowHint(glfw.GLFW_OPENGL_FORWARD_COMPAT, GL_TRUE)
        glfw.glfwWindowHint(glfw.GLFW_OPENGL_PROFILE,
                            glfw.GLFW_OPENGL_CORE_PROFILE)

        # 창을 만든다
        self.width, self.height = 640, 480
        self.aspect = self.width/float(self.height)
```

```
            self.win = glfw.glfwCreateWindow(self.width, self.height,
                                              b"Particle System")

            # 현재의 컨텍스트로 만든다
            glfw.glfwMakeContextCurrent(self.win)

            # GL을 초기화한다
            glViewport(0, 0, self.width, self.height)
            glEnable(GL_DEPTH_TEST)
            glClearColor(0.2, 0.2, 0.2,1.0)

            # 콜백을 설정한다
            glfw.glfwSetMouseButtonCallback(self.win, self.onMouseButton)
            glfw.glfwSetKeyCallback(self.win, self.onKeyboard)
            glfw.glfwSetWindowSizeCallback(self.win, self.onSize)

            # 3D를 생성한다
❸           self.psys = ParticleSystem(self.numP)
❹           self.box = Box(1.0)

            # 종료 플래그
❺           self.exitNow = False
```

PSMaker 클래스는 입자 시스템을 생성하고, GLFW 창을 처리하며, 분수 및 분수의 원천을 강조 표시하는 박스의 렌더링을 관리한다. ❶에서는 Camera 객체가 생성되는데, 이 객체는 OpenGL에서 뷰 매개변수를 설정하는 데 사용된다. ❷와 그 이하의 코드에서는 GLFW 창을 설정하고, ❸에서는 ParticleSystem 객체를 생성하며, ❹에서는 Box 개체를 생성한다. ❺에서는 GLFW의 메인 렌더링 루프에서 사용될 exit 플래그가 설정되는데, 다음 절에서 자세히 살펴보자.

시간 단계별로 입자 갱신하기

애니메이션은 먼저 메인 프로그램 루프에서 시간 변수를 갱신하면 이어서 버텍스 셰이더에서 시간 변수를 갱신하는 방법으로 생성된다. 갱신된 시간 값을 사용해 후속 프레임이 계산 및 렌더링되면서 입자의 위치가 갱신된다. 셰이더는 입자의 움직이는 방향을 새로 계산하고 회전도 시킨다. 그리고 셰이더는 시간 변수의 함수로 알파 값을 계산하므로 최종 렌더링에서 스파크의 색은 점점 어두워진다.

step() 메소드는 시간 단계마다 입자 시스템을 갱신한다.

```
    def step(self):
        # 시간을 증가시킨다
❶      self.t += 10
❷      self.psys.step()
        # 눈을 회전시킨다
        if self.rotate:
❸          self.camera.rotate()
        # 5초마다 재시작한다
        if not int(self.t) % 5000:
❹          self.psys.restart(self.numP)
```

❶에서 time 변수를 증가시키는데, 이 변수는 밀리초 단위로 경과된 시간을 추적하는 역할을 한다. ❷의 코드는 스스로 갱신 가능하도록 ParticleSystem의 step() 메소드를 호출한다. 플래그가 설정되어 있으면, ❸에서 카메라가 회전된다. 그리고 5초(5000밀리초) 단위로 입자 시스템이 다시 시작된다.

키보드 핸들러

이제, GLFW 창의 키보드 핸들러를 살펴보자.

```
❶  def onKeyboard(self, win, key, scancode, action, mods):
        #print 'keyboard: ', win, key, scancode, action, mods
        if action == glfw.GLFW_PRESS:
            # ESC가 눌리면 종료한다
            if key == glfw.GLFW_KEY_ESCAPE:
                self.exitNow = True
            elif key == glfw.GLFW_KEY_R:
                self.rotate = not self.rotate
            elif key == glfw.GLFW_KEY_B:
                # 빌보딩 기법을 활성화/비활성화
                self.psys.enableBillboard = not self.psys.enableBillboard
            elif key == glfw.GLFW_KEY_D:
                # 깊이 마스크를 활성화/비활성화
                self.psys.disableDepthMask = not self.psys.disableDepthMask
            elif key == glfw.GLFW_KEY_T:
                # 투명도를 활성화/비활성화
                self.psys.enableBlend = not self.psys.enableBlend
```

❶의 키보드 핸들러의 주된 용도는 입자 시스템을 그릴 때 사용되는 다양한 렌더링 기법을 껐을 때 결과가 어떻게 달라지는지 쉽게 확인하기 위한 것이다. 이 코드는 회전, 빌보딩, 깊이 마스크, 투명도를 켜고 끌 수 있다.

메인 프로그램 루프 관리하기

GLFW를 사용할 때도 자체적으로 프로그램의 메인 루프를 관리해야 한다. 다음 코드는 이 프로그램에서 사용하는 루프다.

```
    def run(self):
        # 타이머를 초기화한다
        glfw.glfwSetTime(0)
        t = 0.0
❶      while not glfw.glfwWindowShouldClose(self.win) and not self.exitNow:
            # x초마다 갱신한다
❷          currT = glfw.glfwGetTime()
            if currT - t > 0.01:
                # 시간을 갱신한다
                t = currT

                # 기존 값을 지운다
                glClear(GL_COLOR_BUFFER_BIT | GL_DEPTH_BUFFER_BIT)

                # 렌더링한다
                pMatrix = glutils.perspective(100.0, self.aspect, 0.1, 100.0)
                # 모델뷰 행렬
                mvMatrix = glutils.lookAt(self.camera.eye, self.camera.center,
                                          self.camera.up)

                # 먼저, 불투명 객체를 그린다
❸              self.box.render(pMatrix, mvMatrix)

                # 렌더링한다
❹              self.psys.render(pMatrix, mvMatrix, self.camera)

                # 단계별
❺              self.step()

                glfw.glfwSwapBuffers(self.win)
                # 이벤트를 폴링 및 처리한다
                glfw.glfwPollEvents()
        # 종료
        glfw.glfwTerminate()
```

이 코드는 9장에서 사용했던 루프와 거의 동일하다. ❶에서 exit 플래그가 설정되어 있거나 GLFW 창을 닫으면 while 루프가 종료된다. ❷와 그 이하의 줄에서는 GLFW 타이머를 사용해 특정 시간(0.1초)이 경과한 경우에만 렌더링을 허용하면서 렌더링의 프레임 레이트를 제어한다. ❸에서는 박스를 그리고, ❹에서는 입자 시스템을 그린다(여기서 렌더링의 순서가 중요하다. 불투명한 객체에 대해서 블렌딩 및 깊이 버퍼링이 제대로 수행되려면 투명한 객체는 언제나 가장 마지막에 그려져야 한다). ❺에서는 현재 시간 단계의 입자 시스템을 갱신한다.

메인 프로그램의 전체 코드

다음은 완전한 psmain.py 코드다. https://github.com/electronut/pp/tree/master/particle-system/에서 psmain.py 파일을 다운로드할 수 있다.

```python
import sys, os, math, numpy
import OpenGL
from OpenGL.GL import *
import numpy
from ps import ParticleSystem, Camera
from box import Box
import glutils
import glfw

class PSMaker:
    """입자 시스템을 위한 GLFW 창 렌더링 클래스"""
    def __init__(self):
        self.camera = Camera([15.0, 0.0, 2.5],
                             [0.0, 0.0, 2.5],
                             [0.0, 0.0, 1.0])
        self.aspect = 1.0
        self.numP = 300
        self.t = 0
        # 카메라 뷰 회전 플래그
        self.rotate = True

        # 현재의 작업 디렉토리를 저장한다
        cwd = os.getcwd()
```

```python
# glfw를 초기화한다 - cwd가 변경된다
glfw.glfwInit()

# cwd를 복원한다
os.chdir(cwd)

# 버전 힌트
glfw.glfwWindowHint(glfw.GLFW_CONTEXT_VERSION_MAJOR, 3)
glfw.glfwWindowHint(glfw.GLFW_CONTEXT_VERSION_MINOR, 3)
glfw.glfwWindowHint(glfw.GLFW_OPENGL_FORWARD_COMPAT, GL_TRUE)
glfw.glfwWindowHint(glfw.GLFW_OPENGL_PROFILE,
                    glfw.GLFW_OPENGL_CORE_PROFILE)

# 창을 만든다
self.width, self.height = 640, 480
self.aspect = self.width/float(self.height)
self.win = glfw.glfwCreateWindow(self.width, self.height,
                                 b"Particle System")

# 현재 컨텍스트로 만든다
glfw.glfwMakeContextCurrent(self.win)

# GL을 초기화한다
glViewport(0, 0, self.width, self.height)
glEnable(GL_DEPTH_TEST)
glClearColor(0.2, 0.2, 0.2,1.0)

# 콜백을 설정한다
glfw.glfwSetMouseButtonCallback(self.win, self.onMouseButton)
glfw.glfwSetKeyCallback(self.win, self.onKeyboard)
glfw.glfwSetWindowSizeCallback(self.win, self.onSize)

# 3D를 생성한다
self.psys = ParticleSystem(self.numP)
self.box = Box(1.0)

# 종료 플래그
self.exitNow = False


def onMouseButton(self, win, button, action, mods):
    #print 'mouse button: ', win, button, action, mods
```

```
        pass

    def onKeyboard(self, win, key, scancode, action, mods):
        #print 'keyboard: ', win, key, scancode, action, mods
        if action == glfw.GLFW_PRESS:
            # ESC가 눌리면 종료한다
            if key == glfw.GLFW_KEY_ESCAPE:
                self.exitNow = True
            elif key == glfw.GLFW_KEY_R:
                self.rotate = not self.rotate
            elif key == glfw.GLFW_KEY_B:
                # 빌보딩 활성화/비활성화
                self.psys.enableBillboard = not self.psys.enableBillboard
            elif key == glfw.GLFW_KEY_D:
                # 깊이 마스크 활성화/비활성화
                self.psys.disableDepthMask = not self.psys.disableDepthMask
            elif key == glfw.GLFW_KEY_T:
                # 투명도 활성화/비활성화
                self.psys.enableBlend = not self.psys.enableBlend

    def onSize(self, win, width, height):
        #print 'onsize: ', win, width, height
        self.width = width
        self.height = height
        self.aspect = width/float(height)
        glViewport(0, 0, self.width, self.height)

    def step(self):
        # 시간을 증가시킨다
        self.t += 10
        self.psys.step()
        # 눈을 회전시킨다
        if self.rotate:
            self.camera.rotate()
        # 5초마다 재시작한다
        if not int(self.t) % 5000:
            self.psys.restart(self.numP)

    def run(self):
        # 타이머를 초기화한다
        glfw.glfwSetTime(0)
        t = 0.0
```

```python
        while not glfw.glfwWindowShouldClose(self.win) and not self.exitNow:
            # x초마다 갱신한다
            currT = glfw.glfwGetTime()
            if currT - t > 0.01:
                # 시간을 갱신한다
                t = currT

                # 기존 값을 지운다
                glClear(GL_COLOR_BUFFER_BIT | GL_DEPTH_BUFFER_BIT)

                # 렌더링한다
                pMatrix = glutils.perspective(100.0, self.aspect, 0.1, 100.0)
                # 모델뷰 행렬
                mvMatrix = glutils.lookAt(self.camera.eye, self.camera.center,
                                          self.camera.up)

                # 먼저 불투명 객체를 그린다
                self.box.render(pMatrix, mvMatrix)

                # 렌더링한다
                self.psys.render(pMatrix, mvMatrix, self.camera)

                # 단계별
                self.step()

                glfw.glfwSwapBuffers(self.win)
                # 이벤트를 폴링 및 처리한다
                glfw.glfwPollEvents()
        # 종료
        glfw.glfwTerminate()


# main() 함수
def main():
    # 필요시 sys.argv를 사용한다
    print('starting particle system...')
    prog = PSMaker()
    prog.run()


# main() 함수를 호출한다
if __name__ == '__main__':
    main()
```

프로그램 실행

프로젝트를 실행하기 위해 다음과 같이 입력한다.

```
$ python3 psmain.py
```

이 장의 시작 부분에서 봤던 그림 10-1이 출력될 것이다.

정리

10장에서는 파이썬과 OpenGL을 사용해 분수 입자 시스템을 만들었다. 입자 시스템에 대한 수학적 모델을 만들고, 셰이더 프로그램들을 설정했으며, 입자를 현실처럼 보이도록 렌더링하는 OpenGL 기법들도 배웠다.

실습!

입자 시스템의 애니메이션으로 실험해볼 수 있는 아이디어들은 다음과 같다.

1. 입자들의 분출 사이의 시간차를 없애면 어떻게 되는지 확인하라.

2. 입자들이 분출된 이후 점점 크기가 커지도록 만들어보라(힌트: 버텍스 셰이더에서 쿼드의 버텍스들을 확대한다).

3. 본문의 프로그램은 입자들이 분수에서 분출된 이후 완벽한 포물선 궤적을 그리는 것으로 가정하고 있다. 이러한 입자의 이동 경로에 약간의 임의성을 추가해보자(힌트: GLSL의 noise() 메소드를 조사하고, 버텍스 셰이더에서 이 메소드를 사용한다).

4. 분수의 입자들은 포물선 경로를 그리는데, 처음에 상승하지만 나중에는 중력의 영향으로 하락한다. 바닥에 부딪힌 입자들이 다시 튀어 오르도록 개선할 수 있는가? 이를 위해서는 입자의 수명을 증가시켜야 함에 주의하자(힌트: 바닥에서는 $z = 0.0$이다. 버텍스 셰이더 코드 내에서 입자가 바닥에 근접했을 때 속도의 z 성분을 반대로 변경하자).

11장
볼륨 렌더링

MRI와 CT 스캔은 3D 입체의 단면을 나타내는 2D 이미지들로 구성되는 볼륨volumetric(체적) 데이터를 생성하는 의료 진단 도구다. 그리고 볼륨 렌더링 volume rendering은 이러한 볼륨 데이터로부터 3D 이미지를 구축하는 컴퓨터 그래픽 기술이다. 볼륨 렌더링은 의학 분야의 스캔 분석에 널리 사용될 뿐만 아니라 지질학, 고고학, 분자 생물학 등의 학문 분야에서 3D 시각화를 생성하는 데도 사용될 수 있다.

MRI와 CT 스캔으로 얻어지는 데이터는 일반적으로 $N_x \times N_y \times N_z$ 형태의 3D 그리드, 혹은 N_z개의 2D '슬라이스' 형태를 띤다. 이때 슬라이스는 $N_x \times N_y$ 크기의 이미지에 해당된다. 투명도가 포함된 슬라이스 데이터를 표시하기 위해 몇 가지 볼륨 렌더링 알고리즘이 사용되며, 렌더링된 볼륨에서 중요한 부분을 강조하는 다양한 기법이 존재한다.

이번 프로젝트에서는 **볼륨 레이 캐스팅**volume ray casting(볼륨 광선 투사법)이라는 볼륨 렌더링 알고리즘에 대해 알아본다. 이 알고리즘은 GLSLOpenGL Shading Language의 셰이더들을 사용함으로써 GPUgraphics-processing unit의 연산 능력을 최대한 활용한다. 화면상의 모든 픽셀에 대해 실행되며, GPU를 활용해 효율적으로 병렬 계산을 할 수 있게 설계됐다. 볼륨 레이 캐스팅 알고리즘을 사용해 볼륨 렌더링된 이미지를 생성하기 위해서 어떤 3D 데이터로부터 얻어진 2D 슬라이스 이미지들이 들어 있는 폴더가 사용되며, 화살표 키를 사용해 x, y, z 방향으로 슬라이스들을 스크롤하며 보여주는 메소드도 구현될 것이다. 그리고 사용자는 키보드를 통해 3D 렌더링과 2D 슬라이스 간의 전환을 할 수 있다.

이번 프로젝트에서 다루는 내용은 다음과 같다.

- GPU 활용을 위한 GLSL 사용법
- 버텍스 셰이더와 프래그먼트 셰이더 작성법
- 3D 볼륨 데이터를 나타내는 방법과 볼륨 레이 캐스팅 알고리즘을 사용하는 방법
- numpy 배열을 사용해 3D 변환 행렬을 구현하는 방법

동작 원리

3D 데이터를 렌더링하는 방법은 다양하다. 이번 프로젝트에서 사용하는 볼륨 레이 캐스팅은 이미지 기반의 렌더링 기법으로서, 2D 슬라이스로부터 최종 이미지를 픽셀 단위로 생성한다. 이 기법과 달리 전형적인 3D 렌더링 방식은 객체 기반의 기법이 많다. 객체 기반의 렌더링은 먼저 3차원 객체를 표현한 다음, 변환 행렬을 적용해 투영된 2차원 이미지에 픽셀을 생성한다.

이번 프로젝트에 사용되는 볼륨 레이 캐스팅에서는 출력 이미지 내의 모든 픽셀에 대해 하나의 광선ray이 3D 볼륨 데이터로 투사되는데, 이 3D 데이터는 일반적으로 입방체로 표현된다. 광선이 볼륨을 통과하면서 데이터가 일정 간격으로 샘플링되고, 이렇게 얻어진 샘플 데이터는 결합 혹은 다른 말로 합성composite되어 최종 이미지의 색상이나 강도 값이 계산된다(이 과정은 마치 투명한 시트들을 쌓아놓은 다음, 밝은 빛을 쏘아서 모든 시트의 혼합물을 보는 것과 비슷하다고 말할 수 있다).

전형적인 볼륨 레이 캐스팅의 구현에서는 최종 이미지의 모습을 개선하기 위해 기울기를 적용하거나 3차원 특징을 분리하기 위한 필터링 및 속도 향상을 위한 공간 최적화 기법들이 사용되지만, 이번 장에서는 기본적인 레이 캐스팅 알고리즘만을 구현하고 엑스레이x-ray 캐스팅으로 최종 이미지를 합성할 것이다(이 책의 구현은 대체로 2003년 크루거Kruger와 웨스터만Westermann이 발표한 세미나 논문[1]을 바탕으로 한다).

데이터 포맷

이번 프로젝트에서는 스탠퍼드 볼륨 데이터 아카이브Stanford Volume Data Archive[2]에서 제공되는 3D 스캔 의료 데이터를 사용한다. 이 아카이브는 TIFF 포맷의 우수한 3D 의료 데이터(CT와 MRI 모두)를 제공하는데, 2D 단면마다 TIFF 이미지가 존재한다. 이 이미지들이 들어 있는 폴더를 OpenGL 3D 텍스처로 읽어들일 것이다. 이것은 그림 11-1과 같이 2D 이미지들을 쌓아서 입방체를 형성하는 것과 같다.

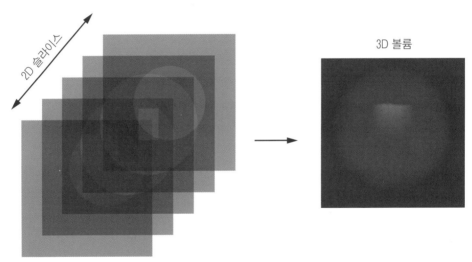

▲ **그림 11-1** 2D 슬라이스로 3D 볼륨 데이터 구축하기

1   J. 크루거와 R. 웨스터만, 'GPU 기반 볼륨 렌더링을 위한 가속 기법들', IEEE Visualization, 2003.

2   http://graphics.stanford.edu/data/voldata/

9장에서 OpenGL에서의 2D 텍스처는 2D 좌표 (s, t)로 지정할 수 있다고 언급한 바 있다. 마찬가지로 3D 텍스처는 (s, t, p)의 3D 좌표 형태로 지정할 수 있다. 볼륨 데이터를 3D 텍스처로서 저장하면, 데이터 접근 속도가 빨라지고 레이 캐스팅 과정에서 요구되는 보간 값을 얻을 수 있다는 장점이 있다.

광선 생성하기

이번 프로젝트의 목적은 그림 11-2와 같이 3D 볼륨 데이터의 원근 투영을 생성하는 것이다.

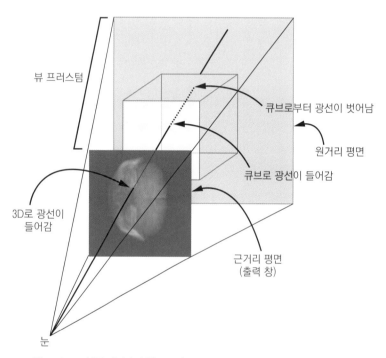

▲ **그림 11-2** 3D 볼륨 데이터의 원근 투영

그림 11-2는 9장에서 설명한 OpenGL 뷰 프러스텀을 보여준다. 특히, 눈에서 나간 광선이 근거리 평면에서 이 프러스텀에 들어가고, (볼륨 데이터를 포함하는) 큐브 볼륨을 통과해, 원거리 평면에서 후면으로 나가는 모습을 구체적으로 보여주고 있다.

레이 캐스팅을 구현하려면 볼륨으로 들어가는 광선을 생성해야 한다. 이를 위해 그림 11-2의 출력 창 내 모든 픽셀에 대해, 볼륨으로 들어가는 벡터 R을 생성하자. 이 볼륨은 좌표 (0, 0, 0)과 (1, 1, 1)의 내부로 정의되는 단위 큐브(앞으로 이 큐브를 컬러 큐브 color cube라고 부를 것이다)이며, 이 큐브의 모든 점은 3D 좌표와 동일한 RGB 값으로 색상이 설정될 것이다. 예를 들어 원점은 (0, 0, 0)이므로 검정색, 점 (1, 0, 0)은 빨간색, 원점의 대각선 반대편에 있는 점 (1, 1, 1)은 흰색으로 지정된다. 그림 11-3은 이 큐브를 보여준다.

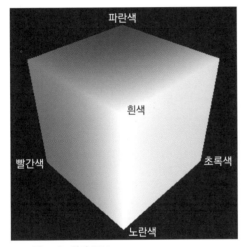

▲ **그림 11-3** 컬러 큐브

> **참고** ▶ OpenGL에서 색상은 3개의 부호 없는 8비트 값 (r, g, b)로 표현될 수 있으며, 이때 r, g, b는 [0, 255] 범위 내의 값이다. 또한 32비트 부동소수점 값 (r, g, b)로 표현될 수도 있는데, 이때 r, g, b는 [0.0, 1.0] 범위 내의 값이어야 한다. 이 2개의 표현은 동일한 값을 나타낼 수 있다. 예를 들어, 빨간색 (255, 0, 0)은 (1.0, 0.0, 0.0)과 같은 것이다.

큐브를 그리기 위해서는 먼저 OpenGL의 `GL_TRIANGLES` 프리미티브를 사용해 6개의 면을 그린다. 그런 다음 버텍스의 색을 지정하고, 버텍스 사이의 색은 OpenGL이 제공하는 보간 기법을 사용한다. 그림 11-4(a)는 큐브의 전면 3개를 보여주며, 그림 11-4(b)는 전면 3개를 컬링(제거)함으로써 후면 3개를 보여준다.

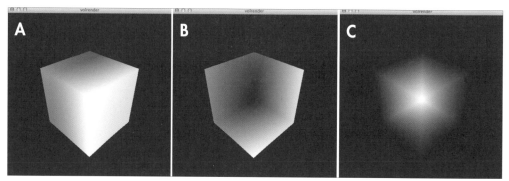

▲ **그림 11-4** 광선을 계산하기 위해 사용되는 컬러 큐브

만약 $(r, g, b)_{back}$에서 $(r, g, b)_{front}$를 빼는 방법으로 그림 11-4(b)의 색상에서 그림 11-4(a)의 색상을 뺀다면, 이 값은 큐브의 전면에서 후면으로 향하는 벡터를 계산한 것과 같다. 왜냐하면 이 큐브상의 모든 색상 (r, g, b)는 3D 좌표와 동일하기 때문이다. 그림 11-4(c)는 그 결과를 보여준다(이 예시에서 음수는 양수로 부호가 바뀌었는데, 음수는 직접적으로 색상으로서 표시될 수 없기 때문이다). 그림 11-4(c)의 (r, g, b) 색상 값을 읽으면 그 점에서 볼륨 내부로 들어가는 광선의 (rx, ry, rz) 좌표를 얻을 수 있다.

이렇게 계산된 광선은 나중에 OpenGL의 FBO_{frame buffer object}(프레임 버퍼 객체)에서 사용하기 위해 이미지 혹은 2D 텍스처로 렌더링된다. 그리고 이렇게 텍스처가 생성되면, 레이 캐스팅 알고리즘 구현에 사용될 셰이더에서 이 텍스처에 접근할 수 있다.

GPU에서의 레이 캐스팅

레이 캐스팅 알고리즘을 구현하기 위해서는 우선 컬러 큐브의 후면들을 FBO에 그려넣은 다음, 화면에 전면들을 그린다. 대부분의 레이 캐스팅 알고리즘은 화면에 전면을 그리는 두 번째 렌더링 시에 프래그먼트 셰이더 내부에서 적용되며, 출력 결과의 모든 픽셀에 대해 실행된다. 광선은 컬러 큐브의 후면 색상에서 입력 픽셀의 전면 색상을 빼는 방법으로 계산되며, 셰이더 내부에서 접근 가능한 3D 볼륨 텍스처 데이터를 사용해 최종 픽셀의 값을 계산할 때 사용된다.

2D 슬라이스 표시하기

이번 장의 프로그램은 3D만 그리는 것이 아니라, 3D 데이터로부터 x축, y축, z축에 수직인 2차원 단면을 추출하고 쿼드상에 텍스처로서 적용하는 방법으로 2D 슬라이스들을 화면에 보여줄 것이다. 볼륨이 하나의 3D 텍스처로서 저장되기 때문에, 텍스처 좌표 (s, t, p)를 지정해서 쉽게 필요한 데이터를 얻을 수 있다. OpenGL의 내장 텍스처 보간 기능 덕분에 3D 텍스처 내부 어디서나 텍스처 값을 얻을 수 있다.

OpenGL 창 표시하기

이전 장의 OpenGL 프로젝트에서 그랬듯이 이번 장에서도 GLFW 라이브러리를 사용해 OpenGL 창을 표시할 것이다. 또한 그리기와 창 크기 변경 및 키보드 이벤트 처리용 핸들러들도 사용된다. 키보드 이벤트는 볼륨 렌더링과 슬라이스 렌더링 간의 전환, 3D 데이터 회전 및 슬라이스 생성 기능을 활성화하기 위해 사용된다.

요구사항

렌더링을 위해 널리 쓰이는 파이썬용 OpenGL 바인딩 PyOpenGL을 사용하고, 3D 좌표와 변환 행렬을 나타내기 위해 numpy 배열을 사용한다.

프로젝트 코드의 개요

우선, 파일에서 읽어온 볼륨 데이터로부터 3D 텍스처를 생성하는 것부터 시작한다. 다음으로 눈에서 볼륨으로 향하는 광선을 생성하기 위한 컬러 큐브 기법을 구현하는데, 이것은 볼륨 레이 캐스팅 알고리즘을 구현할 때 매우 중요한 개념이다. 큐브의 지오메트리를 정의하는 방법 및 이 큐브의 전면과 후면을 그리는 방법도 알아본다. 그런 다음, 볼륨 레이 캐스팅 알고리즘과 관련된 버텍스 셰이더 및 프래그먼트 셰이더를 살펴볼 것이다. 그리고 마지막으로 볼륨 데이터로부터 2D 슬라이스를 얻는 방법을 구현해본다.

이번 프로젝트는 7개의 파이썬 파일을 사용한다.

- glutils.py: OpenGL 셰이더, 변환 등을 위한 유틸리티 메소드들을 포함한다.
- makedata.py: 테스트용으로 볼륨 데이터를 생성하는 유틸리티 메소드들을 포함한다.
- raycast.py: 레이 캐스팅을 위한 RayCastRender 클래스를 구현한다.
- raycube.py: RayCastRender 클래스 내에서 사용되는 RayCube 클래스를 구현한다.
- slicerender.py: 볼륨 데이터로부터 2D 슬라이스를 얻기 위한 SliceRender 클래스를 구현한다.
- volreader.py: 볼륨 데이터를 OpenGL 3D 텍스처로 읽어오는 유틸리티 메소드를 포함한다.
- volrender.py: GLFW 창과 렌더러를 생성하는 메인 메소드들을 포함한다.

이번 장에서는 위 파일들 중에서 2개를 제외한 나머지 전부를 다룰 것이다. makedata.py 파일은 이번 장에서 사용되는 다른 파일들과 같은 위치 https://github.com/electronut/pp/tree/master/volrender/에서 얻을 수 있고, glutils.py 파일은 https://github.com/electronut/pp/tree/master/common/에서 얻을 수 있다.

3D 텍스처 생성하기

첫 번째 단계는 이미지들이 들어 있는 폴더로부터 볼륨 데이터를 읽어들이는 것이다. volreader.py 코드 전체를 보려면 273페이지의 '3D 텍스처의 전체 코드' 절을 확인하라.

```
     def loadVolume(dirName):
         """3D 텍스처를 생성하기 위해 디렉토리에서 볼륨 데이터를 읽는다"""
         # 디렉토리 내의 이미지들을 열거한다
❶       files = sorted(os.listdir(dirName))
         print('loading images from: %s' % dirName)
         imgDataList = []
         count = 0
         width, height = 0, 0
         for file in files:
❷           file_path = os.path.abspath(os.path.join(dirName, file))
             try:
                 # 이미지를 읽는다
❸               img = Image.open(file_path)
                 imgData = np.array(img.getdata(), np.uint8)

                 # 이미지의 크기가 모두 같은지 검사한다
❹               if count is 0:
                     width, height = img.size[0], img.size[1]
                     imgDataList.append(imgData)
                 else:
❺                   if (width, height) == (img.size[0], img.size[1]):
                         imgDataList.append(imgData)
                     else:
                         print('mismatch')
                         raise RunTimeError("image size mismatch")
                 count += 1
                 #print img.size
             except:
                 # 건너뛴다
                 print('Invalid image: %s' % file_path)

         # 이미지 데이터를 배열로 불러온다
         depth = count
❻       data = np.concatenate(imgDataList)
         print('volume data dims: %d %d %d' % (width, height, depth))

         # 데이터를 3D 텍스처로 불러온다
❼       texture = glGenTextures(1)
```

```
        glPixelStorei(GL_UNPACK_ALIGNMENT, 1)
        glBindTexture(GL_TEXTURE_3D, texture)
        glTexParameterf(GL_TEXTURE_3D, GL_TEXTURE_WRAP_S, GL_CLAMP_TO_EDGE)
        glTexParameterf(GL_TEXTURE_3D, GL_TEXTURE_WRAP_T, GL_CLAMP_TO_EDGE)
        glTexParameterf(GL_TEXTURE_3D, GL_TEXTURE_WRAP_R, GL_CLAMP_TO_EDGE)
        glTexParameterf(GL_TEXTURE_3D, GL_TEXTURE_MAG_FILTER, GL_LINEAR)
        glTexParameterf(GL_TEXTURE_3D, GL_TEXTURE_MIN_FILTER, GL_LINEAR)
❽      glTexImage3D(GL_TEXTURE_3D, 0, GL_RED,
                    width, height, depth, 0,
                    GL_RED, GL_UNSIGNED_BYTE, data)
        # 텍스처를 반환한다
❾        return (texture, width, height, depth)
```

loadVolume() 메소드는 우선 os 모듈의 listdir() 메소드를 사용해 특정 디렉토리 내에 들어 있는 파일들을 나열한다❶. 그런 다음 이미지 파일들을 불러온다. ❷에서 os.path.abspath()와 os.path.join() 메소드를 사용해 디렉토리 이름 뒤에 파일명을 연결하는데, 이렇게 하면 상대 경로와 OS~operating system~ 고유의 경로 규칙을 고려할 필요가 없다(이런 식으로 파일과 디렉토리 정보를 가져오는 파이썬 코딩 기법은 자주 쓰인다).

❸에서는 PIL의 Image 클래스를 사용해 이미지를 8비트 numpy 배열로 불러온다. 지정된 파일이 이미지가 아니거나 이미지 불러오기에 실패할 경우, 예외가 던져지고 이를 포착해 오류가 발생했다는 메시지를 출력한다.

지금 이미지 슬라이스들을 하나의 3D 텍스처로 불러오고 있기 때문에, 이 슬라이스들은 모두 동일한 크기(폭 × 높이)여야 하며 ❹와 ❺에서 이를 확인하기 위한 검사를 수행한다. 첫 번째 이미지의 크기를 저장한 다음에, 이후의 이미지들의 크기와 비교하는 방법을 사용하고 있다. 이미지들이 전부 배열로 불러오고 나면, ❻에서 numpy의 concatenate() 메소드를 사용해 이 배열들을 결합함으로써 3D 데이터를 포함하는 최종 배열이 생성된다.

❼과 그 아래 줄에서는 OpenGL 텍스처를 생성하고 필터링 및 압축해제를 위한 매개변수 설정을 한다. 그다음에 ❽에서 앞서 생성된 3D 데이터 배열을 OpenGL 텍스처로 불러온다. 여기서 사용되는 포맷은 GL_RED이고, 데이터 포맷은 GL_UNSIGNED_BYTE인데, 데이터 내의 각 픽셀에 대해 오직 하나의 8비트 값을 가질 수 있기 때문이다.

마지막으로, ❾에서 OpenGL 텍스처의 ID와 3D 텍스처의 크기를 반환한다.

3D 텍스처의 전체 코드

아래에서 전체 코드를 확인할 수 있다. 또한 https://github.com/electronut/pp/tree/master/volrender/에서 volreader.py를 다운로드해서 확인할 수도 있다.

```python
import os
import numpy as np
from PIL import Image

import OpenGL
from OpenGL.GL import *

from scipy import misc

def loadVolume(dirName):
    """3D 텍스처를 생성하기 위해 디렉토리에서 볼륨 데이터를 읽는다"""
    # 디렉토리 내의 이미지들을 열거한다
    files = sorted(os.listdir(dirName))
    print('loading mages from: %s' % dirName)
    imgDataList = []
    count = 0
    width, height = 0, 0
    for file in files:
        file_path = os.path.abspath(os.path.join(dirName, file))
        try:
            # 이미지를 읽는다
            img = Image.open(file_path)
            imgData = np.array(img.getdata(), np.uint8)

            # 모두 크기가 같은지 검사한다
            if count is 0:
                width, height = img.size[0], img.size[1]
                imgDataList.append(imgData)
            else:
                if (width, height) == (img.size[0], img.size[1]):
                    imgDataList.append(imgData)
                else:
                    print('mismatch')
                    raise RunTimeError("image size mismatch")
            count += 1
            #print img.size
```

```
        except:
            # 건너뛴다
            print('Invalid image: %s' % file_path)

    # 이미지 데이터를 배열로 불러온다
    depth = count
    data = np.concatenate(imgDataList)
    print('volume data dims: %d %d %d' % (width, height, depth))

    # 데이터를 3D 텍스처로 불러온다
    texture = glGenTextures(1)
    glPixelStorei(GL_UNPACK_ALIGNMENT,1)
    glBindTexture(GL_TEXTURE_3D, texture)
    glTexParameterf(GL_TEXTURE_3D, GL_TEXTURE_WRAP_S, GL_CLAMP_TO_EDGE)
    glTexParameterf(GL_TEXTURE_3D, GL_TEXTURE_WRAP_T, GL_CLAMP_TO_EDGE)
    glTexParameterf(GL_TEXTURE_3D, GL_TEXTURE_WRAP_R, GL_CLAMP_TO_EDGE)
    glTexParameterf(GL_TEXTURE_3D, GL_TEXTURE_MAG_FILTER, GL_LINEAR)
    glTexParameterf(GL_TEXTURE_3D, GL_TEXTURE_MIN_FILTER, GL_LINEAR)
    glTexImage3D(GL_TEXTURE_3D, 0, GL_RED,
                 width, height, depth, 0,
                 GL_RED, GL_UNSIGNED_BYTE, data)
    # 텍스처를 반환한다
    return (texture, width, height, depth)


# 텍스처를 불러온다
def loadTexture(filename):
    img = Image.open(filename)
    img_data = np.array(list(img.getdata()), 'B')
    texture = glGenTextures(1)
    glPixelStorei(GL_UNPACK_ALIGNMENT,1)
    glBindTexture(GL_TEXTURE_2D, texture)
    glTexParameterf(GL_TEXTURE_2D, GL_TEXTURE_WRAP_S, GL_CLAMP_TO_EDGE)
    glTexParameterf(GL_TEXTURE_2D, GL_TEXTURE_WRAP_T, GL_CLAMP_TO_EDGE)
    glTexParameterf(GL_TEXTURE_2D, GL_TEXTURE_MAG_FILTER, GL_LINEAR)
    glTexParameterf(GL_TEXTURE_2D, GL_TEXTURE_MIN_FILTER, GL_LINEAR)
    glTexImage2D(GL_TEXTURE_2D, 0, GL_RGBA, img.size[0], img.size[1],
                 0, GL_RGBA, GL_UNSIGNED_BYTE, img_data)
    return texture
```

광선 생성

광선을 생성하는 코드는 RayCube라는 클래스에 캡슐화되어 있다. 이 클래스는 컬러 큐브를 그리는 일을 담당하고, 큐브의 후면은 FBO 혹은 텍스처에, 큐브의 전면은 화면에 그리는 메소드들을 갖고 있다. raycube.py의 전체 코드는 282페이지의 '광선 생성의 전체 코드' 절에서 확인할 수 있다.

우선, 이 클래스가 사용하는 셰이더를 정의한다.

❶
```
strVS = """
#버전 330 코어

layout(location = 1) in vec3 cubePos;
layout(location = 2) in vec3 cubeCol;

uniform mat4 uMVMatrix;
uniform mat4 uPMatrix;
out vec4 vColor;

void main()
{
    // 후면 색상을 설정한다
    vColor = vec4(cubeCol.rgb, 1.0);

    // 변환된 위치
    vec4 newPos = vec4(cubePos.xyz, 1.0);

    // 위치를 설정한다
    gl_Position = uPMatrix * uMVMatrix * newPos;

}
"""
```
❷
```
strFS = """
#버전 330 코어

in vec4 vColor;
out vec4 fragColor;

void main()
{
    fragColor = vColor;
}
"""
```

❶에서 RayCube 클래스가 사용하는 버텍스 셰이더를 정의한다. 이 셰이더는 2개의 입력 속성 cubePos와 cubeCol을 갖는데, 각각 버텍스의 위치와 색상 값을 의미한다. 모델뷰 및 투영 행렬은 각각 uniform 변수 uMVMatrix와 pMatrix에 의해 전달된다. vColor 변수는 보간을 위해 프래그먼트 셰이더에 전달돼야 하므로 출력 변수로 선언된다. ❷에서 프래그먼트 셰이더는 프래그먼트의 색상을 버텍스 셰이더에서 설정된 vColor의 (보간된) 값으로 설정한다.

컬러 큐브의 지오메트리 정의하기

이제, RayCube 클래스에 정의되는 컬러 큐브의 지오메트리를 살펴보자.

```
        # 큐브의 버텍스
❶       vertices = numpy.array([
            0.0, 0.0, 0.0,
            1.0, 0.0, 0.0,
            1.0, 1.0, 0.0,
            0.0, 1.0, 0.0,
            0.0, 0.0, 1.0,
            1.0, 0.0, 1.0,
            1.0, 1.0, 1.0,
            0.0, 1.0, 1.0
            ], numpy.float32)

        # 큐브의 색상
❷       colors = numpy.array([
            0.0, 0.0, 0.0,
            1.0, 0.0, 0.0,
            1.0, 1.0, 0.0,
            0.0, 1.0, 0.0,
            0.0, 0.0, 1.0,
            1.0, 0.0, 1.0,
            1.0, 1.0, 1.0,
            0.0, 1.0, 1.0
            ], numpy.float32)

        # 각 삼각형들
❸       indices = numpy.array([
            4, 5, 7,
            7, 5, 6,
```

```
                5, 1, 6,
                6, 1, 2,
                1, 0, 2,
                2, 0, 3,
                0, 4, 3,
                3, 4, 7,
                6, 2, 7,
                7, 2, 3,
                4, 0, 5,
                5, 0, 1
            ], numpy.int16)
```

셰이더들이 컴파일되고, 프로그램 객체가 RayCube 생성자에서 생성된다. 큐브의 지오메트리는 ❶에서 정의되고 색상은 ❷에서 정의된다.

컬러 큐브는 6개의 면을 가지며, 각 면은 2개의 삼각형으로 그려질 수 있으므로 총 6×6 = 36개의 버텍스로 표현될 수 있다. 하지만 36개의 버텍스를 모두 지정하는 것보다는 큐브의 버텍스 8개를 지정한 뒤에 indices 배열을 사용해 삼각형을 정의하는 것이 간편하다❸. 그림 11-5는 이 방법을 그림으로 보여준다.

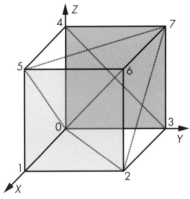

▲ **그림 11-5** 인덱스를 지정하는 방법으로 하나의 큐브를 삼각형들의 집합으로 표현할 수 있다. 이때 큐브의 각 면은 2개의 삼각형으로 구성된다.

다음으로, 버텍스 정보를 버퍼에 집어넣는다.

```
# VAO를 설정한다
self.vao = glGenVertexArrays(1)
glBindVertexArray(self.vao)
```

```
# 버텍스 버퍼
self.vertexBuffer = glGenBuffers(1)
glBindBuffer(GL_ARRAY_BUFFER, self.vertexBuffer)
glBufferData(GL_ARRAY_BUFFER, 4*len(vertices), vertices, GL_STATIC_DRAW)

# 버텍스 버퍼 - 큐브 버텍스의 색상
self.colorBuffer = glGenBuffers(1)
glBindBuffer(GL_ARRAY_BUFFER, self.colorBuffer)
glBufferData(GL_ARRAY_BUFFER, 4*len(colors), colors, GL_STATIC_DRAW);

# 인덱스 버퍼
self.indexBuffer = glGenBuffers(1)
glBindBuffer(GL_ELEMENT_ARRAY_BUFFER, self.indexBuffer);
glBufferData(GL_ELEMENT_ARRAY_BUFFER, 2*len(indices), indices,
            GL_STATIC_DRAW)
```

❶

VAO를 생성 및 바인딩하고, VAO가 관리하는 버퍼를 정의하는 일은 이미 익숙할 것이다. 다만 이번 장에서 다른 점은 indices 배열에 GL_ELEMENT_ARRAY_BUFFER가 지정되는 것이다. 이것은 버퍼 내의 요소들이 색상 및 버텍스 버퍼 내의 데이터를 인덱싱하고 접근하기 위해 사용될 것임을 의미한다.

프레임 버퍼 객체 생성하기

이제, FBO(프레임 버퍼 객체)를 생성하는 메소드로 이동하자.

```
def initFBO(self):
    # 프레임 버퍼 객체를 생성한다
    self.fboHandle = glGenFramebuffers(1)
    # 텍스처를 생성한다
    self.texHandle = glGenTextures(1)
    # 깊이 버퍼를 생성한다
    self.depthHandle = glGenRenderbuffers(1)

    # 바인딩한다
    glBindFramebuffer(GL_FRAMEBUFFER, self.fboHandle)

    glActiveTexture(GL_TEXTURE0)
    glBindTexture(GL_TEXTURE_2D, self.texHandle)
```

```
# 원본보다 크기가 작거나 큰 이미지를
# 처리하기 위한 매개변수들을 설정한다
glTexParameteri(GL_TEXTURE_2D,GL_TEXTURE_MIN_FILTER,GL_LINEAR)
glTexParameteri(GL_TEXTURE_2D,GL_TEXTURE_MAG_FILTER,GL_LINEAR)
glTexParameteri(GL_TEXTURE_2D, GL_TEXTURE_WRAP_S, GL_CLAMP_TO_EDGE)
glTexParameteri(GL_TEXTURE_2D, GL_TEXTURE_WRAP_T, GL_CLAMP_TO_EDGE)

# 텍스처를 설정한다
glTexImage2D(GL_TEXTURE_2D, 0, GL_RGBA, self.width, self.height,
             0, GL_RGBA, GL_UNSIGNED_BYTE, None)

# 텍스처를 FBO로 바인딩한다
glFramebufferTexture2D(GL_FRAMEBUFFER, GL_COLOR_ATTACHMENT0,
                       GL_TEXTURE_2D, self.texHandle, 0)

# 바인딩한다
glBindRenderbuffer(GL_RENDERBUFFER, self.depthHandle)
glRenderbufferStorage(GL_RENDERBUFFER, GL_DEPTH_COMPONENT24,
                      self.width, self.height)

# 깊이 버퍼를 FBO로 바인딩한다
glFramebufferRenderbuffer(GL_FRAMEBUFFER, GL_DEPTH_ATTACHMENT,
                          GL_RENDERBUFFER, self.depthHandle)

# 상태 점검
status = glCheckFramebufferStatus(GL_FRAMEBUFFER)
if status == GL_FRAMEBUFFER_COMPLETE:
    pass
    #print "fbo %d complete" % self.fboHandle
elif status == GL_FRAMEBUFFER_UNSUPPORTED:
    print("fbo %d unsupported" % self.fboHandle)
else:
    print("fbo %d Error" % self.fboHandle)
```

❶ ❷ ❸ ❹

우선 프레임 버퍼 객체, 2D 텍스처, 렌더링 버퍼 객체를 생성한다. 그다음에 ❶에서 텍스처의 매개변수들을 설정한다. 텍스처는 ❷에서 프레임 버퍼에 바인딩되고, ❸과 그 아래에서는 렌더링 버퍼가 24비트 깊이 버퍼를 설정하고, 프레임 버퍼에 첨부된다. ❹에서는 프레임 버퍼의 상태를 확인하고 문제가 있으면 상태 메시지를 출력한다. 이 제 프레임 버퍼와 렌더링 버퍼가 정확히 바인딩되고 나면, 모든 렌더링은 텍스처에 그 려질 것이다.

큐브의 후면 렌더링하기

다음 코드는 컬러 큐브의 후면을 렌더링한다.

```
      def renderBackFace(self, pMatrix, mvMatrix):
          """큐브의 후면을 렌더링한 뒤, 반환한다"""
          # FBO에 렌더링한다
❶        glBindFramebuffer(GL_FRAMEBUFFER, self.fboHandle)
          # 활성 텍스처를 설정한다
          glActiveTexture(GL_TEXTURE0)
          # FBO 텍스처에 바인딩한다
          glBindTexture(GL_TEXTURE_2D, self.texHandle)

          # 전면 컬링으로 큐브를 렌더링한다
❷        self.renderCube(pMatrix, mvMatrix, self.program, True)

          # 텍스처 바인딩을 해제한다
❸        glBindTexture(GL_TEXTURE_2D, 0)
          glBindFramebuffer(GL_FRAMEBUFFER, 0)
          glBindRenderbuffer(GL_RENDERBUFFER, 0)

          # 텍스처 ID를 반환한다
❹        return self.texHandle
```

❶에서 FBO를 바인딩하고, 활성 텍스처 유닛을 설정하며, FBO로 렌더링할 수 있게 텍스처 핸들로 바인딩한다. ❷에서는 RayCube의 renderCube() 메소드를 호출하는데, 동일한 코드로 큐브의 전면과 후면 중 하나를 선택해서 그릴 수 있도록 컬링 플래그 변수가 인수로 전달된다. 여기서는 후면들이 보이도록 True로 설정되어 있다.

❸에서는 다른 렌더링 코드가 영향을 받지 않도록 FBO로부터의 바인딩 해제를 수행한다. ❹에서 FBO 텍스처 ID가 반환되며, 반환된 값은 알고리즘의 다음 단계에서 사용될 것이다.

큐브의 전면 렌더링하기

다음 코드는 레이 캐스팅 알고리즘의 두 번째 렌더링 패스가 실행되는 동안에 컬러 큐브의 전면을 그린다. 앞서 설명했던 renderCube() 메소드가 이번에도 호출되지만, 컬링 플래그는 아까와 달리 False로 설정된다.

```python
def renderFrontFace(self, pMatrix, mvMatrix, program):
    """큐브의 전면을 렌더링한다"""
    # 컬링 플래그는 False
    self.renderCube(pMatrix, mvMatrix, program, False)
```

큐브 전체를 렌더링하기

이제, 컬러 큐브를 그리는 renderCube() 메소드를 살펴보자.

```python
def renderCube(self, pMatrix, mvMatrix, program, cullFace):
    """플래그가 설정된 경우 컬링 기능을 사용한다"""

    glClear(GL_COLOR_BUFFER_BIT | GL_DEPTH_BUFFER_BIT)

    # 셰이더 프로그램을 설정한다
    glUseProgram(program)

    # 투영 행렬을 설정한다
    glUniformMatrix4fv(glGetUniformLocation(program, b'uPMatrix'),
                       1, GL_FALSE, pMatrix)

    # 모델뷰 행렬을 설정한다
    glUniformMatrix4fv(glGetUniformLocation(program, b'uMVMatrix'),
                       1, GL_FALSE, mvMatrix)

    # 컬링을 활성화한다
    glDisable(GL_CULL_FACE)
❶  if cullFace:
        glFrontFace(GL_CCW)
        glCullFace(GL_FRONT)
        glEnable(GL_CULL_FACE)

    # VAO에 바인딩한다
    glBindVertexArray(self.vao)

    # 애니메이션화된 슬라이스
❷  glDrawElements(GL_TRIANGLES, self.nIndices,
                   GL_UNSIGNED_SHORT, None)

    # VAO 바인딩을 해제한다
    glBindVertexArray(0)
```

```
        # 컬링 면을 재설정한다
        if cullFace:
            # 컬링을 비활성화한다
            glDisable(GL_CULL_FACE)
```

위 코드에서는 기존의 색상 및 깊이 버퍼 값을 지운 다음, 셰이더 프로그램을 선택하고 변환 행렬을 설정한다. ❶에서 큐브의 전면을 그릴지 후면을 그릴지 결정하는 플래그를 설정한다. 그리고 ❷에서는 glDrawElements()를 사용하는데, 버텍스 배열이 아니라 인덱스 배열을 사용해 큐브를 렌더링하고 있기 때문이다.

크기 변경 핸들러

FBO는 특정한 창 크기에 대해 생성되기 때문에, 창의 크기가 변경되면 FBO를 다시 생성해야 한다. 이를 위해서 RayCube 클래스에 대해 다음과 같이 크기 변경 핸들러를 작성한다.

```
❶  def reshape(self, width, height):
        self.width = width
        self.height = height
        self.aspect = width/float(height)
        # FBO를 재생성한다
        self.clearFBO()
        self.initFBO()
```

OpenGL 창의 크기가 변경될 때 reshape() 함수가 호출된다❶.

광선 생성의 전체 코드

아래에서 raycube.py 파일의 전체 코드를 볼 수 있다. raycube.py는 https://github.com/electronut/pp/tree/master/volrender/에서도 찾을 수 있다.

```
import OpenGL
from OpenGL.GL import *
from OpenGL.GL.shaders import *
```

```
import numpy, math, sys
import volreader, glutils

strVS = """
#버전 330 코어

layout(location = 1) in vec3 cubePos;
layout(location = 2) in vec3 cubeCol;

uniform mat4 uMVMatrix;
uniform mat4 uPMatrix;
out vec4 vColor;

void main()
{
    // 후면 색상을 설정한다
    vColor = vec4(cubeCol.rgb, 1.0);

    // 변환된 위치
    vec4 newPos = vec4(cubePos.xyz, 1.0);

    // 위치를 설정한다
    gl_Position = uPMatrix * uMVMatrix * newPos;

}
"""
strFS = """
#버전 330 코어

in vec4 vColor;
out vec4 fragColor;

void main()
{
    fragColor = vColor;
}
"""

class RayCube:
    """레이 캐스팅에서 사용되는 광선을 생성하는 클래스"""

    def __init__(self, width, height):
        """RayCube 생성자"""
```

```python
# 크기 설정
self.width, self.height = width, height

# 세이더를 생성한다
self.program = glutils.loadShaders(strVS, strFS)

# 큐브의 버텍스
vertices = numpy.array([
        0.0, 0.0, 0.0,
        1.0, 0.0, 0.0,
        1.0, 1.0, 0.0,
        0.0, 1.0, 0.0,
        0.0, 0.0, 1.0,
        1.0, 0.0, 1.0,
        1.0, 1.0, 1.0,
        0.0, 1.0, 1.0
        ], numpy.float32)

# 큐브의 색상
colors = numpy.array([
        0.0, 0.0, 0.0,
        1.0, 0.0, 0.0,
        1.0, 1.0, 0.0,
        0.0, 1.0, 0.0,
        0.0, 0.0, 1.0,
        1.0, 0.0, 1.0,
        1.0, 1.0, 1.0,
        0.0, 1.0, 1.0
        ], numpy.float32)

# 각 삼각형들
indices = numpy.array([
        4, 5, 7,
        7, 5, 6,
        5, 1, 6,
        6, 1, 2,
        1, 0, 2,
        2, 0, 3,
        0, 4, 3,
        3, 4, 7,
        6, 2, 7,
        7, 2, 3,
        4, 0, 5,
        5, 0, 1
```

```
        ], numpy.int16)

self.nIndices = indices.size

# VAO를 설정한다
self.vao = glGenVertexArrays(1)
glBindVertexArray(self.vao)

# 버텍스 버퍼
self.vertexBuffer = glGenBuffers(1)
glBindBuffer(GL_ARRAY_BUFFER, self.vertexBuffer)
glBufferData(GL_ARRAY_BUFFER, 4*len(vertices), vertices, GL_STATIC_DRAW)

# 버텍스 버퍼 - 큐브 버텍스의 색상
self.colorBuffer = glGenBuffers(1)
glBindBuffer(GL_ARRAY_BUFFER, self.colorBuffer)
glBufferData(GL_ARRAY_BUFFER, 4*len(colors), colors, GL_STATIC_DRAW);

# 인덱스 버퍼
self.indexBuffer = glGenBuffers(1)
glBindBuffer(GL_ELEMENT_ARRAY_BUFFER, self.indexBuffer);
glBufferData(GL_ELEMENT_ARRAY_BUFFER, 2*len(indices), indices,
             GL_STATIC_DRAW)

# 셰이더 내의 레이아웃 인덱스를 사용해 속성들을 활성화한다
aPosLoc = 1
aColorLoc = 2

# 버퍼를 바인딩한다
glEnableVertexAttribArray(1)
glEnableVertexAttribArray(2)

# 버텍스
glBindBuffer(GL_ARRAY_BUFFER, self.vertexBuffer)
glVertexAttribPointer(aPosLoc, 3, GL_FLOAT, GL_FALSE, 0, None)

# 색상
glBindBuffer(GL_ARRAY_BUFFER, self.colorBuffer)
glVertexAttribPointer(aColorLoc, 3, GL_FLOAT, GL_FALSE, 0, None)
# 인덱스
glBindBuffer(GL_ELEMENT_ARRAY_BUFFER, self.indexBuffer)

# VAO 바인딩을 해제한다
glBindVertexArray(0)
```

```python
        # FBO
        self.initFBO()

    def renderBackFace(self, pMatrix, mvMatrix):
        """큐브의 후면을 렌더링한 뒤, 반환한다"""
        # FBO에 렌더링한다
        glBindFramebuffer(GL_FRAMEBUFFER, self.fboHandle)
        # 활성 텍스처를 설정한다
        glActiveTexture(GL_TEXTURE0)
        # FBO 텍스처에 바인딩한다
        glBindTexture(GL_TEXTURE_2D, self.texHandle)

        # 전면 컬링으로 큐브를 렌더링한다
        self.renderCube(pMatrix, mvMatrix, self.program, True)

        # 텍스처 바인딩을 해제한다
        glBindTexture(GL_TEXTURE_2D, 0)
        glBindFramebuffer(GL_FRAMEBUFFER, 0)
        glBindRenderbuffer(GL_RENDERBUFFER, 0)

        # 텍스처 ID를 반환한다
        return self.texHandle

    def renderFrontFace(self, pMatrix, mvMatrix, program):
        """큐브의 전면을 렌더링한다"""
        # 컬링 플래그는 False
        self.renderCube(pMatrix, mvMatrix, program, False)

    def renderCube(self, pMatrix, mvMatrix, program, cullFace):
        """플래그가 설정된 경우 컬링 기능을 사용한다"""

        glClear(GL_COLOR_BUFFER_BIT | GL_DEPTH_BUFFER_BIT)

        # 셰이더 프로그램을 설정한다
        glUseProgram(program)

        # 투영 행렬을 설정한다
        glUniformMatrix4fv(glGetUniformLocation(program, b'uPMatrix'),
                    1, GL_FALSE, pMatrix)

        # 모델뷰 행렬을 설정한다
        glUniformMatrix4fv(glGetUniformLocation(program, b'uMVMatrix'),
                    1, GL_FALSE, mvMatrix)
```

```python
        # 컬링을 활성화한다
        glDisable(GL_CULL_FACE)
        if cullFace:
            glFrontFace(GL_CCW)
            glCullFace(GL_FRONT)
            glEnable(GL_CULL_FACE)

        # VAO에 바인딩한다
        glBindVertexArray(self.vao)

        # 애니메이션화된 슬라이스
        glDrawElements(GL_TRIANGLES, self.nIndices,
                    GL_UNSIGNED_SHORT, None)

        # VAO 바인딩을 해제한다
        glBindVertexArray(0)

        # 컬링 면을 재설정한다
        if cullFace:
            # 컬링을 비활성화한다
            glDisable(GL_CULL_FACE)


    def reshape(self, width, height):
        self.width = width
        self.height = height
        self.aspect = width/float(height)
        # FBO를 재생성한다
        self.clearFBO()
        self.initFBO()

    def initFBO(self):
        # 프레임 버퍼 객체를 생성한다
        self.fboHandle = glGenFramebuffers(1)
        # 텍스처를 생성한다
        self.texHandle = glGenTextures(1)
        # 깊이 버퍼를 생성한다
        self.depthHandle = glGenRenderbuffers(1)

        # 바인딩한다
        glBindFramebuffer(GL_FRAMEBUFFER, self.fboHandle)

        glActiveTexture(GL_TEXTURE0)
        glBindTexture(GL_TEXTURE_2D, self.texHandle)
```

```python
        # 원본보다 크기가 작거나 큰 이미지를
        # 처리하기 위한 매개변수들을 설정한다
        glTexParameteri(GL_TEXTURE_2D,GL_TEXTURE_MIN_FILTER,GL_LINEAR)
        glTexParameteri(GL_TEXTURE_2D,GL_TEXTURE_MAG_FILTER,GL_LINEAR)
        glTexParameteri(GL_TEXTURE_2D, GL_TEXTURE_WRAP_S, GL_CLAMP_TO_EDGE)
        glTexParameteri(GL_TEXTURE_2D, GL_TEXTURE_WRAP_T, GL_CLAMP_TO_EDGE)

        # 텍스처를 설정한다
        glTexImage2D(GL_TEXTURE_2D, 0, GL_RGBA, self.width, self.height,
                     0, GL_RGBA, GL_UNSIGNED_BYTE, None)

        # 텍스처를 FBO로 바인딩한다
        glFramebufferTexture2D(GL_FRAMEBUFFER, GL_COLOR_ATTACHMENT0,
                               GL_TEXTURE_2D, self.texHandle, 0)

        # 바인딩한다
        glBindRenderbuffer(GL_RENDERBUFFER, self.depthHandle)
        glRenderbufferStorage(GL_RENDERBUFFER, GL_DEPTH_COMPONENT24,
                              self.width, self.height)

        # 깊이 버퍼를 FBO로 바인딩한다
        glFramebufferRenderbuffer(GL_FRAMEBUFFER, GL_DEPTH_ATTACHMENT,
                                  GL_RENDERBUFFER, self.depthHandle)
        # 상태 점검
        status = glCheckFramebufferStatus(GL_FRAMEBUFFER)
        if status == GL_FRAMEBUFFER_COMPLETE:
            pass
            #print "fbo %d complete" % self.fboHandle
        elif status == GL_FRAMEBUFFER_UNSUPPORTED:
            print("fbo %d unsupported" % self.fboHandle)
        else:
            print("fbo %d Error" % self.fboHandle)

        glBindTexture(GL_TEXTURE_2D, 0)
        glBindFramebuffer(GL_FRAMEBUFFER, 0)
        glBindRenderbuffer(GL_RENDERBUFFER, 0)
        return

    def clearFBO(self):
        """이전 FBO를 지운다"""
        # FBO를 삭제한다
        if glIsFramebuffer(self.fboHandle):
            glDeleteFramebuffers(int(self.fboHandle))
```

```python
        # 텍스처를 삭제한다
        if glIsTexture(self.texHandle):
            glDeleteTextures(int(self.texHandle))


    def close(self):
        """OpenGL 리소스를 해제하기 위해 호출된다"""
        glBindTexture(GL_TEXTURE_2D, 0)
        glBindFramebuffer(GL_FRAMEBUFFER, 0)
        glBindRenderbuffer(GL_RENDERBUFFER, 0)

        # FBO를 삭제한다
        if glIsFramebuffer(self.fboHandle):
            glDeleteFramebuffers(int(self.fboHandle))

        # 텍스처를 삭제한다
        if glIsTexture(self.texHandle):
            glDeleteTextures(int(self.texHandle))

        # 렌더링 버퍼를 삭제한다
        """
        if glIsRenderbuffer(self.depthHandle):
            glDeleteRenderbuffers(1, int(self.depthHandle))
            """
        # 버퍼들을 삭제한다
        """
        glDeleteBuffers(1, self._vertexBuffer)
        glDeleteBuffers(1, &_indexBuffer)
        glDeleteBuffers(1, &_colorBuffer)
        """
```

볼륨 레이 캐스팅

다음으로, RayCastRender 클래스에서 볼륨 레이 캐스팅 알고리즘을 구현해보자. 이 알고리즘은 RayCastRender 클래스가 사용하는 프래그먼트 셰이더 내에서 실행되며, 광선을 생성하는 작업을 돕는 RayCube 클래스도 이 클래스에 의해 사용된다. raycast.py 의 전체 코드는 295페이지의 '볼륨 레이 캐스팅의 전체 코드' 절에서 확인할 수 있다.

먼저 RayCube 객체를 생성하고, 생성자에서 셰이더들을 불러온다.

```python
def __init__(self, width, height, volume):
    """RayCastRender 생성자"""

    # RayCube 객체를 생성한다
❶    self.raycube = raycube.RayCube(width, height)

    # 크기 설정
    self.width = width
    self.height = height
    self.aspect = width/float(height)

    # 셰이더를 생성한다
❷    self.program = glutils.loadShaders(strVS, strFS)
    # 텍스처
❸    self.texVolume, self.Nx, self.Ny, self.Nz = volume

    # 카메라를 초기화한다
❹    self.camera = Camera()
```

생성자는 ❶에서 RayCube 타입의 객체를 생성하며, 이 객체는 광선을 생성하는 데 사용된다. ❷에서는 광선 캐스팅에 사용되는 셰이더들을 불러오고, 그런 다음 ❸에서는 OpenGL 3D 텍스처와 크기를 설정한다. 설정된 값들은 RayCastRender 생성자에 튜플로서 전달된다. ❹에서는 3D 렌더링을 위한 OpenGL 투시 변환을 설정하는 데 사용될 Camera 클래스를 생성한다(이 클래스는 10장에서 사용된 것과 기본적으로 동일하다).

다음 코드는 RayCastRender의 렌더링 수행 메소드다.

```python
def draw(self):

    # 투영 행렬을 만든다
❶    pMatrix = glutils.perspective(45.0, self.aspect, 0.1, 100.0)

    # 모델뷰 행렬
❷    mvMatrix = glutils.lookAt(self.camera.eye, self.camera.center,
                               self.camera.up)
    # 렌더링한다
```

```
          # 큐브의 후면 텍스처를 생성한다
❸         texture = self.raycube.renderBackFace(pMatrix, mvMatrix)

          # 셰이더 프로그램을 설정한다
❹         glUseProgram(self.program)

          # 창 크기를 설정한다
          glUniform2f(glGetUniformLocation(self.program, b"uWinDims"),
                    float(self.width), float(self.height))

          # 텍스처 유닛 0 - 큐브의 후면들
❺         glActiveTexture(GL_TEXTURE0)
          glBindTexture(GL_TEXTURE_2D, texture)
          glUniform1i(glGetUniformLocation(self.program, b"texBackFaces"), 0)

          # 텍스처 유닛 1 - 3D 볼륨 텍스처
❻         glActiveTexture(GL_TEXTURE1)
          glBindTexture(GL_TEXTURE_3D, self.texVolume)
          glUniform1i(glGetUniformLocation(self.program, b"texVolume"), 1)

          # 큐브의 전면을 그린다
❼         self.raycube.renderFrontFace(pMatrix, mvMatrix, self.program)
```

❶에서는 glutils.perspective() 유틸리티 메소드를 사용해 렌더링을 위한 원근
투영 행렬을 설정한다. 그런 다음 ❷에서 glutils.lookAt() 메소드로 현재의 카메
라 매개변수들을 전달한다. ❸에서 렌더링의 첫 번째 패스가 수행되는데, RayCube의
renderBackFace() 메소드를 사용해 컬러 큐브의 후면들을 텍스처로 그린다(이 메소드
는 생성된 텍스처의 ID도 반환한다).

❹에서 레이 캐스팅 알고리즘을 위한 셰이더를 활성화한다. 그리고 ❺에서는 ❸에
서 반환된 텍스처를 셰이더 프로그램에서 텍스처 유닛 0으로서 사용되도록 설정한
다. ❻에서는 볼륨 데이터로부터 생성된 3D 텍스처를 텍스처 유닛 1로 설정하므로,
셰이더에서는 2개의 텍스처에 모두 접근할 수 있다. 마지막으로 ❼에서는 RayCube의
renderFrontFace() 메소드를 사용해 큐브의 전면들을 렌더링한다. 이 코드가 실행되
면 RayCastRender의 셰이더들이 버텍스 및 프래그먼트에 대해 동작할 것이다.

버텍스 셰이더

이제, RayCastRender가 사용하는 셰이더들을 다룰 차례다. 먼저 버텍스 셰이더를 살펴보자.

```
#버전 330 코어

❶ layout(location = 1) in vec3 cubePos;
   layout(location = 2) in vec3 cubeCol;

❷ uniform mat4 uMVMatrix;
   uniform mat4 uPMatrix;

❸ out vec4 vColor;

   void main()
   {
       // 위치를 설정한다
❹     gl_Position = uPMatrix * uMVMatrix * vec4(cubePos.xyz, 1.0);

       // 색상을 설정한다
❺     vColor = vec4(cubeCol.rgb, 1.0);
   }
```

❶에서는 위치와 색상을 가리키는 입력 변수를 설정한다. layout은 RayCube 버텍스 셰이더에서 정의된 것과 같은 인덱스를 사용하는데, 그 이유는 RayCastRender가 RayCube 클래스에 정의된 VBO를 사용해 지오메트리를 그리므로 셰이더 내의 위치들이 일치해야 하기 때문이다. ❷와 그 아래 줄에서는 입력 변환 행렬들을 정의한다. 그런 다음 ❸에서는 색상 값을 셰이더 출력으로서 선언한다. gl_Position 출력을 계산하는 전형적인 변환이 ❹에서 수행되고, ❺에서는 큐브 버텍스의 현재 색상을 버텍스 셰이더의 출력으로 설정하는데, 좀 더 정확한 색상을 얻기 위해 프래그먼트 셰이더에서 색상 값이 보간될 것이다.

프래그먼트 셰이더

프래그먼트 셰이더는 레이 캐스팅 알고리즘의 핵심을 구현하는 이 프로그램의 주인공
이다.

```
#버전 330 코어

in vec4 vColor;

uniform sampler2D texBackFaces;
uniform sampler3D texVolume;
uniform vec2 uWinDims;

out vec4 fragColor;

void main()
{
    // 광선의 시작점
    vec3 start = vColor.rgb;

    // 프래그먼트에서의 텍스처 좌표를 계산한다
    // 창 크기에 대한 비율로서 표현된다
    vec2 texc = gl_FragCoord.xy/uWinDims.xy;

    // 후면 색상을 검색해 광선의 종료점을 얻는다
    vec3 end = texture(texBackFaces, texc).rgb;

    // 광선의 방향을 계산한다
    vec3 dir = end - start;

    // 광선의 방향을 정규화한다
    vec3 norm_dir = normalize(dir);

    // 전면에서 후면까지의 길이를 계산한다
    // 이 값은 광선을 종료하는 데 사용된다
    float len = length(dir.xyz);

    // 광선의 단계별 크기
    float stepSize = 0.01;

    // x레이 투영
    vec4 dst = vec4(0.0);
```

❶ `vec3 start = vColor.rgb;`

❷ `vec2 texc = gl_FragCoord.xy/uWinDims.xy;`

❸ `vec3 end = texture(texBackFaces, texc).rgb;`

❹ `vec3 dir = end - start;`

```
           // 광선을 단계별로 처리한다
❺    for(float t = 0.0; t < len; t += stepSize) {

               // 광선의 종료점으로 위치를 설정한다
❻        vec3 samplePos = start + t*norm_dir;

               // 해당 위치에서의 텍스처 값을 얻는다
❼        float val = texture(texVolume, samplePos).r;
           vec4 src = vec4(val);

               // 불투명도를 설정한다
❽        src.a *= 0.1;
           src.rgb *= src.a;

               // 이전 값과 블렌딩한다
❾        dst = (1.0 - dst.a)*src + dst;

               // 알파 값이 임계치를 넘으면 루프를 벗어난다
❿        if(dst.a >= 0.95)
               break;
       }

       // 프래그먼트의 색상을 설정한다
       fragColor = dst;
   }
```

프래그먼트 셰이더에 입력되는 값은 큐브 버텍스의 색상이다. 프래그먼트 셰이더
는 컬러 큐브를 렌더링해서 얻어지는 2D 텍스처, 데이터를 포함하는 3차원 텍스처,
OpenGL 창의 크기에도 접근할 수 있다.

프래그먼트 셰이더는 우선, 입력받은 색상 값을 사용해 큐브로 들어가는 광선의 시
작점을 얻는다❶(컬러 큐브와 광선 방향 간의 관계에 관해서는 266페이지의 '광선 생성하기' 절을
참조하자).

❷에서는 화면상에서 프래그먼트의 텍스처 좌표를 계산한다. 창 좌표에서의 프래그
먼트 위치를 창의 크기로 나눠서 [0, 1] 범위로 매핑한다. 광선의 종료 지점은 이 텍스
처 좌표를 사용해 큐브의 후면 색상을 검색함으로써 얻을 수 있다❸.

❹에서는 광선의 방향을 계산한 후, 이 광선의 정규화된 방향과 길이를 계산한다.
정규화된 값은 레이 캐스팅 계산 시에 유용하게 쓰일 것이다. 그리고 ❺에서 광선의

시작점 및 방향을 사용해 광선의 종료점에 도달할 때까지 볼륨 내부를 반복 처리한다. ❻에서는 데이터 볼륨 내부에서 광선의 현재 위치를 계산하고, ❼에서는 이 지점에서의 데이터 값을 검색한다.

❽과 ❾에서 엑스레이 효과를 제공하는 블렌딩 방정식이 수행된다. dst 값을 현재 강도의 값(알파 값으로 감쇠된다)과 조합하는데, 이 과정은 광선 전반에 걸쳐 계속된다(알파 값은 계속 커진다).

❿에서는 이 알파 값이 최대 임계치 0.95에 도달할 때까지 검사하고, 0.95에 도달하면 루프에서 벗어난다. 이렇게 해서 얻어진 최종 결과는 볼륨 전체에 걸친 각 픽셀에서의 평균 불투명도라고 말할 수 있다. 이를 가리켜 '시스루(속이 비쳐 보이는 그림)' 혹은 엑스레이 효과라고 말한다(임계치와 알파 감쇠에 여러 값을 시도하면서 결과가 어떻게 달라지는지 확인하면 좋다).

볼륨 레이 캐스팅의 전체 코드

아래에 완전한 코드가 게재되어 있다. 또한 https://github.com/electronut/pp/tree/master/volrender/에서 raycast.py를 찾을 수도 있다.

```
import OpenGL
from OpenGL.GL import *
from OpenGL.GL.shaders import *

import numpy as np
import math, sys

import raycube, glutils, volreader

strVS = """
#버전 330 코어

layout(location = 1) in vec3 cubePos;
layout(location = 2) in vec3 cubeCol;

uniform mat4 uMVMatrix;
uniform mat4 uPMatrix;
```

```
out vec4 vColor;

void main()
{
    // 위치를 설정한다
    gl_Position = uPMatrix * uMVMatrix * vec4(cubePos.xyz, 1.0);

    // 색상을 설정한다
    vColor = vec4(cubeCol.rgb, 1.0);
}
"""
strFS = """
#버전 330 코어

in vec4 vColor;

uniform sampler2D texBackFaces;
uniform sampler3D texVolume;
uniform vec2 uWinDims;

out vec4 fragColor;

void main()
{
    // 광선의 시작점
    vec3 start = vColor.rgb;

    // 프래그먼트에서의 텍스처 좌표를 계산한다
    // 이 값은 창 크기에 대한 비율로서 표현된다
    vec2 texc = gl_FragCoord.xy/uWinDims.xy;

    // 광선의 종료점(=후면 색상)을 얻는다
    vec3 end = texture(texBackFaces, texc).rgb;

    // 광선의 방향을 계산한다
    vec3 dir = end - start;

    // 광선의 방향을 정규화한다
    vec3 norm_dir = normalize(dir);

    // 전면에서 후면까지의 길이를 계산한다
    // 이 값은 광선을 종료하는 데 사용된다
```

```
        float len = length(dir.xyz);

        // 광선의 단계별 크기
        float stepSize = 0.01;

        // x레이 투영
        vec4 dst = vec4(0.0);

        // 광선을 단계별로 처리한다
        for(float t = 0.0; t < len; t += stepSize) {

            // 광선의 종료점으로 위치를 설정한다
            vec3 samplePos = start + t*norm_dir;

            // 해당 위치에서의 텍스처 값을 얻는다
            float val = texture(texVolume, samplePos).r;
            vec4 src = vec4(val);

            // 투명도를 설정한다
            src.a *= 0.1;
            src.rgb *= src.a;

            // 이전 값과 블렌딩한다
            dst = (1.0 - dst.a)*src + dst;

            // 알파 값이 임계치를 넘으면 루프를 벗어난다
            if(dst.a >= 0.95)
                break;
        }

        // 프래그먼트의 색상을 설정한다
        fragColor = dst;
}
"""

class Camera:
    """뷰를 위한 헬퍼 클래스"""
    def __init__(self):
        self.r = 1.5
        self.theta = 0
        self.center = [0.5, 0.5, 0.5]
        self.eye = [0.5 + self.r, 0.5, 0.5]
```

```python
        self.up = [0.0, 0.0, 1.0]

    def rotate(self, clockWise):
        """단계별로 눈을 회전한다"""
        if clockWise:
            self.theta = (self.theta + 5) % 360
        else:
            self.theta = (self.theta - 5) % 360
        # 눈의 위치를 재계산한다
        self.eye = [0.5 + self.r*math.cos(math.radians(self.theta)),
                    0.5 + self.r*math.sin(math.radians(self.theta)),
                    0.5]

class RayCastRender:
    """레이 캐스팅을 수행하는 함수"""

    def __init__(self, width, height, volume):
        """RayCastRender 생성자"""

        # RayCube 객체를 생성한다
        self.raycube = raycube.RayCube(width, height)

        # 크기 설정
        self.width = width
        self.height = height
        self.aspect = width/float(height)

        # 셰이더를 생성한다
        self.program = glutils.loadShaders(strVS, strFS)
        # 텍스처
        self.texVolume, self.Nx, self.Ny, self.Nz = volume

        # 카메라를 초기화한다
        self.camera = Camera()

    def draw(self):

        # 투영 행렬을 만든다
        pMatrix = glutils.perspective(45.0, self.aspect, 0.1, 100.0)

        # 모델뷰 행렬
        mvMatrix = glutils.lookAt(self.camera.eye, self.camera.center,
                                  self.camera.up)
```

```python
        # 렌더링한다

        # 큐브의 후면 텍스처를 생성한다
        texture = self.raycube.renderBackFace(pMatrix, mvMatrix)

        # 셰이더 프로그램을 설정한다
        glUseProgram(self.program)

        # 창 크기를 설정한다
        glUniform2f(glGetUniformLocation(self.program, b"uWinDims"),
                    float(self.width), float(self.height))

        # 텍스처 유닛 0 - 큐브의 후면들
        glActiveTexture(GL_TEXTURE0)
        glBindTexture(GL_TEXTURE_2D, texture)
        glUniform1i(glGetUniformLocation(self.program, b"texBackFaces"), 0)

        # 텍스처 유닛 1 - 3D 볼륨 텍스처
        glActiveTexture(GL_TEXTURE1)
        glBindTexture(GL_TEXTURE_3D, self.texVolume)
        glUniform1i(glGetUniformLocation(self.program, b"texVolume"), 1)

        # 큐브의 전면을 그린다
        self.raycube.renderFrontFace(pMatrix, mvMatrix, self.program)

        #self.render(pMatrix, mvMatrix)

def keyPressed(self, key):
    if key == 'l':
        self.camera.rotate(True)
    elif key == 'r':
        self.camera.rotate(False)

def reshape(self, width, height):
    self.width = width
    self.height = height
    self.aspect = width/float(height)
    self.raycube.reshape(width, height)

def close(self):
    self.raycube.close()
```

2D 슬라이싱

볼륨 데이터를 3차원으로 표시하는 데 그치지 않고, 이 데이터의 2차원 슬라이스들도 화면상의 x, y, z축에 표시해보자. 이를 수행하는 코드는 SliceRender라는 클래스에 캡슐화되어 있는데, 이 클래스는 2D 볼륨 슬라이스들을 생성할 수 있다. slicerender.py 의 전체 코드는 305페이지의 '2D 슬라이싱의 전체 코드' 절에서 볼 수 있다.

다음은 슬라이스들의 지오메트리를 설정하는 초기화 코드다.

```
# VAO를 설정한다
self.vao = glGenVertexArrays(1)
glBindVertexArray(self.vao)

# 쿼드의 버텍스를 정의한다
❶ vertexData = numpy.array([ 0.0, 1.0, 0.0,
                             0.0, 0.0, 0.0,
                             1.0, 1.0, 0.0,
                             1.0, 0.0, 0.0], numpy.float32)

# 버텍스 버퍼
self.vertexBuffer = glGenBuffers(1)
glBindBuffer(GL_ARRAY_BUFFER, self.vertexBuffer)
glBufferData(GL_ARRAY_BUFFER, 4*len(vertexData), vertexData,
             GL_STATIC_DRAW)
# 배열들을 활성화한다
glEnableVertexAttribArray(self.vertIndex)
# 버퍼들을 설정한다
glBindBuffer(GL_ARRAY_BUFFER, self.vertexBuffer)
glVertexAttribPointer(self.vertIndex, 3, GL_FLOAT, GL_FALSE, 0, None)

# VAO 바인딩을 해제한다
glBindVertexArray(0)
```

예전 프로젝트와 마찬가지로, VBO을 관리하기 위해 VAO를 설정하고 있다. ❶에 서 정의되는 지오메트리는 xy 평면상의 정사각형이다(버텍스들의 순서는 9장에서 처음 소개 했던 GL_TRIANGLE_STRIP이다). 따라서 x, y, z축 중 어느 것에 수직으로 표시하든 동일한 지오메트리를 사용할 수 있다. 다만, 3D 텍스처 내부로부터 어떤 데이터 평면을 표시 할지가 달라진다. 이 주제에 관해서는 조금 뒤에 버텍스 셰이더를 논의할 때 자세히 다 루기로 한다.

다음으로, `SliceRender`를 사용해 2D 슬라이스들을 렌더링한다.

```python
def draw(self):
    # 버퍼를 지운다
    glClear(GL_COLOR_BUFFER_BIT | GL_DEPTH_BUFFER_BIT)
    # 투영 행렬을 만든다
    pMatrix = glutils.ortho(-0.6, 0.6, -0.6, 0.6, 0.1, 100.0)
    # 모델뷰 행렬
    mvMatrix = numpy.array([1.0, 0.0, 0.0, 0.0,
                            0.0, 1.0, 0.0, 0.0,
                            0.0, 0.0, 1.0, 0.0,
                            -0.5, -0.5, -1.0, 1.0], numpy.float32)
    # 세이더를 사용한다
    glUseProgram(self.program)

    # 투영 행렬을 설정한다
    glUniformMatrix4fv(self.pMatrixUniform, 1, GL_FALSE, pMatrix)

    # 모델뷰 행렬을 설정한다
    glUniformMatrix4fv(self.mvMatrixUniform, 1, GL_FALSE, mvMatrix)

    # 현재 슬라이스의 비율을 설정한다
    glUniform1f(glGetUniformLocation(self.program, b"uSliceFrac"),
                float(self.currSliceIndex)/float(self.currSliceMax))
    # 현재 슬라이스의 모드를 설정한다
    glUniform1i(glGetUniformLocation(self.program, b"uSliceMode"),
                self.mode)

    # 텍스처를 활성화한다
    glActiveTexture(GL_TEXTURE0)
    glBindTexture(GL_TEXTURE_3D, self.texture)
    glUniform1i(glGetUniformLocation(self.program, b"tex"), 0)

    # VAO에 바인딩한다
    glBindVertexArray(self.vao)
    # 그리기를 수행한다
    glDrawArrays(GL_TRIANGLE_STRIP, 0, 4)
    # VAO 바인딩을 해제한다
    glBindVertexArray(0)
```

❶ `pMatrix = glutils.ortho(-0.6, 0.6, -0.6, 0.6, 0.1, 100.0)`

❷ `mvMatrix = numpy.array([1.0, 0.0, ...`

❸ `glUniform1f(glGetUniformLocation(self.program, b"uSliceFrac"), ...`

❹ `glUniform1i(glGetUniformLocation(self.program, b"uSliceMode"), ...`

2D 슬라이스들은 모두 정사각형으로서 OpenGL의 삼각형 스트립 프리미티브로 만들어지므로, 위 코드는 삼각형 스트립을 그리기 위한 렌더링 설정을 수행한다.

glutils.ortho() 메소드를 사용해 직교 투영을 구현하고 있음에 주의하자. ❶에서는 슬라이스를 나타내는 단위 정사각형 주위에 0.1의 버퍼를 추가하고 있다. OpenGL로 뭔가를 그릴 때, (아무 변환도 적용되지 않은) 기본 뷰는 눈을 (0, 0, 0)에 두고 y축은 위를, z축은 아래를 바라보는 방향으로 설정된다. ❷에서는 지오메트리의 중심이 z축 주위를 감싸도록 (-0.5, -0.5, -1.0)만큼 이동시킨다. ❸에서는 현재 슬라이스의 비율을 설정하는데, 예를 들어 100개 중 10번째 슬라이스라면 0.1로 설정된다. ❹에서는 슬라이스 모드를 설정하고(슬라이스를 x, y, z 방향으로 보기 위한 것으로서, 각각 0, 1, 2로 나타낸다), 2개의 값을 모두 셰이더에 설정한다.

버텍스 셰이더

이제, SliceRender의 버텍스 셰이더를 살펴보자.

```
# 버전 330 코어
in vec3 aVert;

uniform mat4 uMVMatrix;
uniform mat4 uPMatrix;

uniform float uSliceFrac;
uniform int uSliceMode;

out vec3 texcoord;

void main() {

    // x 슬라이스
    if (uSliceMode == 0) {
        texcoord = vec3(uSliceFrac, aVert.x, 1.0-aVert.y);
    }
    // y 슬라이스
    else if (uSliceMode == 1) {
        texcoord = vec3(aVert.x, uSliceFrac, 1.0-aVert.y);
    }
    // z 슬라이스
    else {
        texcoord = vec3(aVert.x, 1.0-aVert.y, uSliceFrac);
    }
```

❶

❷

❸

```
// 변환된 버텍스를 계산한다
gl_Position = uPMatrix * uMVMatrix * vec4(aVert, 1.0);
```

버텍스 셰이더는 삼각형 스트립의 버텍스 배열을 입력으로 받아서 텍스처 좌표를 출력으로 설정한다. 현재의 슬라이스 비율과 슬라이스 모드는 uniform 변수로서 전달된다.

❶에서는 x 슬라이스에 대한 텍스처 좌표를 계산한다. x 방향에 수직으로 슬라이싱을 하고 있으므로 슬라이스는 yz 평면에 평행해야 한다. 버텍스 셰이더로 전달된 3D 버텍스는 3D 텍스처 좌표도 겸하기 때문에 텍스처 좌표는 (f, Vx, Vy)로 나타낼 수 있다. 여기서 f는 x축 방향으로 슬라이스의 비율이며, Vx와 Vy는 버텍스의 좌표들이다. 다만, OpenGL의 좌표계는 원점이 좌측 하단에 있고 y 방향이 위쪽을 가리키므로, (f, Vx, Vy)를 그냥 쓰면 이미지는 위아래가 뒤집혀서 표시된다. 이 문제를 해결하기 위해 텍스처 좌표 t를 $(1 - t)$로 변경하고 ❶에서와 같이 $(f, Vx, 1 - Vy)$를 사용해야 한다. ❷와 ❸에서도 비슷한 논리로 y와 z 방향의 슬라이스들에 대해 텍스처 좌표를 계산하고 있다.

프래그먼트 셰이더

이번에는 프래그먼트 셰이더를 알아보자.

```
# 버전 330 코어

❶ in vec3 texcoord;

❷ uniform sampler3D texture;

out vec4 fragColor;

void main() {
    // 텍스처 색상을 검색한다
❸  vec4 col = texture(tex, texcoord);
❹  fragColor = col.rrra;
}
```

❶에서 프래그먼트 셰이더는 texcoord를 입력으로 선언하고 있다. 이 값은 버텍스 셰이더에서는 출력으로 설정됐던 값이다. 텍스처 샘플러는 ❷에서 uniform 변수로 선언되고, ❸에서는 texcoord를 사용해 텍스처 색상을 검색하며, ❹에서는 fragColor를 출력 변수로 설정한다(텍스처를 빨간색 채널로만 읽어들이므로 col.rrra를 사용하고 있다).

2D 슬라이싱을 위한 사용자 인터페이스

이제, 사용자가 데이터를 슬라이싱할 수 있는 방법을 제공해야 한다. SliceRender의 키보드 핸들러를 사용할 것이다.

```
    def keyPressed(self, key):
        """키보드 핸들러"""
        if key == 'x':
❶           self.mode = SliceRender.XSLICE
            # 슬라이스 인덱스를 재설정한다
            self.currSliceIndex = int(self.Nx/2)
            self.currSliceMax = self.Nx
        elif key == 'y':
            self.mode = SliceRender.YSLICE
            # 슬라이스 인덱스를 재설정한다
            self.currSliceIndex = int(self.Ny/2)
            self.currSliceMax = self.Ny
        elif key == 'z':
            self.mode = SliceRender.ZSLICE
            # 슬라이스 인덱스를 재설정한다
            self.currSliceIndex = int(self.Nz/2)
            self.currSliceMax = self.Nz
        elif key == 'l':
❷           self.currSliceIndex = (self.currSliceIndex + 1) % self.currSliceMax
        elif key == 'r':
            self.currSliceIndex = (self.currSliceIndex - 1) % self.currSliceMax
```

키보드에서 X, Y, Z 키가 눌리면 SliceRender는 각각 x, y, z 슬라이스 모드로 전환된다. ❶에서는 X 키가 눌렸을 때 x 슬라이스에 대해 현재의 슬라이스 인덱스를 데이터의 가운데로 설정하고 최대 슬라이스 개수를 갱신한다. 키보드의 왼쪽 또는 오른쪽 화살표 키가 눌렸을 때는 슬라이스들을 페이지 단위로 이동한다. ❷의 코드는 오른쪽 화살표를 눌렀을 때 슬라이스 인덱스가 증가되는 것을 보여준다. 모듈러스 연산자 (%)는 최댓값을 초과했을 때 인덱스를 0으로 '롤오버roll over' 한다.

2D 슬라이싱의 전체 코드

아래에 전체 코드가 게재되어 있다. 또한 https://github.com/electronut/pp/tree/master/volrender/에서 slicerender.py를 찾을 수 있다.

```
import OpenGL
from OpenGL.GL import *
from OpenGL.GL.shaders import *
import numpy, math, sys

import volreader, glutils

strVS = """
# 버전 330 코어

in vec3 aVert;

uniform mat4 uMVMatrix;
uniform mat4 uPMatrix;

uniform float uSliceFrac;
uniform int uSliceMode;

out vec3 texcoord;

void main() {

  // x 슬라이스
  if (uSliceMode == 0) {
    texcoord = vec3(uSliceFrac, aVert.x, 1.0-aVert.y);
  }
  // y 슬라이스
  else if (uSliceMode == 1) {
    texcoord = vec3(aVert.x, uSliceFrac, 1.0-aVert.y);
  }
  // z 슬라이스
```

```python
    else {
      texcoord = vec3(aVert.x, 1.0-aVert.y, uSliceFrac);
    }

    // 변환된 버텍스를 계산한다
    gl_Position = uPMatrix * uMVMatrix * vec4(aVert, 1.0);
}
"""
strFS = """
# 버전 330 코어

in vec3 texcoord;

uniform sampler3D tex;

out vec4 fragColor;

void main() {
  // 텍스처 색상을 검색한다
  vec4 col = texture(tex, texcoord);
  fragColor = col.rrra;
}

"""

class SliceRender:
    # 슬라이스 모드들
    XSLICE, YSLICE, ZSLICE = 0, 1, 2

    def __init__(self, width, height, volume):
        """SliceRender 생성자"""
        self.width = width
        self.height = height
        self.aspect = width/float(height)

        # 슬라이스 모드
        self.mode = SliceRender.ZSLICE

        # 셰이더를 생성한다
        self.program = glutils.loadShaders(strVS, strFS)

        glUseProgram(self.program)
```

```python
        self.pMatrixUniform = glGetUniformLocation(self.program, b'uPMatrix')
        self.mvMatrixUniform = glGetUniformLocation(self.program,
                                                    b"uMVMatrix")

        # 속성들
        self.vertIndex = glGetAttribLocation(self.program, b"aVert")

        # VAO를 설정한다
        self.vao = glGenVertexArrays(1)
        glBindVertexArray(self.vao)

        # 쿼드의 버텍스를 정의한다
        vertexData = numpy.array([ 0.0, 1.0, 0.0,
                                   0.0, 0.0, 0.0,
                                   1.0, 1.0, 0.0,
                                   1.0, 0.0, 0.0], numpy.float32)
        # 버텍스 버퍼
        self.vertexBuffer = glGenBuffers(1)
        glBindBuffer(GL_ARRAY_BUFFER, self.vertexBuffer)
        glBufferData(GL_ARRAY_BUFFER, 4*len(vertexData), vertexData,
                GL_STATIC_DRAW)
        # 배열들을 활성화한다
        glEnableVertexAttribArray(self.vertIndex)
        # 버퍼들을 설정한다
        glBindBuffer(GL_ARRAY_BUFFER, self.vertexBuffer)
        glVertexAttribPointer(self.vertIndex, 3, GL_FLOAT, GL_FALSE, 0, None)

        # VAO 바인딩을 해제한다
        glBindVertexArray(0)

        # 텍스처를 불러온다
        self.texture, self.Nx, self.Ny, self.Nz = volume

        # 현재 슬라이스의 인덱스
        self.currSliceIndex = int(self.Nz/2);
        self.currSliceMax = self.Nz;


    def reshape(self, width, height):
        self.width = width
        self.height = height
        self.aspect = width/float(height)
```

```python
def draw(self):
    # 버퍼를 지운다
    glClear(GL_COLOR_BUFFER_BIT | GL_DEPTH_BUFFER_BIT)
    # 투영 행렬을 만든다
    pMatrix = glutils.ortho(-0.6, 0.6, -0.6, 0.6, 0.1, 100.0)
    # 모델뷰 행렬
    mvMatrix = numpy.array([1.0, 0.0, 0.0, 0.0,
                            0.0, 1.0, 0.0, 0.0,
                            0.0, 0.0, 1.0, 0.0,
                            -0.5, -0.5, -1.0, 1.0], numpy.float32)
    # 셰이더를 사용한다
    glUseProgram(self.program)

    # 투영 행렬을 설정한다
    glUniformMatrix4fv(self.pMatrixUniform, 1, GL_FALSE, pMatrix)

    # 모델뷰 행렬을 설정한다
    glUniformMatrix4fv(self.mvMatrixUniform, 1, GL_FALSE, mvMatrix)

    # 현재 슬라이스의 비율
    glUniform1f(glGetUniformLocation(self.program, b"uSliceFrac"),
                float(self.currSliceIndex)/float(self.currSliceMax))
    # 현재 슬라이스의 모드를 설정한다
    glUniform1i(glGetUniformLocation(self.program, b"uSliceMode"),
                self.mode)

    # 텍스처를 활성화한다
    glActiveTexture(GL_TEXTURE0)
    glBindTexture(GL_TEXTURE_3D, self.texture)
    glUniform1i(glGetUniformLocation(self.program, b"tex"), 0)

    # VAO에 바인딩한다
    glBindVertexArray(self.vao)
    # 그리기를 수행한다
    glDrawArrays(GL_TRIANGLE_STRIP, 0, 4)
    # VAO 바인딩을 해제한다
    glBindVertexArray(0)

def keyPressed(self, key):
    """키보드 핸들러"""
    if key == 'x':
        self.mode = SliceRender.XSLICE
        # 슬라이스 인덱스를 재설정한다
```

```
                self.currSliceIndex = int(self.Nx/2)
                self.currSliceMax = self.Nx
        elif key == 'y':
                self.mode = SliceRender.YSLICE
                # 슬라이스 인덱스를 재설정한다
                self.currSliceIndex = int(self.Ny/2)
                self.currSliceMax = self.Ny
        elif key == 'z':
                self.mode = SliceRender.ZSLICE
                # 슬라이스 인덱스를 재설정한다
                self.currSliceIndex = int(self.Nz/2)
                self.currSliceMax = self.Nz
        elif key == 'l':
                self.currSliceIndex = (self.currSliceIndex + 1) % self.currSliceMax
        elif key == 'r':
                self.currSliceIndex = (self.currSliceIndex - 1) % self.currSliceMax

    def close(self):
        pass
```

코드 종합

프로젝트의 메인 파일인 volrender.py를 간단히 살펴보자. 이 파일은 RenderWin 클래스를 사용하는데, 이 클래스는 GLFW OpenGL 창을 생성 및 관리한다(이 클래스는 9장과 10장에서 사용된 것과 비슷하기 때문에 자세히 설명하지 않는다). volrender.py의 전체 코드는 311페이지의 '메인 파일의 전체 코드' 절에서 확인할 수 있다.

이 클래스의 초기화 코드에서는 다음과 같이 렌더러가 생성된다.

```
    # 볼륨 데이터를 불러온다
❶ self.volume = volreader.loadVolume(imageDir)
    # 렌더러를 생성한다
❷ self.renderer = RayCastRender(self.width, self.height, self.volume)
```

❶에서는 3D 데이터를 OpenGL 텍스처로 읽어들인다. ❷에서는 데이터를 표시하기 위해 RayCastRender 타입의 객체를 생성한다.

키보드의 V 키를 누르면 볼륨 렌더링과 슬라이스 렌더링 간에 모드가 전환된다. 다음 코드는 RenderWindow의 키보드 핸들러다.

```
def onKeyboard(self, win, key, scancode, action, mods):
    # print 'keyboard: ', win, key, scancode, action, mods
    # ESC가 눌리면 종료
    if key is glfw.GLFW_KEY_ESCAPE:
        self.renderer.close()
        self.exitNow = True
    else:
❶      if action is glfw.GLFW_PRESS or action is glfw.GLFW_REPEAT:
            if key == glfw.GLFW_KEY_V:
                # 렌더링 모드를 전환한다
❷              if isinstance(self.renderer, RayCastRender):
                    self.renderer = SliceRender(self.width, self.height,
                                                    self.volume)
                else:
                    self.renderer = RayCastRender(self.width, self.height,
                                                    self.volume)
                # 렌더러의 reshape를 호출한다
                self.renderer.reshape(self.width, self.height)
            else:
                # 키 눌림을 렌더러로 전달한다
❸              keyDict = {glfw.GLFW_KEY_X : 'x', glfw.GLFW_KEY_Y: 'y',
                            glfw.GLFW_KEY_Z: 'z',
                            glfw.GLFW_KEY_LEFT: 'l', glfw.GLFW_KEY_RIGHT: 'r'}
                try:
                    self.renderer.keyPressed(keyDict[key])
                except:
                    pass
```

ESC 키가 눌리면 프로그램이 종료된다. 다른 키(V, X, Y, Z 등)가 눌렸을 때는 ❶에서 처리된다(키가 막 눌렸을 때와 키의 눌림 상태가 지속 중일 때가 동일하게 처리된다). ❷에서는 V 키가 눌렸을 때 파이썬의 isinstance() 메소드를 사용해 현재 클래스의 타입을 식별함으로써 볼륨 렌더링과 슬라이스 렌더링 간을 전환한다.

ESC 외의 키 눌림 이벤트를 처리하기 위해 딕셔너리❸가 사용되며, 눌린 키를 렌더러의 keyPressed() 핸들러에 전달한다.

메인 파일의 전체 코드

아래에서 전체 코드를 볼 수 있다. 또한 https://github.com/electronut/pp/tree/master/
volrender/에서 volrender.py를 찾을 수 있다.

```python
import sys, argparse, os
from slicerender import *
from raycast import *
import glfw

class RenderWin:
    """GLFW 창을 렌더링하는 클래스 """
    def __init__(self, imageDir):

        # 현재의 작업 디렉토리를 저장한다
        cwd = os.getcwd()

        # glfw를 초기화한다 - cwd가 변경된다
        glfw.glfwInit()

        # cwd를 복원한다
        os.chdir(cwd)

        # 버전 힌트
        glfw.glfwWindowHint(glfw.GLFW_CONTEXT_VERSION_MAJOR, 3)
        glfw.glfwWindowHint(glfw.GLFW_CONTEXT_VERSION_MINOR, 3)
        glfw.glfwWindowHint(glfw.GLFW_OPENGL_FORWARD_COMPAT, GL_TRUE)
        glfw.glfwWindowHint(glfw.GLFW_OPENGL_PROFILE,
                            glfw.GLFW_OPENGL_CORE_PROFILE)

        # 창을 만든다
```

```python
        self.width, self.height = 512, 512
        self.aspect = self.width/float(self.height)
        self.win = glfw.glfwCreateWindow(self.width, self.height, b"volrender")
        # 현재 컨텍스트로 만든다
        glfw.glfwMakeContextCurrent(self.win)

        # GL을 초기화한다
        glViewport(0, 0, self.width, self.height)
        glEnable(GL_DEPTH_TEST)
        glClearColor(0.0, 0.0, 0.0, 0.0)

        # 콜백을 설정한다
        glfw.glfwSetMouseButtonCallback(self.win, self.onMouseButton)
        glfw.glfwSetKeyCallback(self.win, self.onKeyboard)
        glfw.glfwSetWindowSizeCallback(self.win, self.onSize)

        # 볼륨 데이터를 불러온다
        self.volume =  volreader.loadVolume(imageDir)
        # 렌더러를 생성한다
        self.renderer = RayCastRender(self.width, self.height, self.volume)

        # 종료 플래그
        self.exitNow = False

    def onMouseButton(self, win, button, action, mods):
        #print 'mouse button: ', win, button, action, mods
        pass

    def onKeyboard(self, win, key, scancode, action, mods):
        # print 'keyboard: ', win, key, scancode, action, mods
        # ESC가 눌리면 종료
        if key is glfw.GLFW_KEY_ESCAPE:
            self.renderer.close()
            self.exitNow = True
        else:
            if action is glfw.GLFW_PRESS or action is glfw.GLFW_REPEAT:
                if key == glfw.GLFW_KEY_V:
                    # 렌더링 모드를 전환한다
                    if isinstance(self.renderer, RayCastRender):
                        self.renderer = SliceRender(self.width, self.height,
                                                    self.volume)
                    else:
```

```python
                    self.renderer = RayCastRender(self.width, self.height,
                                                   self.volume)
                    # 렌더러의 reshape를 호출한다
                    self.renderer.reshape(self.width, self.height)
                else:
                    # 키 눌림을 렌더러로 전달한다
                    keyDict = {glfw.GLFW_KEY_X : 'x', glfw.GLFW_KEY_Y: 'y',
                               glfw.GLFW_KEY_Z: 'z',
                               glfw.GLFW_KEY_LEFT: 'l', glfw.GLFW_KEY_RIGHT: 'r'}
                    try:
                        self.renderer.keyPressed(keyDict[key])
                    except:
                        pass

    def onSize(self, win, width, height):
        #print 'onsize: ', win, width, height
        self.width = width
        self.height = height
        self.aspect = width/float(height)
        glViewport(0, 0, self.width, self.height)
        self.renderer.reshape(width, height)

    def run(self):
        # 루프를 시작한다
        while not glfw.glfwWindowShouldClose(self.win) and not self.exitNow:
            # 렌더링한다
            self.renderer.draw()
            # 버퍼들을 서로 교체한다
            glfw.glfwSwapBuffers(self.win)
            # 이벤트를 대기한다
            glfw.glfwWaitEvents()
        # 종료
        glfw.glfwTerminate()

# main() 함수
def main():
  print('starting volrender...')
  # 파서를 생성한다
  parser = argparse.ArgumentParser(description="Volume Rendering...")
  # 예상되는 인수들을 추가한다
  parser.add_argument('--dir', dest='imageDir', required=True)
  # args를 파싱한다
```

```
args = parser.parse_args()

# 렌더링 창을 생성한다
rwin = RenderWin(args.imageDir)
rwin.run()

# main() 함수를 호출한다
if __name__ == '__main__':
  main()
```

프로그램 실행

다음과 같이 스탠퍼드 볼륨 데이터 아카이브[3]의 데이터를 사용해 애플리케이션을 실행할 수 있다.

```
$ python volrender.py --dir mrbrain-8bit/
```

실행 결과는 그림 11-6과 같다.

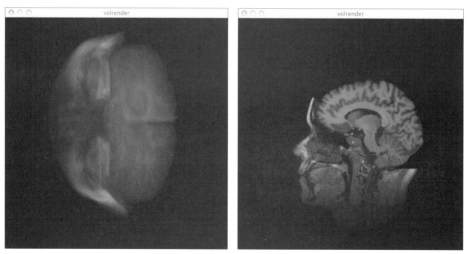

▲ **그림 11-6** volrender.py의 실행 예. 왼쪽 이미지는 볼륨 렌더링이고, 오른쪽 이미지는 2D 슬라이스다.

---

3   http://graphics.stanford.edu/data/voldata/

정리

11장에서는 파이썬과 OpenGL을 사용해 볼륨 레이 캐스팅 알고리즘을 구현했다. 여러분은 볼륨 데이터로부터 2D 슬라이스를 생성하는 방법과 더불어 GLSL 셰이더를 사용해 효율적으로 이 알고리즘을 구현하는 방법도 배웠다.

실습!

볼륨 레이 캐스팅 프로그램을 개선할 수 있는 방법을 다음과 같이 소개한다.

1. 현재, 레이 캐스팅 모드에서 볼륨 데이터 '큐브'의 경계를 육안으로 보기가 쉽지 않다. 따라서 이 큐브 주위에 박스를 그리는 WireFrame 클래스를 구현해보자. x, y, z축을 각각 적색, 녹색, 청색으로 그리고, 축마다 별도의 셰이더를 부여한다. WireFrame 클래스는 RayCastRender 클래스 내에서 사용될 것이다.

2. 데이터 스케일링을 구현한다. 현재의 구현에서는 볼륨에 대해서는 큐브를, 2D 슬라이스에 대해서는 정사각형을 그리고 있는데, 이것은 대칭적인 데이터 세트를 가정하는 것이다(즉 각 방향마다 슬라이스의 개수가 동일하다). 하지만 현실에서는 대부분의 데이터에서 슬라이스 개수는 다양하다. 특히 의료 데이터는 z축에서의 슬라이스 개수가 적을 때가 많은데, 예를 들면 256×256×99인 데이터를 자주 접할 수 있으며, 이런 데이터를 제대로 표시하기 위해서는 계산 시에 스케일(척도) 개념이 도입돼야 한다. 이를 구현하는 한 가지 방법은 큐브의 버텍스(3D 볼륨)와 정사각형의 버텍스(2D 슬라이스)에 스케일을 적용하는 것이다. 사용자는 명령 라인 인수로서 스케일 매개변수를 입력할 수 있어야 한다.

3. 본문의 볼륨 레이 캐스팅 알고리즘 구현은 픽셀의 최종 색상 또는 강도를 계산하기 위해 엑스레이 캐스팅을 사용하고 있다. 이와 다른 방법 중에서 널리 사용되는 것으로 각 픽셀마다 최대 강도를 설정할 수 있는 MIPmaximum intensity projection 기법이 있다. 여러분의 코드에서 이 기법을 구현해보라(힌트: RayCastRender의 프래그먼트 셰이더에서 값을 블렌딩하지 말고, 그 대신에 광선을 따라서 값을 검사하면서 최댓값을 설정하도록 코드를 수정한다).

4. 현재 구현된 유일한 UI는 x축, y축, z축을 둘러싼 회전뿐이다. I와 O 키를 누르면 볼륨 렌더링된 이미지를 확대 및 축소하는 기능을 구현해보자. `glutils.lookAt()` 메소드에서 카메라 매개변수를 적절히 설정해 구현할 수 있지만, 여기에는 한 가지 함정이 있다. 데이터 큐브 내부로 시선을 이동하면 레이 캐스팅이 제대로 동작하지 않는데, OpenGL이 큐브의 전면들을 잘라낼 것이기 때문이다. 하지만 레이 캐스팅에 필요한 광선을 정확히 계산하기 위해서는 컬러 큐브의 전면과 후면 모두가 렌더링돼야 한다. 따라서 이 방법 대신, `glutils.projecton()` 메소드에서 시야를 조정하는 방법으로 확대/축소를 구현하자.

5부
하드웨어 해킹

"여러분이 망치로 때릴 수 있는(권장하지는 않는다) 시스템의 일부분을 하드웨어라고 부른다.
여러분이 그저 저주만 할 수 있는 프로그램 명령어들을 소프트웨어라고 부른다."

– 익명

12장
아두이노 소개

아두이노Arduino는 간단한 마이크로컨트롤러microcontroller 보드이자 프로그래밍 가능한 칩에서 실행되는 오픈소스 개발 환경이다. 아두이노는 메모리, 프로세서, 입/출력 시스템 같은 컴퓨터의 표준 컴포넌트들을 포함하고 있다.

12장에서는 아두이노의 도움을 받아서 마이크로컨트롤러의 세계로 여행을 시작한다. 아두이노 플랫폼의 기초와 아두이노 프로그래밍 언어(C++)를 사용해 아두이노 프로그램을 작성하는 방법을 배울 것이다. 그리고 간단한 광센서light sensor 회로에서 데이터를 수집한 뒤, 이 데이터를 직렬 포트를 통해 컴퓨터로 전송하는 아두이노 프로그램을 작성할 것이다. 또한 pySerial로 직렬 포트를 통한 아두이노와의 인터페이스, 데이터 수집, matplotlib을 사용한 실시간 그래프 작성법도 배운다. 이 그래프는 심전도 모니터처럼 새로운 값이 들어올 때마다 오른쪽으로 계속 스크롤될 것이다. 그림 12-1은 광센서 회로의 설정을 보여준다.

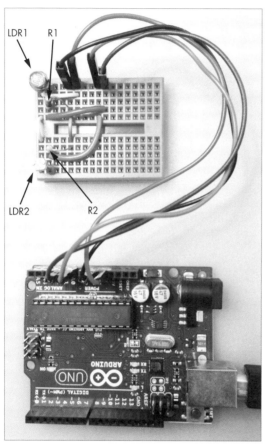

▲ **그림 12-1** 간단한 LDR(light dependent resistor, 광가변저항) 회로. 브레드보드상에서 조립되어 아두이노 우노에 연결되어 있다.

아두이노

아두이노는 아트멜Atmel AVR이라고 불리는 마이크로컨트롤러 칩들을 중심으로 구축된 플랫폼이다. 시장에는 다양한 크기와 기능을 갖춘 많은 수의 아두이노 보드들이 판매되고 있다. 그림 12-2는 아두이노 우노Arduino Uno 보드의 주요 컴포넌트들을 보여주는데, 이 보드는 가장 흔하게 볼 수 있는 종류에 속한다. 아두이노 보드의 헤더들을 통해 마이크로컨트롤러의 아날로그 및 디지털 핀에 접근할 수 있으며, 데이터를 송수신해 다른 전자기기와 통신이 가능하다(전자 제품에 대한 이해를 높이고 아두이노 프로그래밍 실력을 높이고 싶은 독자에게는 존 박솔John Boxall의 『Arduino Workshop』[No Starch Press, 2013]을 추천한다).

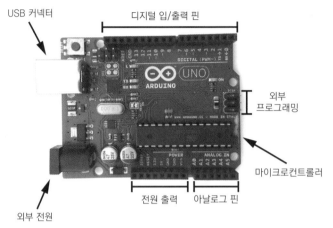

USB 커넥터
디지털 입/출력 핀
외부 프로그래밍
마이크로컨트롤러
전원 출력   아날로그 핀
외부 전원

▲ **그림 12-2** 아두이노 우노 보드의 컴포넌트

> **참고** ▶ 12장의 프로젝트에서는 아두이노 우노 보드를 사용하고 있지만, 그 밖의 비공식 보드들도 사용할 줄 알아야 한다. 아두이노 웹사이트(http://arduino.cc/)에서 여러 보드 간의 차이점을 확인할 수 있다. 예를 들어, 일부 보드는 핀의 번호 체계가 우노와 다르다.

아두이노 우노 보드에는 마이크로컨트롤러 칩, USBuniversal serial bus 연결, 외부 전원 단자, 디지털 입/출력 핀, 아날로그 핀, 외부 회로가 사용할 수 있는 전원 출력, 그리고 칩을 직접 프로그래밍하기 위한 핀도 존재한다.

사용자는 아두이노 보드에 포함된 **부트로더**bootloader를 사용해 마이크로컨트롤러에 코드를 업로드 및 실행할 수 있다. 부트로더가 없는 경우에는 ICSPin-circuit serial programming 프로그래머를 사용해 마이크로컨트롤러와 상호작용을 할 수 있다(아두이노는 ICSP 헤더라고 부르는 외부 프로그래밍용 핀으로 ICSP를 사용할 수 있다). 아두이노는 USB 포트를 통해 컴퓨터에 연결할 수 있고, 아두이노 소프트웨어를 사용해 보드에 코드를 업로드할 수 있기 때문에 프로그램을 쉽게 작성할 수 있다.

아두이노 보드의 가장 중요한 컴포넌트는 AVR 마이크로컨트롤러로서, 이것은 칩 위의 컴퓨터라고 말할 수 있다. 아두이노 우노의 AVR 마이크로컨트롤러는 ATmega328 칩으로서, CPU, 타이머/카운터, 아날로그 및 디지털 핀, 메모리 모듈, 클록 모듈 등이 내장되어 있다. CPU는 업로드된 프로그램을 실행하고, 타이머/카운터 모듈은 프로그램에 주기적인 이벤트(예를 들면, 1초마다 디지털 핀의 값을 검사)를 작성하는 데 사용될 수 있다. 아날로그 핀은 ADCanalog-to-digital converter(아날로그-디지털 컨버터) 모듈을 사용해 수신된 아날로그 신호를 디지털 값으로 변환하고, 디지털 핀은 설정에 따라서 입력 또는 출력으로서 동작할 수 있다.

아두이노 생태계

아두이노는 IDEintegrated development environment(통합 개발 환경), 풍부한 지원과 창조성을 제공하는 커뮤니티, 다양한 주변기기들을 프로그래밍 언어와 결합하는 생태계의 중심에 자리잡고 있다.

언어

아두이노 프로그래밍 언어는 단순화된 C++ 버전으로서, 프로세싱Processing과 와이어링 Wiring 언어에 기원하고 있다. 프로그래밍에 익숙하지 않은 사람들을 위한 쉬운 언어로서 설계됐으며, 아두이노용으로 작성된 프로그램을 스케치sketch라고 부른다(아두이노 프로그래밍 언어에 대한 자세한 내용은 http://arduino.cc/를 참조하자).

IDE

아두이노는 스케치를 작성하고 아두이노에 업로드할 수 있는 간단한 IDE를 포함한다 (그림 12-3 참조). IDE에는 직렬 포트를 통해 컴퓨터에 정보를 전송하고 애플리케이션을 디버깅할 수 있는 직렬 모니터serial monitor도 포함되어 있다. 또한 예제 프로그램과, 일반적인 작업 및 외부 주변 보드와의 인터페이스를 수행하는 표준 라이브러리들도 포함하고 있다.

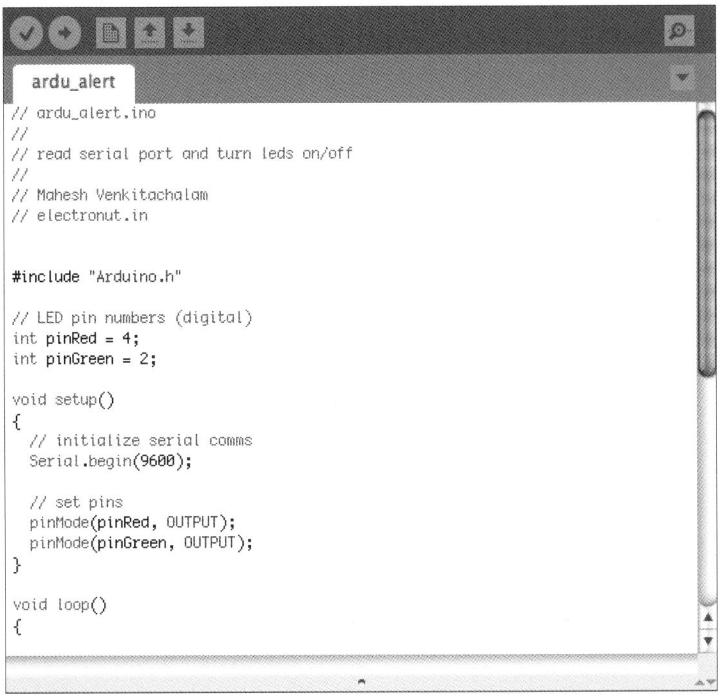

```
ardu_alert

// ardu_alert.ino
//
// read serial port and turn leds on/off
//
// Mahesh Venkitachalam
// electronut.in


#include "Arduino.h"

// LED pin numbers (digital)
int pinRed = 4;
int pinGreen = 2;

void setup()
{
  // initialize serial comms
  Serial.begin(9600);

  // set pins
  pinMode(pinRed, OUTPUT);
  pinMode(pinGreen, OUTPUT);
}

void loop()
{
```

▲ **그림 12-3** 아두이노 IDE의 예제 프로그램

커뮤니티

아두이노는 거대한 사용자 기반을 갖고 있으며, 프로젝트에 대한 의문이 생기면 언제든 커뮤니티에 도움을 요청할 수 있다. 또한 아두이노 커뮤니티는 여러분의 프로젝트에서 사용할 수 있는 수많은 오픈소스 라이브러리들을 개발했으며, 만일 여러분이 어떤 센서 모듈과의 인터페이스에 어려움을 겪고 있다면 누군가가 이미 그 문제를 해결했으며 여러분을 도와줄 수 있는 라이브러리가 이미 존재할 가능성이 높다.

주변장치

인기 있는 플랫폼이 으레 그렇듯, 아두이노 플랫폼을 중심으로 산업이 구축되고 있다. 수많은 쉴드shield(아두이노와 궁합이 맞으며, 센서 및 기타 전자제품에 손쉬운 접근을 제공하는 보드), 브레이크아웃 보드breakout board(납땜하기 어려운 컴포넌트/회로의 배선을 용이하게 도와주는 보드), 기타 주변장치들이 아두이노를 위해 존재하며 여러분의 프로젝트를 단순화할 수

있다. 스파크펀 일렉트로닉스SparkFun Electronics(https://www.sparkfun.com/)와 에이다프루트 인더스트리즈Adafruit Industries(http://www.adafruit.com/)는 아두이노와 함께 사용할 수 있는 수많은 주변장치를 제작하는 업체들이다.

요구사항

아두이노의 기초를 배웠으니, 이제 빛을 감지하는 광센서 회로로부터 데이터를 읽을 수 있는 보드를 프로그래밍해보자. 아두이노 외에도 2개의 저항기resistor와 2개의 LDRlight-dependent resistor이 필요하다. 저항은 회로를 흐르는 전류를 줄이고 전압을 낮추기 위해 사용된다. LDR(포토레지스터photoresistor라고도 한다)은 노출되는 빛의 강도가 증가함에 따라 전기 저항의 크기가 감소하는 저항기의 일종이다. 또한 회로를 조립하기 위해 브레드보드와 전선이 필요하고, 제대로 연결됐는지 검사하는 멀티미터multimeter도 필요하다.

광센서 회로 구축

먼저, 2개의 일반 저항기와 2개의 LDR로 구성되는 광센서 회로를 만들자. 그림 12-4는 광센서 회로의 회로도다(부록 B에서 전자 회로 구축을 시작하는 방법을 소개한다).

그림 12-4에서 VCC는 아두이노의 5V 출력과 연결되며 회로에 전력을 공급한다. LDR1과 LDR2는 빛을 감지하는 저항기이며, A0와 A1은 아두이노 아날로그 핀의 0과 1이다(아날로그 핀은 마이크로컨트롤러가 외부 회로로부터 전압 레벨을 읽는 데 사용된다). 또한 R1, R2 저항기가 보이고, GND(접지)는 아두이노상의 임의의 GND 핀과 연결될 수 있다. 그림 12-1과 같이, 전선으로 연결을 하여 브레드보드breadboard(납땜 없이 회로를 조립할 때 사용되는 플라스틱 보드)상에서 회로를 조립할 수 있다.

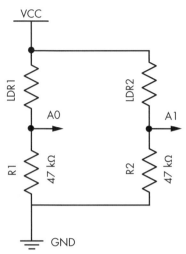

▲ **그림 12-4** 간단한 광센서 회로의 회로도

회로의 동작 원리

이 회로에서 LDR 및 그 아래의 저항기는 저항 분배기resistor divider로서 동작한다. 저항 분배기는 2개의 저항기를 사용해 입력 전압을 둘로 나누는 역할을 한다. 예를 들어, A0 에서의 전압 V_0는 다음과 같이 계산된다.

$$V_0 = V \frac{R_1}{R_{\mathrm{LDR}} + R_1}$$

여기서 R_1은 저항기의 저항이고, R_{LDR}은 LDR의 저항이다. V는 공급 전압이고, V_0는 R_1 에 걸리는 전압이다. LDR에 노출되는 빛의 강도가 변화됨에 따라 저항의 크기가 변화 하고, 그 저항기에 걸리는 전압도 변화한다. 이 전압(0V와 5V 사이)은 A0에서 읽혀서 [0, 1023] 범위의 10비트 값으로 프로그램에 전송된다. 즉 전압은 [0, 1023] 범위의 정수 로 매핑된다.

회로에서 사용되는 R1, R2 저항기의 크기는 LDR에 따라 달라진다. LDR에 빛을 비추면 LDR의 전기 저항은 감소한다. 그 결과 R_{LDR}이 감소하고, V_0가 증가하며, LDR 에 연결된 아날로그 핀에서 더 높은 값이 읽힌다. R1과 R2에 필요한 저항 값을 알아내 기 위해서는 상이한 조명 조건하에서 멀티미터를 사용해 LDR의 저항을 측정하고 그 값을 전압 방정식에 대입해야 한다. LDR이 사용되는 조명 조건의 범위에 걸쳐서 (0V에서 5V까지) 전압이 폭넓은 변화를 갖는 것이 바람직하다.

12장의 프로젝트에서는 R1과 R2의 크기를 4.7kΩ으로 결정했는데, LDR의 저항이 (어두울 경우) 약 10kΩ에서 (밝은 빛에서) 1kΩ까지의 값을 보였기 때문이다. 이 값들을 앞서 설명한 식에 대입하면 아날로그 입력으로 1.6V에서 4V까지의 전압이 필요하다는 사실을 알 수 있다. 여러분이 직접 회로를 제작할 때는, 우선 4.7kΩ부터 시작해 최적의 값을 찾아가는 접근 방식을 취할 수 있다.

아두이노 스케치

이제 아두이노 스케치를 작성해보자. 아두이노상에서 실행되는 다음 코드는 회로의 신호를 읽어서 직렬 포트를 통해 그 신호를 컴퓨터로 보낸다.

```
#include "Arduino.h"

void setup()
{
    // 직렬 통신을 초기화한다
❶   Serial.begin(9600);
}

void loop()
{
    // A0를 읽는다
❷   int val1 = analogRead(0);
    // A1을 읽는다
❸   int val2 = analogRead(1);
    // 직렬 포트로 인쇄한다
❹   Serial.print(val1);
    Serial.print(" ");
    Serial.print(val2);
    Serial.print("\n");
    // 대기한다
❺   delay(50);
}
```

❶에서는 setup() 메소드 내부에서 직렬 통신을 활성화한다. setup() 메소드는 프로그램이 시작될 때만 호출되므로, 초기화 코드를 두기에 좋은 위치다. 여기서는 직렬 통신의 속도를 9600 보 레이트baud rate(초당 비트 수로 나타낸 속도)로 초기화하는데, 대부분의 장치에서 기본 값이며 이번 프로젝트의 목적을 충분히 달성할 수 있다.

메인 코드는 loop() 메소드 내에 들어 있다. ❷에서 아날로그 핀 0에서 현재 신호 값([0, 1023] 범위의 10비트 정수)을 읽고, ❸에서는 핀 1에서 현재 신호 값을 읽는다. ❹와 그 이하의 줄에서 Serial.print()는 메소드를 사용해 컴퓨터에 값을 보내는데, 공백으로 구분된 2개의 정수와 개행문자로 이뤄진다. ❺에서는 delay() 메소드를 사용해 루프가 반복되기 전에 정해진 시간(여기서는 50밀리초) 동안 연산을 일시정지한다. 여기서 사용되는 값은 AVR 마이크로컨트롤러가 loop() 메소드를 실행하는 속도를 결정한다.

아두이노에 스케치를 업로드하려면, 컴퓨터에 아두이노를 연결하고 IDE를 실행한 다음, 새로운 프로젝트를 시작한다. 그다음에 스케치 창에 코드를 입력하고, Verify를 클릭해 코드를 컴파일한다. IDE는 문법 오류 및 경고를 출력할 것이다. 아무 문제가 없다면 Upload를 클릭해 스케치를 아두이노로 보낸다.

아무 오류도 표시되지 않을 경우, Tool 메뉴에서 Serial Monitor를 실행하면 다음과 같은 출력을 볼 수 있다.

```
512 300
513 280
400 200
...
```

이 값들은 아날로그 핀 0과 1에서 읽힌 아날로그 값으로서, 아두이노의 USB 포트를 통해 컴퓨터에 직렬로 전송된다.

실시간 그래프 생성하기

스크롤되는 실시간 그래프를 프로젝트에 추가하기 위해 4장에서 설명한 deque를 사용할 것이다. deque는 N개의 값으로 이뤄진 배열로 구성되며, 양쪽 끝에서 값을 추가 및 제거할 수 있다. 새로운 값이 들어오면 deque에 추가되면서 가장 오래된 값이 제거된다. 일정한 간격으로 값을 그래프에 표시하는 방법으로 실시간 그래프를 생성할 것이며, 새로운 데이터는 그래프의 좌측에 추가될 것이다.

파이썬 코드

이제, 직렬 포트에서 읽어들이는 파이썬 프로그램을 살펴보자(프로젝트의 전체 코드는 332페이지의 '전체 파이썬 코드' 절에서 확인할 수 있다). 코드를 효과적으로 작성하기 위해, 그래프에 표시될 데이터를 보유하는 AnalogPlot 클래스를 정의할 것이다. 이 클래스의 클래스 생성자는 다음과 같다.

```
class AnalogPlot:
# 생성자
def __init__(self, strPort, maxLen):
    # 직렬 포트를 연다
❶    self.ser = serial.Serial(strPort, 9600)

❷    self.a0Vals = deque([0.0]*maxLen)
❸    self.a1Vals = deque([0.0]*maxLen)
❹    self.maxLen = maxLen
```

AnalogPlot 생성자는 ❶에서 pySerial 라이브러리의 Serial 객체를 생성한다. 이 클래스는 아두이노에서 직렬 통신용으로 사용된다. Serial 객체의 생성자로 전달되는 첫 번째 인수는 포트 이름 문자열로서, IDE에서 **Tools ➤ Serial Port**를 선택하면 알아낼 수 있다(MS 윈도우에서 이 문자열은 COM3이고, 리눅스와 OS X에서는 /dev/tty.usbmodem411과 비슷한 값이다). Serial 생성자의 두 번째 인수는 보 레이트로서, 앞서 아두이노 스케치에서 9600으로 설정했었다.

❷와 ❸에서는 아날로그 값들을 갖고 있는 deque 객체를 생성한다. deque 객체를 길이가 maxLen이고 0으로 채워진 리스트로 초기화하고 있는데, maxLen은 특정 시점에 그래프에 그려지는 값의 최대 개수다. ❹에서 maxLen이 AnalogPlot 객체에 저장된다.

실시간으로 아날로그 값들을 그래프에 그리기 위해, AnalogPlot 클래스에서 생성된 deque 객체에 가장 최근의 값을 버퍼링한다.

```
# 데이터를 추가한다
def add(self, data):
    assert(len(data) == 2)
❶    self.addToDeq(self.a0Vals, data[0])
❷    self.addToDeq(self.a1Vals, data[1])

# deque에 추가한다.  가장 오래된 값은 제거된다
def addToDeq(self, buf, val):
❸    buf.pop()
❹    buf.appendleft(val)
```

앞서도 봤듯이, 아두이노는 한 라인에 2개의 아날로그 정수 값만을 전송한다. add()
메소드에서는 각 아날로그 핀의 데이터 값들이 addToDeq() 메소드를 사용해 ❶과
❷에서 2개의 deque 객체에 추가된다. ❸과 ❹에서 이 메소드는 pop() 메소드를 사
용해 deque에서 가장 오래된 값을 제거한 다음, appendleft() 메소드를 사용해 최신
값을 deque에 추가한다. 이 deque의 값들을 그래프에 찍을 때, 가장 최근의 값은 항상
그래프의 왼쪽에 표시된다.

정해진 간격으로 그래프를 갱신하기 위해 matplotlib의 animation 클래스가 사용
된다(5장에서 보이즈 프로젝트를 작성하면서 이 클래스를 사용한 적이 있다). 다음 코드는 그래프
애니메이션의 단계별로 호출되는 AnalogPlot의 update() 메소드다.

```
# 플롯을 갱신한다
def update(self, frameNum, a0, a1):
    try:
❶        line = self.ser.readline()
❷        data = [float(val) for val in line.split()]
        # 데이터를 인쇄한다
        if(len(data) == 2):
❸            self.add(data)
❹            a0.set_data(range(self.maxLen), self.a0Vals)
❺            a1.set_data(range(self.maxLen), self.a1Vals)
    except:
❻        pass

    return a0, a1
```

❶에서 update() 메소드는 직렬 데이터를 라인 단위로 문자열로서 읽어들이고, ❷에서는 파이썬의 지능형 리스트를 사용해 이 값들을 부동소수점 숫자로 변환한 후 리스트에 저장한다. split() 메소드를 사용해 공백을 기준으로 문자열을 분할하므로, 예를 들어 직렬 포트에서 읽어들인 문자열 512 600\n은 [512, 600]으로 변환된다.

데이터에 2개의 값이 들어 있는지 확인한 후, ❸에서 AnalogPlot의 add() 메소드를 사용해 deque에 값을 추가한다. ❹와 ❺에서는 새로운 값으로 그래프를 갱신하기 위해 matplotlib의 set_data() 메소드를 사용한다. 각 플롯의 x 값은 [0, ... maxLen] 범위의 숫자로서, range() 메소드로 설정된다. y 값들은 갱신된 deque 객체로부터 채워진다.

이 코드들은 모두 try 블록에 포함되며, 예외가 발생하면 ❻의 pass로 넘어간다. pass에서는 읽어들인 값을 무시한다(즉 아무 일도 하지 않는다. try 블록을 사용하는 이유는 회로의 느슨한 접촉으로 인해 직렬 데이터가 손상됐을 수 있기 때문이다. 직렬 포트를 통해 나쁜 값이 전송됐다는 이유로 프로그램이 비정상 종료되기를 원하는 사람은 없을 것이다).

모든 준비가 끝나면 다음과 같이 직렬 포트를 닫아서 모든 시스템 자원을 해제한다.

```
# 내용을 비운다
def close(self):
    # 직렬 포트를 닫는다
    self.ser.flush()
    self.ser.close()
```

main() 메소드에서는 matplotlib 애니메이션을 설정해야 한다.

```
    # 애니메이션을 설정한다
❶ fig = plt.figure()
❷ ax = plt.axes(xlim=(0, maxLen), ylim=(0, 1023))
❸ a0, = ax.plot([], [])
❹ a1, = ax.plot([], [])
❺ anim = animation.FuncAnimation(fig, analogPlot.update,
                                 fargs=(a0, a1), interval=20)

    # 플롯을 표시한다
❻ plt.show()
```

❶에서는 matplotlib의 Figure 모듈을 사용한다. 이 모듈은 플롯의 모든 요소를 포함하고 있다. ❷에서는 Axes 모듈에 접근해 그래프에서 x 값과 y 값에 제한을 둔다. x 값은 표본의 개수로 제한되고, y 값은 아날로그 값 범위의 상한 값인 1023으로 제한된다.

❸과 ❹에서는 2개의 비어 있는 라인 객체(a0와 a1)를 생성하며, 이 객체들은 라인에 좌표를 제공하는 콜백을 설정하기 위해 animation 클래스로 전달된다. 그런 다음 ❺에서 애니메이션 단계마다 analogPlot의 update() 메소드가 호출되도록 설정한다. 이 메소드가 호출되도록 인수를 지정하고 있으며, 시간 간격은 20밀리초로 지정됐다. ❻에서는 plt.show() 메소드를 호출해 애니메이션을 시작한다.

main() 메소드에서는 명령 라인 옵션을 지원하는 argparse 파이썬 모듈도 사용된다.

```python
# 파서를 생성한다
parser = argparse.ArgumentParser(description="LDR serial")
# 예상되는 인수들을 추가한다
parser.add_argument('--port', dest='port', required=True)
parser.add_argument('--N', dest='maxLen', required=False)

# args를 파싱한다
args = parser.parse_args()

strPort = args.port

# 매개변수들을 플롯에 그린다
maxLen = 100
if args.maxLen:
    maxLen = int(args.maxLen)
```

--port 인수는 필수 옵션이다. 이 옵션은 데이터가 수신되는 직렬 포트의 이름을 프로그램에게 알려준다(이 이름은 아두이노 IDE의 Tools > Serial Port에서 확인할 수 있다). maxLen 인수는 선택적이며, 한 번에 그려지는 점의 개수를 지정할 수 있다(기본 값은 100이다).

전체 파이썬 코드

이번 프로젝트의 완전한 파이썬 코드는 다음과 같다. https://github.com/electronut/pp/tree/master/arduino-ldr/에서 ldr.py 파일을 다운로드할 수도 있다.

```python
import serial, argparse
from collections import deque

import matplotlib.pyplot as plt
import matplotlib.animation as animation


# 플롯 클래스
class AnalogPlot:
  # 생성자
  def __init__(self, strPort, maxLen):
      # 직렬 포트를 연다
      self.ser = serial.Serial(strPort, 9600)

      self.a0Vals = deque([0.0]*maxLen)
      self.a1Vals = deque([0.0]*maxLen)
      self.maxLen = maxLen

  # 데이터를 추가한다
  def add(self, data):
      assert(len(data) == 2)
      self.addToDeq(self.a0Vals, data[0])
      self.addToDeq(self.a1Vals, data[1])

# deque에 추가하고, 가장 오래된 값을 제거한다
  def addToDeq(self, buf, val):
      buf.pop()
      buf.appendleft(val)

  # 플롯을 갱신한다
  def update(self, frameNum, a0, a1):
      try:
          line = self.ser.readline()
          data = [float(val) for val in line.split()]
          # 데이터를 인쇄한다
          if(len(data) == 2):
```

```
                self.add(data)
                a0.set_data(range(self.maxLen), self.a0Vals)
                a1.set_data(range(self.maxLen), self.a1Vals)
        except:
            pass

        return a0, a1

    # 내용을 비운다
    def close(self):
        # 직렬 포트를 닫는다
        self.ser.flush()
        self.ser.close()

# main() 함수
def main():
    # 파서를 생성한다
    parser = argparse.ArgumentParser(description="LDR serial")
    # 예상되는 인수들을 추가한다
    parser.add_argument('--port', dest='port', required=True)
    parser.add_argument('--N', dest='maxLen', required=False)

    # args를 파싱한다
    args = parser.parse_args()

    #strPort = '/dev/tty.usbserial-A7006Yqh'
    strPort = args.port

    print('reading from serial port %s...' % strPort)

    # 매개변수들을 플롯에 그린다
    maxLen = 100
    if args.maxLen:
        maxLen = int(args.maxLen)

    # 플롯 객체를 생성한다
    analogPlot = AnalogPlot(strPort, maxLen)

    print('plotting data...')

    # 애니메이션을 설정한다
    fig = plt.figure()
```

```
ax = plt.axes(xlim=(0, maxLen), ylim=(0, 1023))
a0, = ax.plot([], [])
a1, = ax.plot([], [])
anim = animation.FuncAnimation(fig, analogPlot.update,
                                    fargs=(a0, a1), interval=20)

# 플롯을 표시한다
plt.show()

# 내용을 비운다
analogPlot.close()

print('exiting.')


# main() 함수를 호출한다
if __name__ == '__main__':
    main()
```

프로그램 실행

프로그램을 테스트하기 위해 LDR 회로를 조립하고 컴퓨터에 아두이노를 연결한 후,
스케치를 업로드하고 파이썬 코드를 실행한다.

```
$ python3 --port /dev/tty.usbmodem411 ldr.py
```

그림 12-5는 프로그램의 실행 결과를 보여준다. 특히, 2개의 LDR이 빛에 노출되고
다시 차단될 때 그래프가 생성되는 모습을 볼 수 있다. 그래프에서 볼 수 있듯이, LDR
의 저항 값이 바뀔 때 아두이노에 의해 읽히는 아날로그 전압도 바뀌고 있다. 그래프
중앙의 고점은 LDR 위로 손이 빠른 속도로 통과될 때 발생했으며, 그래프 우측의 평
평한 부분은 손이 천천히 통과될 때 발생했다.

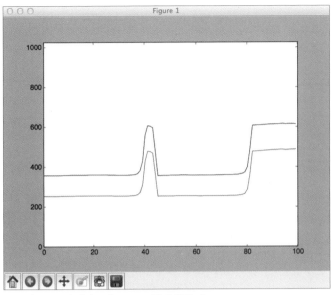

▲ **그림 12-5** 빛 감지 그래프 프로그램의 실행 예

2개의 LDR은 각기 다른 저항 특성을 갖고 있기 때문에 선이 서로 똑같이 일치하지는 않는다. 하지만 그래프에서 볼 수 있듯이 빛의 변화에 동일한 패턴으로 반응하고 있다.

정리

이번 프로젝트에서는 마이크로컨트롤러의 세계와 아두이노 플랫폼을 소개했다. 아두이노 프로그래밍의 문법과 아두이노에 프로그램을 업로드하는 방법을 배웠고, 아두이노 핀에서 아날로그 값을 읽는 방법과 간단한 LDR 회로를 만드는 방법도 배웠다. 추가로, 파이썬을 사용하여 직렬 포트를 통해 아두이노와 컴퓨터 간에 데이터를 송수신하는 방법에 대해서도 배웠다. 또한 matplotlib과 실시간 스크롤 그래프를 사용해 데이터를 시각화하는 것에 대해서도 배웠다.

실습!

아두이노 프로젝트를 다음과 같이 수정해보자.

1. 본문의 프로그램은 왼쪽에서 오른쪽으로 그래프를 스크롤한다. 다시 말해, 새로운 값이 왼쪽으로 들어오고 이전의 값들은 오른쪽으로 이동한다. 이 방향을 그래프가 오른쪽에서 왼쪽으로 이동하도록 반대로 바꿔보자.

2. 본문의 코드는 일정한 간격으로 아날로그 값을 읽어서 직렬 포트로 전송한다. 이때 읽히는 데이터가 심하게 변동을 보일 수 있으므로, 데이터를 매끄럽게 만들기 위한 필터링을 적용하는 것이 일반적이다. LDR 데이터를 평균화하는 코드를 구현해보라 (힌트: 각각의 LDR별로 읽힌 아날로그 값 N개의 평균값을 관리한다. 평균값은 정기적으로 직렬 포트로 전송돼야 한다. 루프 내의 delay()를 감소시켜서 더 빨리 값을 읽게 한다. 새롭게 수정된 그래프가 원래의 그래프보다 부드러운가? N 값으로 여러 가지를 시도해보고, 그래프가 어떻게 달라지는지 확인해보라).

3. 본문의 센서 회로에는 2개의 LDR이 있다. 이 LDR들을 빛이 잘 비치는 공간에 두고, 그 위로 손을 통과시켜보자. 그래프를 보면, 먼저 가려진 LDR의 플롯이 다른 LDR의 플롯보다 먼저 변화하는 모습을 확인할 수 있다. 이 정보를 이용해 손의 이동 방향을 알아낼 수 있는가? 이것은 기초적인 동작 탐지 프로젝트다(힌트: LDR 그래프의 변화는 각기 다른 시점에 발생하며, 이를 통해 어떤 LDR이 먼저 가려졌는지 알 수 있다. 그리고 손의 이동 방향도 알 수 있다).

13장
레이저 오디오
디스플레이

12장에서는 저수준 전자 장치와의 인터페이스에 매우 적합한 아두이노의 기초를 배웠다. 13장에서는 오디오 신호로부터 레이저 패턴을 생성하는 하드웨어를 구축하기 위해 아두이노를 활용할 것이다. 이번에는 파이썬의 역할이 12장보다 확대된다. 직렬 통신 처리뿐만 아니라, 실시간 오디오 데이터에 기초한 계산 수행과 오디오 데이터를 사용한 레이저 디스플레이 장비 내의 모터 조정까지 수행할 것이기 때문이다.

레이저는 긴 거리에 걸쳐서 투영되어도 아주 작은 점으로의 집중 상태를 유지하는 강렬한 빛으로 생각할 수 있다. 이렇게 작은 점으로의 집중이 가능한 이유는 파동이 한 방향으로만 이동하며 서로 같은 위상을 갖기 때문이다. 이번 프로젝트에서는 음악(또는 임의의 오디오 입력)과 동기화되는 레이저 패턴을 생성하기 위해 저렴하면서 쉽게 구할 수 있는 레이저 포인터를 사용한다. 그리고 레이저 포인터와 모터에 부착되는 2개의 회전 거울을 사용해 재미있는 패턴을 생성하는 하드웨어를 구축할 것이다. 아두이노를 사용해 모터의 방향과 회전 속도를 설정하는데, 직렬 포트를 통해 파이썬으로 제어할 것이다. 파이썬 프로그램은 오디오 입력을 읽고, 분석하며, 모터의 속도 및 방향 데이터로 변환해 모터를 제어할 것이다. 또한 음악과 패턴을 동기화하기 위해 모터의 속도와 방향을 설정하는 방법도 배울 것이다.

이번 프로젝트에서는 여러분의 아두이노와 파이썬 지식을 심화할 수 있다. 13장에서 다루는 내용은 다음과 같다.

- 레이저와 2개의 회전 거울로 재미있는 패턴 생성하기
- 고속 푸리에 변환을 이용해 신호로부터 주파수 정보 얻기
- numpy를 사용해 고속 푸리에 변환 계산하기
- pyaudio를 사용해 오디오 데이터 읽기
- 컴퓨터와 아두이노 간의 직렬 통신 설정하기
- 아두이노로 모터 구동하기

레이저 패턴 생성

레이저 패턴을 생성하기 위해 이번 프로젝트에서는 레이저 포인터와 2개의 작은 DC 모터 샤프트shaft(회전축)에 부착된 2개의 거울을 사용한다(그림 13-1 참조). 평면 거울(거울 A)의 표면에 레이저 빛을 비추면, 반사된 빛은 모터가 회전해도 점 상태를 유지한다. 레이저의 반사 평면이 모터의 회전축에 수직이기 때문에, 거울이 전혀 회전하지 않은 것과 같다.

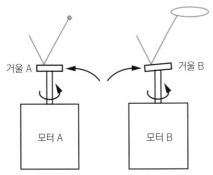

▲ **그림 13-1** 평면 거울(거울 A)은 하나의 점을 반사한다. 기울어진 거울(거울 B)로부터의 반사는 모터의 회전에 의해 원을 만든다.

　이번에는 그림 13-1의 우측에 보이는 것처럼(거울 B) 거울이 샤프트에 일정 각도로 부착되어 있다고 하자. 샤프트가 회전하면 투영된 점은 타원을 그리며, 모터가 충분히 빠르게 회전하면 관찰자는 움직이는 점을 하나의 연속적인 도형으로 인식할 것이다.

　거울 A에서 반사된 점이 거울 B에 투영되도록 거울을 배치하면 어떻게 될까? 모터 A와 모터 B를 둘 다 회전시켜서 반사되는 점에 의해 생성되는 패턴은 그림 13-2와 같이 모터 A와 모터 B의 회전 운동이 조합되어 재미있는 패턴이 만들어질 것이다.

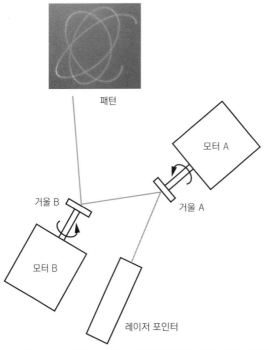

▲ **그림 13-2** 2개의 기울어진 거울이 회전하면서 반사되는 레이저 빛은 재미있고 복잡한 패턴을 생성한다.

생성되는 패턴의 정확한 모양은 두 모터의 회전 속도 및 방향에 따라 달라지겠지만, 2장에서 배웠던 스파이로그래프가 만드는 하이포트로코이드hypotrochoid와 유사하다.

모터 제어

이번 장에서는 아두이노를 사용해 모터의 속도와 방향을 제어한다. 모터의 높은 전압을 처리할 수 있는지 확인할 필요가 있는데, 너무 많은 전류가 흐르면 아두이노가 손상될 수 있기 때문이다. 그림 13-3(a)의 스파크펀SparkFun TB6612FNG 브레이크아웃 보드를 사용하면 아두이노를 보호하고 설계를 단순화하면서 개발 시간을 단축할 수 있다.

▲ **그림 13-3** 스파크펀 모터 드라이버 1A 듀얼 TB6612FNG

그림 13-3(b)는 이 브레이크아웃 보드의 납땜 처리된 뒷면을 보여준다. 핀 이름의 A와 B는 2개의 모터를 나타낸다. IN 핀은 모터의 방향을 제어하고, 01과 02 핀은 모터에 전력을 공급하며, PWM 핀은 모터의 속도를 제어한다. 이 핀들에 기록을 함으로써 모터의 방향과 속도를 제어할 수 있으며, 이번 장의 프로젝트에서 꼭 필요한 기능이다.

> **참고** 이 브레이크아웃 보드 대신에 여러분에게 익숙한 다른 모터 제어 회로를 사용해도 좋다. 단, 그에 맞춰서 아두이노 스케치를 적절히 수정해야 할 것이다.

고속 푸리에 변환

이번 프로젝트의 궁극적인 목적은 오디오 입력에 기초해 모터 속도를 제어하는 것이기 때문에, 여러분은 오디오의 주파수를 분석할 수 있어야 한다.

4장에서 어쿠스틱 악기에서 나는 음이 실제로는 여러 주파수의 혼합 또는 배음이라고 배운 바 있다. 사실, 모든 소리는 푸리에 변환Fourier transform을 사용해 주파수 성분으로 분해될 수 있다. 푸리에 변환이 디지털 신호에 적용되어 얻어지는 결과를 DFTdiscrete Fourier transform(이산 푸리에 변환)라고 부르는데, 디지털 신호는 많은 수의 이산 샘플로 구성되기 때문이다. 이번 프로젝트에서는 파이썬을 사용해 DFT를 계산하는 FFTfast Fourier transform(고속 푸리에 변환) 알고리즘을 구현할 것이다(이번 장에서는 FFT를 알고리즘과 그 결과를 모두 가리키는 용어로서 사용할 것이다).

지금부터 FFT의 간단한 예를 들어보겠다. 그림 13-4는 2개의 정현파sine wave가 합쳐진 신호(위)와 이에 대응되는 FFT(아래)를 보여준다. 위에 보이는 신호는 다음과 같이 2개의 정현파가 더해진 식으로 표현될 수 있다.

$$y(t) = 4\sin(2\pi 10t) + 2.5\sin(2\pi 30t)$$

첫 번째 정현파의 4와 10에 주목하자. 4는 파동의 진폭이고, 10은 파동의 주파수(헤르츠 단위)다. 두 번째 파동은 진폭이 2.5이고 주파수는 30이다.

FFT는 이 신호의 주파수 성분들과 상대적 진폭을 보여주는데, 10Hz와 30Hz에서 강도가 최대임을 알 수 있다. 첫 번째 고점의 강도는 두 번째 고점보다 거의 2배 수준이다.

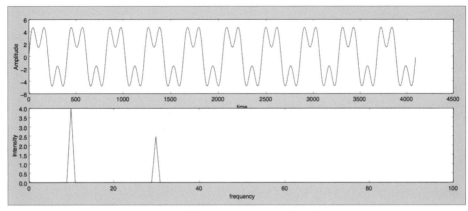

▲ **그림 13-4** 음악에서 포착된 오디오 신호(위) 및 그에 대응되는 FFT(아래)

이번에는 조금 더 복잡한 예를 살펴보자. 그림 13-5는 어떤 오디오 신호(위)와 그에 대응되는 FFT(아래)를 보여준다.

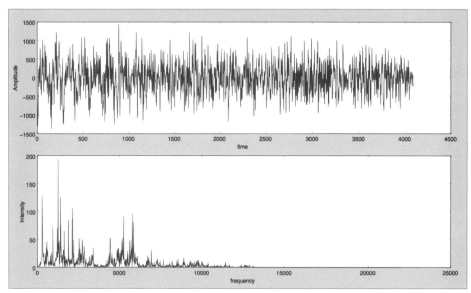

▲ **그림 13-5** FFT 알고리즘은 진폭 신호(위)를 받아서 주파수 성분(아래)을 계산한다.

오디오 입력, 즉 신호signal는 진폭 데이터가 시간에 따라 변화하기 때문에 시간 도메인 time domain에 속하는 반면, FFT는 주파수 도메인frequency domain에 속한다. 아래의 FFT 그 래프에서 다양한 주파수에서 고점들이 나타나고 있음에 주목하자.

FFT를 계산하려면 샘플들이 준비돼야 한다. 샘플 개수의 선택은 다소 임의적이지 만, 샘플의 개수가 적으면 신호의 주파수 성분에 대한 좋은 그림을 얻을 수 없다. 또 1초당 더 많은 FFT를 계산해야 하므로, 계산으로 인한 부하도 증가하기 쉽다. 반면에 샘플의 크기가 너무 크면 신호 내부의 변화가 평균화되기 때문에 '실시간' 주파수 응 답을 얻지 못할 수도 있다. 이번 프로젝트에서 채택된 44100Hz의 샘플링 레이트에서 2048개의 샘플은 대략 0.046초 동안의 데이터를 나타낸다.

이번 프로젝트에서는 오디오 데이터를 주파수 성분들로 분할하고 그 정보를 사용해 모터를 제어해야 한다. 우선, 주파수의 범위를 (Hz 단위로) [0, 100], [100, 1000], [1000, 2500]의 3개 대역으로 분할한다. 각 대역의 평균 진폭이 계산될 것이며, 계산된 값은 모터 및 레이저 패턴에 다음과 같이 각기 다른 영향을 미칠 것이다.

- 낮은 주파수 대역의 평균 진폭의 변화는 첫 번째 모터의 속도에 영향을 미칠 것이다.
- 중간 주파수 대역의 평균 진폭의 변화는 두 번째 모터의 속도에 영향을 미칠 것이다.
- 높은 주파수가 특정 임계 값을 초과하면 첫 번째 모터는 방향을 변경한다.

요구사항

이번 프로젝트를 구축하는 데 필요한 것은 다음과 같다.

- 작은 레이저 포인터
- 작은 장난감에서 사용되는 것과 비슷한 DC 모터 2개(9V 정격)
- 작은 거울 2개. 직경은 대략 1인치 이하
- 스파크펀 모터 드라이버 1A 듀얼 TB6612FNG
- 아두이노 우노Arduino Uno 또는 이와 유사한 보드
- 연결에 사용될 전선(양쪽에 수컷 핀이 있는 단일 코어 단선이 적당하다.)
- AA 배터리 4개로 구성된 배터리 팩
- 거울이 자유롭게 회전할 수 있도록 모터와 레이저 포인터를 보드로부터 띄우는 데 사용될 레고 블록
- 하드웨어를 장착하는 데 사용될 약 8×6인치 크기의 사각형 판지 또는 아크릴
- 글루건hot glue gun
- 납땜 인두

레이저 디스플레이 만들기

가장 먼저 해야 할 일은 모터에 거울을 부착하는 것이다. 거울은 모터 샤프트에 약간 경사진 각도로 붙어야 한다. 거울을 부착하기 위해서는 거울을 평평한 표면에 전면이 아래를 향하도록 배치한 뒤, 가운데에 열간 접착제hot glue 한 방울을 떨어뜨린다. 조심스럽게 모터의 샤프트를 접착제에 담그고, 접착제가 굳을 때까지 거울과 수직을 유지한다(그림 13-6 참조). 테스트를 할 때는 레이저 포인터를 비추면서 손으로 거울을 회전

시켜본다. 반사된 레이저 점의 움직임이 평평한 표면에 투영될 때 타원을 그리는지 확인해야 한다. 두 번째 거울에 대해서도 동일한 작업을 수행한다.

▲ **그림 13-6** 거울을 약간 기울어진 각도로 모터 샤프트에 부착한다.

거울 배치하기

다음으로, 레이저가 거울 A에서 거울 B로 반사되도록 레이저 포인터와 거울을 배치한다(그림 13-7 참조). 거울 A에서 반사된 레이저 빛이 거울 A의 회전 범위 전체에 대해 언제나 거울 B의 원주 내부에 머물러야 한다(약간의 시행착오가 필요할 것이다). 제대로 배치됐는지 확인하기 위해 수동으로 거울 A를 회전시켜보자. 또한 거울 2개의 회전 범위 전체에 대해 거울 B에서 반사된 빛이 (벽과 같이) 평평한 표면에 비춰지도록 거울 B를 배치해야 한다.

▲ **그림 13-7** 레이저와 거울의 배치

참고 거울을 배치할 때 레이저 포인터는 계속 켜져 있어야 한다. 레이저 포인터에 ON 버튼이 있다면, 버튼 위에 테이프를 붙여서 항상 눌려 있게 하자(365페이지의 '실습!' 절에서는 좀 더 우아하게 레이저 포인터의 전력을 제어하는 방법을 소개한다).

거울의 배치가 끝나면, 레이저 포인터와 거울이 부착된 2개의 모터를 3개의 동일한 블록 위에 접착시켜서 자유롭게 회전 가능하도록 배치한다. 그다음에 이 블록들을 마운팅 보드 위에 올리고, 배치가 만족스럽다면 연필로 모서리를 표시하는 방법으로 각 위치를 기록해둔다. 그러고 나서 블록들을 보드 위에 접착한다.

모터에 전력 공급하기

여러분이 구입한 모터의 단자에 전선이 부착되어 있지 않다면(대부분 그렇다), 양 단자에 전선을 납땜하되 모터를 모터 드라이버에 부착할 때 필요한 전선(약 6인치)을 충분히 남겨둔다. 모터의 전원은 배터리 팩에 들어 있는 4개의 AA 배터리에 의해 공급되며, 이 배터리 팩은 마운팅 보드의 후면에 열간 접착될 수 있다(그림 13-8 참조).

▲ **그림 13-8** 마운팅 보드의 후면에 배터리 팩을 접착한다.

이제 손으로 2개의 거울을 회전시키고 거울 위에 레이저를 비춰가면서 제대로 하드웨어가 완성됐는지 테스트한다. 충분히 빠른 속도로 거울을 회전시키면 재미있는 패턴들이 나타나는 모습을 볼 수 있을 것이다.

모터 드라이버 배선하기

이번 프로젝트에서는 스파크펀의 모터 드라이버 TB6612FNG를 사용해 아두이노로 모터를 제어한다. 이 보드의 동작 원리를 자세히 설명하지는 않을 것이다. 궁금한 독자는 MOSFET_{metal-oxide-semiconductor field-effect transistor}(금속 산화물 반도체 전계 효과 트랜지스터)를 사용해 모터를 제어하는 회로 설계인 H 브리지_{H bridge}에 관한 문서를 읽어보자.

이제, 모터를 스파크펀 모터 드라이버와 아두이노에 연결하자. 표 13-1에 나열된 것처럼 연결해야 할 배선이 많다. 2개의 모터를 각각 A와 B로 구분하고, 배선을 할 때 일관성을 유지한다.

▼ **표 13-1** 스파크펀 모터 드라이버와 아두이노의 배선

출발	도착
아두이노 디지털 핀 12	TB6612FNG 핀 BIN2
아두이노 디지털 핀 11	TB6612FNG 핀 BIN1
아두이노 디지털 핀 10	TB6612FNG 핀 STBY
아두이노 디지털 핀 9	TB6612FNG 핀 AIN1
아두이노 디지털 핀 8	TB6612FNG 핀 AIN2
아두이노 디지털 핀 5	TB6612FNG 핀 PWMB
아두이노 디지털 핀 3	TB6612FNG 핀 PWMA
아두이노 5V 핀	TB6612FNG 핀 VCC
아두이노 GND	TB6612FNG 핀 GND
아두이노 GND	배터리 팩 GND(-)
배터리 팩 VCC(+)	TB6612FNG 핀 VM
모터 #1 커넥터 #1(극성 상관없음)	TB6612FNG 핀 A01
모터 #1 커넥터 #2(극성 상관없음)	TB6612FNG 핀 A02
모터 #2 커넥터 #1(극성 상관없음)	TB6612FNG 핀 B01
모터 #2 커넥터 #2(극성 상관없음)	TB6612FNG 핀 B02
아두이노 USB 커넥터	컴퓨터의 USB 포트

그림 13-9는 배선이 완료된 모습을 보여준다.

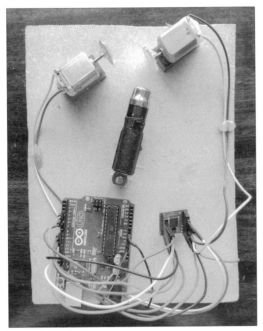

▲ **그림 13-9** 배선이 완료된 레이저 디스플레이

이제, 아두이노 스케치를 작성해보자.

아두이노 스케치

먼저, 아두이노의 디지털 출력 핀을 설정한다. 이어서, 직렬 포트를 통해 들어오는 데이터를 읽고 그 데이터를 모터 드라이버 보드로 전송돼야 할 매개변수로 변환하는 작업이 메인 루프에서 수행된다. 모터의 속도와 방향 제어를 구현하는 방법도 알아볼 것이다.

아두이노의 디지털 출력 핀 설정하기

우선, 표 13-1을 따라서 아두이노의 디지털 핀을 모터 드라이버의 핀으로 매핑한다.

```
  // 모터 A는 A01과 A02에 연결된다
  // 모터 B는 B01과 B02에 연결된다

❶ int STBY = 10; // 스탠바이

  // 모터 A
  int PWMA = 3; // 속도 제어
  int AIN1 = 9; // 방향
  int AIN2 = 8; // 방향

  // 모터 B
  int PWMB = 5; // 속도 제어
  int BIN1 = 11; // 방향
❷ int BIN2 = 12; // 방향

  void setup(){

❸     pinMode(STBY, OUTPUT);

      pinMode(PWMA, OUTPUT);
      pinMode(AIN1, OUTPUT);
      pinMode(AIN2, OUTPUT);

      pinMode(PWMB, OUTPUT);
      pinMode(BIN1, OUTPUT);
      pinMode(BIN2, OUTPUT);

      // 직렬 통신을 초기화한다
❹     Serial.begin(9600);
  }
```

❶과 ❷에서 아두이노 핀을 모터 드라이버 핀에 매핑한다. 예를 들어 PWMA Pulse With Modulation A는 모터 A의 속도를 제어하며 아두이노 핀 3에 할당된다. PWM은 장치에 전원을 공급하는 방법으로서, 장치가 연속적 전압을 '인식'할 수 있게 스위치를 빠른 속도로 켜고 끄는 디지털 펄스를 전송한다. 디지털 펄스가 ON 상태인 시간의 비율을 가리켜 듀티 사이클 duty cycle이라고 하며, 백분율로 표현된다. 이 비율을 변경함으로써 장치에 다양한 크기의 전원을 공급할 수 있다. PWM은 LED와 모터 속도 제어에 널리 사용된다.

❸에서는 setup() 메소드를 호출하고, 그 아래 줄에서는 7개의 디지털 핀들을 출력 값으로 설정한다. 그리고 ❹에서 컴퓨터로부터 보내진 직렬 데이터를 읽어들이면서 직렬 통신을 시작한다.

메인 루프

메인 루프는 직렬 데이터가 도착하기를 기다리고, 도착한 데이터를 파싱해 모터의 속도와 방향을 추출하며, 추출된 정보를 사용해 모터를 제어하는 드라이버 보드에 대한 디지털 출력을 설정한다.

```
    // laser.py가 전송하는 모터 데이터를 읽는 메인 루프
    void loop()
    {
        // 전송된 데이터는 'H'(헤더), speed1, dir1, speed2, dir2 형태
❶      if (Serial.available() >= 5) {
❷          if(Serial.read() == 'H') {
                // 후속 4바이트를 읽는다
❸              byte s1 = Serial.read();
                byte d1 = Serial.read();
                byte s2 = Serial.read();
                byte d2 = Serial.read();

                // 2개의 속도가 모두 0이면 모터를 정지한다
❹              if(s1 == 0 && s2 == 0) {
                    stop();
                }
                else {
                    // 모터의 속도와 방향을 설정한다
❺                  move(0, s1, d1);
                    move(1, s2, d2);
                }
                // 20ms 동안 일시정지
❻              delay(20);
            }
            else {
                // 유효하지 않은 데이터가 발견되면 모터를 정지한다
❼              stop();
            }
        }
        else {
```

```
                        // 데이터가 없으면 250ms 동안 일시정지
❽            delay(250);
        }
    }
```

모터 제어 데이터는 5바이트 단위로 전송된다. 첫 바이트는 H이고, 이어서 모터의 속도와 방향을 나타내는 4개의 바이트 s1, d1, s2, d2가 온다. 직렬 데이터는 연속적으로 전송되어 오기 때문에, ❶에서는 적어도 5바이트를 수신했는지 확인한다. 5바이트 이상 수신되지 않았다면 ❽에서 250밀리초 동안 지연시키고, 다음 사이클에서 다시 데이터를 읽으려고 시도한다.

❷에서는 읽힌 데이터가 모터 제어 데이터 집합의 첫 번째 바이트인 H인지 검사한다. 그래야 이후의 4바이트를 제대로 추출할 수 있기 때문이다. H가 아니라면 ❼에서 모터를 중지한다. 전송 오류 또는 연결 오류에 의해 데이터가 손상됐을 가능성이 있기 때문이다.

❸에서부터 2개의 모터의 속도와 방향 데이터를 읽는다. 2개의 속도가 모두 0으로 설정되어 있다면 ❹에서 모터를 정지한다. 그렇지 않다면, ❺에서 속도와 방향 값들이 move() 메소드를 통해 모터에 할당된다. ❻에서는 데이터를 지나치게 빠른 속도로 읽어들이지 않도록 데이터 읽기에 약간의 지연 시간을 추가한다.

다음 코드는 모터의 속도와 방향 설정에 사용되는 move() 메소드다.

```
    // 모터의 속도와 방향을 설정한다
    // 모터: A -> 1, B -> 0
    // 방향: 1/0
    void move(int motor, int speed, int direction)
    {
        // 스탠바이(대기 상태) 비활성화
❶      digitalWrite(STBY, HIGH);

❷      boolean inPin1 = LOW;
        boolean inPin2 = HIGH;

❸      if(direction == 1){
            inPin1 = HIGH;
            inPin2 = LOW;
        }
```

```
        if(motor == 1){
❹          digitalWrite(AIN1, inPin1);
           digitalWrite(AIN2, inPin2);
           analogWrite(PWMA, speed);
        }
        else{
❺          digitalWrite(BIN1, inPin1);
           digitalWrite(BIN2, inPin2);
           analogWrite(PWMB, speed);
        }
    }
```

모터가 꺼져 있을 때, 모터 드라이버는 전원을 절약하기 위해 스탠바이(대기) 모드를 유지하는데, ❶에서는 스탠바이 핀에 HIGH를 기록해 스탠바이 모드에서 벗어난다. ❷에서는 모터의 회전 방향을 결정하는 2개의 불리언 변수를 정의한다. ❸에서는 direction 인수가 1로 설정되어 있을 경우 불리언 변수들의 값을 반대로 바꾸며, 이를 통해 모터의 방향을 전환할 수 있다.

❹에서 모터 A의 핀 AIN1, AIN2, PWMA를 설정한다. 핀 AIN1과 AIN2는 모터의 방향을 제어하며, 아두이노의 digitalWrite() 메소드를 사용해 하나는 HIGH(1)로, 다른 하나는 LOW(0)로 필요에 따라 설정한다. PWMA는 앞에서 설명했듯이 모터의 속도를 제어할 수 있는 PWM 신호를 보낸다. PWM의 값을 제어하려면 analogWrite() 메소드를 사용해 [0, 255] 범위의 값을 아두이노 출력 핀에 기록한다(반면에 digitalWrite() 메소드는 출력 핀에 1 또는 0만을 기록할 수 있다).

❺에서 모터 B의 핀을 설정한다.

모터 정지하기

모터를 정지하려면 모터 드라이버의 스탠바이 핀에 LOW를 기록한다.

```
void stop(){
    // 스탠바이 활성화
    digitalWrite(STBY, LOW);
}
```

파이썬 코드

이제 컴퓨터에서 실행돼야 하는 파이썬 코드를 살펴보자. 이 코드는 많은 작업을 수행한다. 오디오를 읽어들이고, FFT를 계산하며, 아두이노에 직렬 데이터를 전송한다. 359페이지의 '전체 파이썬 코드' 절에서 프로젝트의 코드 전부를 확인할 수 있다.

오디오 장치 선택하기

먼저, pyaudio 모듈의 도움을 받아서 오디오 데이터를 읽어들여야 한다. pyaudio 모듈을 다음과 같이 초기화한다.

```
p = pyaudio.PyAudio()
```

다음으로, pyaudio의 헬퍼 함수들을 사용해 컴퓨터의 오디오 입력 장치에 접근한다. getInputDevice() 메소드에서 이 작업을 수행한다.

```
   # pyaudio 입력 장치를 얻는다
   def getInputDevice(p):
❶      index = None
❷      nDevices = p.get_device_count()
       print('Found %d devices. Select input device:' % nDevices)
       # 발견된 장치를 모두 인쇄한다
       for i in range(nDevices):
❸          deviceInfo = p.get_device_info_by_index(i)
❹          devName = deviceInfo['name']
❺          print("%d: %s" % (i, devName))
       # 사용자 선택을 받는다
       try:
           # 정수로 변환한다
❻          index = int(input())
       except:
           pass

       # 선택된 장치의 이름을 인쇄한다
       if index is not None:
           devName = p.get_device_info_by_index(index)["name"]
           print("Input device chosen: %s" % devName)
❼      return index
```

❶에서는 index 변수를 None으로 설정한다(이 변수는 ❼에서 반환되는 값으로서 None으로 반환되면 적절한 입력 장치가 발견되지 않았음을 의미한다). ❷에서는 get_device_count() 메소드를 사용해 마이크, 라인 입력, 라인 출력 등 컴퓨터상의 모든 오디오 장치의 개수를 얻는다. 그리고 이렇게 발견된 장치들에 관한 정보를 차례로 얻는다.

❸에서 get_device_info_by_index() 함수는 오디오 장치의 다양한 기능에 대한 정보를 포함하는 딕셔너리를 반환하는데, 이 중에서 필요한 것은 장치의 이름뿐이다. ❹에서 장치 이름을 저장하고, ❺에서 장치의 이름과 인덱스를 출력한다. ❻에서는 input() 메소드를 사용해 사용자가 선택한 값을 읽어들이면서 문자열을 정수 인덱스로 변환한다. ❼에서는 이렇게 선택된 인덱스가 함수로부터 반환된다.

입력 장치로부터 데이터 읽기

입력 장치가 선택됐으면 그 장치로부터 데이터를 읽어야 한다. 우선, 다음 코드와 같이 오디오 스트림을 연다(모든 코드가 while 루프 내에서 실행되고 있음에 주의하자).

```
    # FFT 샘플 길이를 설정한다
❶  fftLen = 2**11
    # 샘플링 레이트를 설정한다
❷  sampleRate = 44100

    print('opening stream...')
❸  stream = p.open(format = pyaudio.paInt16,
                   channels = 1,
                   rate = sampleRate,
                   input = True,
                   frames_per_buffer = fftLen,
                   input_device_index = inputIndex)
```

❶에서는 FFT 버퍼의 길이를 2048(2^{11})로 설정한다. 이 값은 FFT 계산에 사용되는 오디오 샘플의 개수로서, FFT 알고리즘은 2의 제곱에 최적화되어 있다. 그런 다음, pyaudio의 샘플링 레이트를 44100, 즉 44.1kHz로 설정한다. 이 값은 CD 수준의 녹음 시 표준 사양이다.

다음으로, ❸에서 pyaudio 스트림을 열고 몇 가지 옵션을 지정한다.

- pyaudio.paInt16은 데이터를 16비트 정수로 읽고 있음을 나타낸다.
- 단일 채널로 오디오를 읽고 있으므로 channels는 1로 설정된다.
- rate는 44100Hz 샘플 레이트로 설정된다.
- input은 True로 설정된다.
- frames_per_buffer는 FFT 버퍼 길이로 설정된다.
- input_device_index는 getInputDevice() 메소드에서 선택된 장치로 설정된다.

데이터 스트림의 FFT 계산하기

다음 코드는 스트림에서 데이터를 읽는다.

```
   # 데이터를 읽는다
❶ data = stream.read(fftLen)
   # 데이터를 numpy 배열로 변환한다
❷ dataArray = numpy.frombuffer(data, dtype=numpy.int16)
```

❶에서 오디오 입력 스트림으로부터 가장 최근의 fftLen개 샘플을 읽는다. 그런 다음 ❷에서 이 데이터를 16비트 정수 numpy 배열로 변환한다.

이제 이 데이터의 FFT를 계산한다.

```
   # 데이터의 FFT를 얻는다
❶ fftVals = numpy.fft.rfft(dataArray)*2.0/fftLen
   # 복소수의 절댓값을 얻는다
❷ fftVals = numpy.abs(fftVals)
```

❶에서는 numpy fft 모듈의 rfft() 메소드를 사용해, numpy 배열에 들어 있는 값들의 FFT를 계산한다. 이 메소드는 (오디오 데이터처럼) 실수real number로 구성된 신호를 받아서 FFT를 계산하는데, 계산 결과는 일반적으로 복소수complex number다. 2.0/fftLen은 FFT 값을 예상 범위로 매핑하는 데 사용되는 정규화 요소다. rfft() 메소드가 복소수를 반환하므로, ❷에서 numpy의 abs() 메소드를 사용해 이 복소수들의 절댓값을 구한다.

FFT 값에서 주파수 정보 추출하기

다음으로, FFT 값으로부터 관련 주파수 정보를 추출한다.

```
# 3개의 주파수 대역: 0-100Hz, 100-1000Hz, 1000-2500Hz
levels = [numpy.sum(fftVals[0:100])/100,
          numpy.sum(fftVals[100:1000])/900,
          numpy.sum(fftVals[1000:2500])/1500]
```

오디오 신호를 분석하기 위해 주파수를 0~100Hz, 100~1000Hz, 1000~2500Hz의 3개 대역으로 분할한다. 이 중에서 중요한 것은 0~100Hz 대역과 100~1000Hz 대역으로서, 대략적으로 노래에서 비트와 보컬에 각각 해당한다. numpy.sum() 메소드를 사용해 각 대역의 FFT 평균값을 계산하고 있다.

주파수를 모터 속도와 방향으로 변환하기

이제 주파수 정보를 모터의 속도와 방향으로 변환한다.

```
   # 'H' (헤더), speed1, dir1, speed2, dir2
❶ vals = [ord('H'), 100, 1, 100, 1]
   # 속도1
❷ vals[1] = int(5*levels[0]) % 255
   # 속도2
❸ vals[3] = int(100 + levels[1]) % 255

   # 방향
   d1 = 0
❹ if levels[2] > 0.1:
       d1 = 1
   vals[2] = d1
❺ vals[4] = 0
```

❶에서는 아두이노로 전송되는 모터의 속도와 방향 값(5바이트로서 H로 시작)의 리스트를 초기화한다. 내장 함수 ord()를 사용해 문자열을 정수로 변환한 다음, 3개의 주파수 대역별 평균값을 모터의 속도와 방향으로 변환하여 이 리스트에 값을 채운다.

변환 규칙은 경험적으로 얻어진 것이다. 이 값들은 오디오 신호에 따라서 항상 변화하므로, 어떤 방법을 사용하든 모터의 속도는 달라지며 음악과 동기화되는 레이저 패턴에 영향을 미친다. 다만, 변환을 통해 모터의 속도를 [0, 255] 범위이고 모터의 방향은 항상 1 또는 0으로 설정되는 것은 확실히 보장해야 한다. 이번 장에서 사용되는 변환 방법은 단지 내가 다양한 종류의 음악을 재생하면서 FFT 값을 관찰하는 시행착오를 통해 얻은 것이다.

❷에서는 가장 낮은 대역의 평균 FFT 값에 5를 곱하고 정수로 변환한 후 모듈러스 연산자(%)를 사용해 결과 값이 [0, 255] 범위 내에 있게 만든다. 이 값은 첫 번째 모터의 속도를 제어할 것이다. ❸에서는 중간 주파수 대역의 평균 FFT 값에 100을 더하고 역시 [0, 255] 범위 내로 만든다. 이 값은 두 번째 모터의 속도를 제어할 것이다.

❹에서는 가장 높은 주파수 범위의 값이 임계 값 0.1을 초과할 때마다 모터 A의 방향을 전환한다. 모터 B의 방향은 항상 상수 0으로 유지된다❺(나는 시행착오를 통해 이와 같은 방법이 멋진 패턴을 생성할 수 있음을 발견했다. 독자 여러분도 실험을 통해서 자신만의 변환 규칙을 작성하는 것이 바람직할 것이다. 여기에는 오답이 없다).

모터 설정 테스트하기

실제 오디오 스트림으로 하드웨어를 테스트하기 전에, 모터 설정이 제대로 되었는지 확인할 수 있다. 다음의 autoTest() 함수가 이 작업을 수행한다.

```
# 모터 속도를 전송하기 위한 자동 테스트
def autoTest(ser):
    print('starting automatic test...')
    try:
        while True:
            # 모든 방향 조합에 대해 반복 수행
❶          for dr in [(0, 0), (1, 0), (0, 1), (1, 1)]:
                # 모든 속도에 대해 반복 수행
❷              for j in range(25, 180, 10):
❸                  for i in range(25, 180, 10):
❹                      vals = [ord('H'), i, dr[0], j, dr[1]]
❺                      print(vals[1:])
❻                      data = struct.pack('BBBBB', *vals)
❼                      ser.write(data)
                        sleep(0.1)
```

```
    except KeyboardInterrupt:
        print('exiting...')
        # 모터를 종료한다
❽    vals = [ord('H'), 0, 1, 0, 1]
        data = struct.pack('BBBBB', *vals)
        ser.write(data)
        ser.close()
```

이 메소드는 2개의 모터에 다양한 속도와 방향을 적용하면서 테스트를 수행한다. 2개의 모터에 대해 시계 방향과 반시계 방향이 가능하므로, ❶의 외부 루프에서 총 4개의 조합을 테스트하고 있다. 그리고 각 조합별로 ❷와 ❸의 루프에서 다양한 속도로 모터를 구동한다.

> **참고▶** 위 코드에서 사용하는 range(25, 180, 10)은 모터의 속도가 25부터 180까지의 범위에서 10단위로 변화한다는 뜻이다. 전체 범위 [0, 255]를 사용하지 않는 이유는 모터가 실제로 25 이하나 200 이상의 속도로 회전하는 경우가 거의 없기 때문이다.

❹에서 5바이트 모터 데이터 값을 생성하고, ❺에서는 모터의 방향과 속도 값을 출력한다(파이썬 문자열 슬라이싱 vals[1:]은 리스트 내의 첫 번째 요소를 제외한 나머지 전부를 가리킨다).

❻에서 모터 데이터를 하나의 바이트 배열로 묶고, ❼에서는 이 배열을 직렬 포트에 기록한다. CTRL + C를 누르면 이 테스트를 중단할 수 있으며, 이때 예외가 발생하면 ❽에서 데이터 초기화, 모터 정지, 직렬 포트 닫기를 처리한다.

명령 라인 옵션

앞서의 프로젝트들과 마찬가지로, 명령 라인 인수를 파싱하기 위해 argparse 모듈을 사용한다.

```
# main 메소드
def main():
    # 인수들을 파싱한다
    parser = argparse.ArgumentParser(description='Analyzes audio input and
sends motor control information via serial port')
```

```
# 인수들을 추가한다
parser.add_argument('--port', dest='serial_port_name', required=True)
parser.add_argument('--mtest', action='store_true', default=False)
parser.add_argument('--atest', action='store_true', default=False)
args = parser.parse_args()
```

이 코드에서 직렬 포트는 필수 명령 라인 옵션이다. 그리고 2개의 선택적 명령 라인 옵션이 있는데, 하나는 자동 테스트(이미 설명)를 위한 것이고 다른 하나는 수동 테스트(조금 뒤에 설명)를 위한 것이다.

명령 라인 옵션의 파싱이 끝난 뒤에 main() 메소드에서 실행되는 코드는 다음과 같다.

```
# 직렬 포트를 연다
strPort = args.serial_port_name
print('opening ', strPort)
❶ ser = serial.Serial(strPort, 9600)
if args.mtest:
    manualTest(ser)
elif args.atest:
    autoTest(ser)
else:
❷    fftLive(ser)
```

❶에서 pySerial을 사용해 프로그램에 전달된 문자열로 직렬 포트를 연다. 직렬 통신의 속도, 즉 보 레이트는 초당 9600비트로 설정된다. 다른 명령 라인 인수(--atest 또는 --mtest)가 없으면 ❷에서 fftLive() 메소드 내에 캡슐화된 오디오 처리와 FFT 계산이 실행된다.

수동 테스트

수동 테스트는 모터의 방향과 속도에 특정한 값을 입력해 레이저 패턴에 미치는 영향을 확인하기 위한 것이다.

```
# 모터 방향과 속도를 수동으로 테스트
def manualTest(ser):
```

```
        print('starting manual test...')
        try:
            while True:
                print('enter motor control info such as < 100 1 120 0 >')
❶              strIn = raw_input()
❷              vals = [int(val) for val in strIn.split()[:4]]
❸              vals.insert(0, ord('H'))
❹              data = struct.pack('BBBBB', *vals)
❺              ser.write(data)
        except:
            print('exiting...')
            # 모터들을 종료한다
❻          vals = [ord('H'), 0, 1, 0, 1]
            data = struct.pack('BBBBB', *vals)
            ser.write(data)
            ser.close()
```

❶에서 raw_input() 메소드를 사용해 사용자가 명령 프롬프트에서 값을 입력할 때까지 기다린다. 입력되는 값은 100 1 120 0 같은 형태여야 하는데, 차례로 모터 A의 속도와 방향, 그리고 모터 B의 속도와 방향을 가리킨다. ❷에서 입력된 문자열을 정수로 이뤄진 리스트로 파싱하고, ❸에서는 모터 데이터를 의미하도록 'H'를 삽입하며, ❹와 ❺에서는 이 데이터를 묶어서 직렬 포트를 통해 전송한다. 사용자가 CTRL + C를 사용해 테스트를 중단하면(또는 예외가 발생하면), ❻에서 모터와 직렬 포트를 정상 종료시키며 깨끗하게 마무리한다.

전체 파이썬 코드

아래에 이번 프로젝트의 전체 파이썬 코드가 실려 있다. 또한 https://github.com/electronut/pp/tree/master/arduino-laser/laser.py에서도 찾을 수 있다.

```
import sys, serial, struct
import pyaudio
import numpy
import math
from time import sleep
import argparse
```

```python
# 모터의 방향과 속도를 전송하기 위한 수동 테스트
def manualTest(ser):
    print('staring manual test...')
    try:
        while True:
            print('enter motor control info: eg. < 100 1 120 0 >')
            strIn = raw_input()
            vals = [int(val) for val in strIn.split()[:4]]
            vals.insert(0, ord('H'))
            data = struct.pack('BBBBB', *vals)
            ser.write(data)
    except:
        print('exiting...')
        # 모터를 종료한다
        vals = [ord('H'), 0, 1, 0, 1]
        data = struct.pack('BBBBB', *vals)
        ser.write(data)
        ser.close()


# 모터의 방향과 속도를 전송하기 위한 자동 테스트
def autoTest(ser):
    print('staring automatic test...')
    try:
        while True:
            # 모든 방향 조합에 대해 반복 수행
            for dr in [(0, 0), (1, 0), (0, 1), (1, 1)]:
                # 모든 속도 범위에 대해 반복 수행
                for j in range(25, 180, 10):
                    for i in range(25, 180, 10):
                        vals = [ord('H'), i, dr[0], j, dr[1]]
                        print(vals[1:])
                        data = struct.pack('BBBBB', *vals)
                        ser.write(data)
                        sleep(0.1)
    except KeyboardInterrupt:
        print('exiting...')
        # 모터를 종료한다
        vals = [ord('H'), 0, 1, 0, 1]
        data = struct.pack('BBBBB', *vals)
        ser.write(data)
        ser.close()
```

```python
# pyaudio 입력 장치를 얻는다
def getInputDevice(p):
    index = None
    nDevices = p.get_device_count()
    print('Found %d devices. Select input device:' % nDevices)
    # 발견된 장치를 모두 인쇄한다
    for i in range(nDevices):
        deviceInfo = p.get_device_info_by_index(i)
        devName = deviceInfo['name']
        print("%d: %s" % (i, devName))
    # 사용자 선택을 받는다
    try:
        # 사용자 선택을 받은 뒤, 정수로 변환한다
        index = int(input())
    except:
        pass

        # 선택된 장치를 인쇄한다
    if index is not None:
        devName = p.get_device_info_by_index(index)["name"]
        print("Input device chosen: %s" % devName)
    return index

# 라이브 오디오의 FFT
def fftLive(ser):
  # pyaudio를 초기화한다
  p = pyaudio.PyAudio()

  # pyaudio 입력 장치 인덱스를 얻는다
  inputIndex = getInputDevice(p)

  # FFT 샘플 길이를 설정한다
  fftLen = 2**11
  # 샘플링 레이트를 설정한다
  sampleRate = 44100

  print('opening stream...')
  stream = p.open(format = pyaudio.paInt16,
                  channels = 1,
                  rate = sampleRate,
                  input = True,
                  frames_per_buffer = fftLen,
```

```python
                input_device_index = inputIndex)
    try:
        while True:
            # 데이터를 읽는다
            data  = stream.read(fftLen)
            # numpy 배열로 변환한다
            dataArray = numpy.frombuffer(data, dtype=numpy.int16)

            # 데이터의 FFT를 얻는다
            fftVals = numpy.fft.rfft(dataArray)*2.0/fftLen
            # 복소수의 절댓값을 얻는다
            fftVals = numpy.abs(fftVals)
            # 세 주파수 대역의 평균값을 얻는다
            # 0-100Hz, 100-1000Hz, 1000-2500Hz
            levels = [numpy.sum(fftVals[0:100])/100,
                        numpy.sum(fftVals[100:1000])/900,
                        numpy.sum(fftVals[1000:2500])/1500]



            # 전송되는 데이터의 형태는
            # 'H' (헤더), speed1, dir1, speed2, dir2이다
            vals = [ord('H'), 100, 1, 100, 1]

            # 속도1
            vals[1] = int(5*levels[0]) % 255
            # 속도2
            vals[3] = int(100 + levels[1]) % 255

            # 방향
            d1 = 0
            if levels[2] > 0.1:
                d1 = 1
            vals[2] = d1
            vals[4] = 0

            # 데이터를 묶는다
            data = struct.pack('BBBBB', *vals)
            # 직렬 포트로 데이터를 기록한다
            ser.write(data)
            # 잠깐 동안 일시정지
            sleep(0.001)
    except KeyboardInterrupt:
```

```python
            print('stopping...')
    finally:
        print('cleaning up')
        stream.close()
        p.terminate()
        # 모터를 종료한다
        vals = [ord('H'), 0, 1, 0, 1]
        data = struct.pack('BBBBB', *vals)
        ser.write(data)
        # 직렬 전송을 닫는다
        ser.flush()
        ser.close()


# main 메소드
def main():
    # 인수들을 파싱한다
    parser = argparse.ArgumentParser(description='Analyzes audio input and
sends motor control information via serial port')
    # 인수들을 추가한다
    parser.add_argument('--port', dest='serial_port_name', required=True)
    parser.add_argument('--mtest', action='store_true', default=False)
    parser.add_argument('--atest', action='store_true', default=False)
    args = parser.parse_args()

    # 직렬 포트를 연다
    strPort = args.serial_port_name
    print('opening ', strPort)
    ser = serial.Serial(strPort, 9600)
    if args.mtest:
        manualTest(ser)
    elif args.atest:
        autoTest(ser)
    else:
        fftLive(ser)


# main() 함수를 호출한다
if __name__ == '__main__':
    main()
```

프로그램 실행

프로젝트를 실행하려면 하드웨어를 조립하고 컴퓨터에 아두이노를 연결한 다음, 모터 드라이버의 코드를 아두이노에 업로드한다. 배터리 팩이 연결되어 있는지 확인하고, 레이저 포인터가 켜져 있으며 벽과 같은 평면에 투영되고 있는지도 확인한다. 다음 프로그램을 실행해 레이저 디스플레이 부분을 우선적으로 테스트하는 것이 바람직하다 (여러분의 컴퓨터에 맞춰서 직렬 포트 문자열을 변경하는 것을 잊지 말자).

```
$ python3 laser.py --port /dev/tty.usbmodem411 --atest
('opening ', '/dev/tty.usbmodem1411')
staring automatic test...
[25, 0, 25, 0]
[35, 0, 25, 0]
[45, 0, 25, 0]
...
```

이 테스트는 속도와 방향의 다양한 조합으로 2개의 모터를 구동한다. 벽에 다양한 레이저 패턴들이 투영되는 것을 볼 수 있다. 프로그램과 모터를 중지하려면 CTRL + C를 누른다.

테스트가 성공했으면, 진짜 쇼를 시작할 준비가 되었다. 컴퓨터에서 여러분이 좋아하는 음악 재생을 시작하고, 다음과 같이 프로그램을 실행한다(다시 말하지만, 직렬 포트 문자열에 주의하자).

```
$ python3 laser.py --port /dev/tty.usbmodem411
('opening ', '/dev/tty.usbmodem1411') Found 4 devices. Select input device: 0:
Built-in Microph
1: Built-in Output
2: BoomDevice
3: AirParrot
0
Input device chosen: Built-in Microph
opening stream...
```

그림 13-10과 같이 레이저 디스플레이가 음악에 맞춰 수많은 재미있는 패턴들을 생성하는 모습을 볼 수 있다.

▲ **그림 13-10** 레이저 디스플레이의 완성된 배선 및 벽에 투영된 패턴

정리

13장에서는 좀 더 복잡한 프로젝트를 완성함으로써 여러분의 파이썬과 아두이노 스킬을 업그레이드했다. 파이썬과 아두이노를 사용해 모터를 제어하는 방법을 배웠으며, numpy를 사용해 오디오 데이터의 FFT를 계산하는 방법, 직렬 통신, 심지어 레이저에 대해서도 배울 수 있었다!

실습!

이번 프로젝트를 다음과 같이 개선할 수 있다.

1. 본문의 프로그램은 임의적인 방식으로 FFT 값을 모터의 속도 및 방향 데이터로 변환했다. 이 방식을 변경해보자. 예를 들어, 모터의 방향을 변경할 때 다른 주파수 대역과 기준을 실험해보라.

2. 이번 장의 프로젝트에서는 오디오 신호로부터 수집된 주파수 정보를 모터의 속도와 방향으로 변환했다. 모터가 음악의 전체 '펄스pulse' 혹은 볼륨에 따라 이동하게 만들어보자. 이를 위해 신호 진폭의 RMSroot mean square 값을 계산할 필요가 있다. 이 값의 계산은 FFT와 유사하다. 오디오 데이터를 읽어서 numpy 배열 x에 넣은 후, 다음과 같이 RMS 값을 계산할 수 있다.

```
rms = numpy.sqrt(numpy.mean(x**2))
```

또한 본문의 프로젝트에서 진폭은 부호 있는 16비트 정수로 표현됐음을 기억해야 한다. 따라서 최댓값이 32,768인데, 정규화를 수행할 때 이 값을 염두에 둬야 한다. RMS 진폭과 FFT를 함께 사용해 레이저 패턴에 좀 더 큰 폭의 변화를 만들어보자.

3. 이번 장의 프로젝트에서는 하드웨어 설정을 테스트 및 실행할 때 레이저 포인터를 항상 켜져 있는 상태로 유지하기 위해 다소 조잡하게 접착 테이프를 사용했다. 레이저를 제어할 수 있는 더 좋은 방법은 없을까? 외부 회로를 켜거나 전환하는 데 사용되는 장치인 옵토아이솔레이터optoisolator(광분리기)와 릴레이relay를 사용할 수 있다.[1] 이 장치들을 사용하려면 먼저 외부 스위치에 의해 켜고 끌 수 있도록 레이저 포인터를 손봐야 하는데, 한 가지 방법은 레이저 포인터의 버튼을 영구적으로 ON 위치에 접착하고, 배터리를 제거한 후, 2개의 도선을 배터리 접촉면에 납땜하는 것이다. 그러면 전선과 배터리를 사용해 수동으로 레이저 포인터를 켜고 끌 수 있다. 그런 다음, 릴레이 또는 옵토아이솔레이터를 통해 레이저 포인터를 배선하고 아두이노의 디지털 핀으로 켜고 끌 수 있는 디지털 스위치로 바꾸는 것이다. 옵토아이솔레이터를 사용하는 경우, 아두이노로 직접 레이저 포인터를 켜고 끌 수 있다. 반면에 릴레이를 사용하는 경우는 드라이버가 필요한데, 일반적으로 간단한 트랜지스터 기반 회로의 형태로 제공된다.

이와 같은 설정이 끝나면, 레이저 쇼가 시작되기 전에 레이저 포인터를 켜도록 아두이노에 직렬 명령을 전송하는 파이썬 코드를 추가하는 것을 잊지 말자.

---

1 'Relays and Optoisolators,' What-When-How, http://what-when-how.com/8051-microcontroller/relays-and-optoisolators/

14장
라즈베리파이 기반의
날씨 모니터

고차원의 연산 능력이나 USB 혹은 HDMI_{high-definition multimedia interface} 동영상 등의 주변장치 지원이 필요해지면, 아두이노 같은 마이크로컨트롤러만으로는 부족하고 컴퓨터의 영역으로 들어가야 한다. 라즈베리파이_{Raspberry Pi}는 아두이노와 비교했을 때 이러한 고수준 작업들을 훌륭하게 수행할 수 있는 작은 컴퓨터다.

아두이노와 마찬가지로 라즈베리파이 역시 수많은 흥미로운 프로젝트에서 사용된다. 손바닥 위에 올릴 수 있을 만큼 작음에도 불구하고 충분히 완전한 컴퓨터이기 때문에(모니터와 키보드를 연결할 수 있다) 많은 교사와 기업이 라즈베리파이를 선호한다.

14장에서는 웹 기반의 온도 및 습도 모니터링 시스템을 구축하기 위해 온도와 습도를 감지하는 센서(DHT11)와 라즈베리파이를 함께 사용한다. 라즈베리파이에서 실행되는 보틀Bottle 웹 서버는 연결 요청이 들어오기를 기다리고 있다가, 로컬 네트워크에서 라즈베리파이의 IPInternet Protocol 주소에 연결이 수립되면 날씨 데이터의 차트를 포함하는 웹 페이지를 보여줄 것이다. 라즈베리파이의 핸들러 코드는 DHT11 센서와 통신을 주고받고, 데이터를 조회하며, 클라이언트에게 데이터를 반환한다. 그리고 클라이언트는 flot 라이브러리를 사용해 센서 데이터를 웹 브라우저에 그래프로 그릴 것이다. 또한 라즈베리파이에 연결된 LEDlight-emitting diode(발광 다이오드)를 웹에서 제어하는 방법도 이번 장에서 소개한다(라즈베리파이를 사용해 웹을 통한 외부 장치 제어가 가능함을 보여주는 수준에 그칠 것이다).

> **참고** ▶ 이번 프로젝트에서는 파이썬 2.7 버전을 사용한다. 라즈베리파이의 라즈비안(Raspbian) 운영 체제에는 파이썬 2.7 버전(셸에서 'python'을 입력)과 3 버전(셸에서 'python3'을 입력)이 함께 제공되며, 이 장의 코드는 두 버전에서 모두 호환된다.

하드웨어

최근에 판매되는 노트북이나 PC와 마찬가지로 라즈베리파이 역시 CPU, RAM, USB 포트, 비디오 출력, 오디오 출력, 네트워크 연결 기능을 포함한다. 그러나 일반적인 컴퓨터와 달리 라즈베리파이의 가격은 35달러 정도에 불과하다. 게다가 라즈베리파이는 GPIOgeneral-purpose input/output(범용 입출력) 핀 덕분에 외부 하드웨어와 인터페이스할 수 있으므로 임베디드 하드웨어 프로젝트에서 사용하기에 매우 이상적이다. 이러한 라즈베리파이를 온도 및 습도 센서인 DHT11과 연결해 주변 환경을 모니터링해보자.

DHT11 온도 및 습도 센서

DHT11은 온도와 습도 측정에 널리 사용되는 센서다(그림 14-1 참조). 이 센서는 4개의 핀을 갖는데, 각각 VDD(+), GND, DATA이며 네 번째 핀은 사용되지 않는다. DATA 핀은 마이크로컨트롤러(여기서는 라즈베리파이)에 연결되고, 입력과 출력이 모두 이 핀을 통해 이뤄진다. 온도와 습도 데이터를 조회하기 위해 DHT11과 통신을 할 때는 에이다 프루트Adafruit의 파이썬 라이브러리인 Adafruit_Python_DHT를 사용할 것이다.

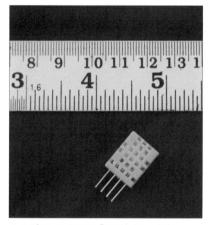

▲ **그림 14-1** DHT11 온도 및 습도 센서

라즈베리파이

이 글을 쓰는 현재, 라즈베리파이는 3개의 모델이 판매되고 있다. 라즈베리파이 1 모델 A+, 라즈베리파이 1 모델 B+, 라즈베리파이 2 모델 B이다. 이번 프로젝트에서는 구형 인 라즈베리파이 모델 B Rev 2를 사용한다. 하지만 이번 프로젝트에 사용되는 핀 번호는 모든 모델에서 호환되므로 코드를 변경하지 않아도 모든 모델에서 동작한다.

그림 14-2는 2개의 USB 포트, HDMI 커넥터, 컴포지트 비디오 출력 단자, 오디오 출력 단자, 전원 공급을 위한 마이크로 USB 포트, 이더넷 포트, 각각 13개씩 2열로 구성된 26개의 GPIO 핀을 포함하는 라즈베리파이 모델 B 컴퓨터를 보여준다. 또 보드 하단에는 SD 카드 슬롯도 있다(그림에서는 보이지 않는다). 이 라즈베리파이 모델은 브로드컴Broadcom의 BCM2835 칩을 사용하는데, 이 칩은 ARM의 700MHz 저전력 CPU를 포함한다(이런 이유로 라즈베리파이는 PC처럼 냉각을 위한 거대한 히트 싱크heat sink가 필요 없다).

또한 512MB의 SDRAM을 포함한다. 이러한 세부사양은 이번 프로젝트에서 사실 별로 중요하지 않다. 하지만 주변 친구들에게 프로젝트의 결과를 자랑할 때 함께 설명하면 그들의 감탄을 자아낼 수 있을 것이다.

▲ **그림 14-2** 라즈베리파이 모델 B

라즈베리파이 설정하기

아두이노와는 달리, 컴퓨터에 라즈베리파이를 연결하고 곧바로 코딩을 시작할 수는 없다. 본격적인 컴퓨터와 똑같기 때문에 라즈베리파이는 운영체제와 주변장치를 필요로 한다. 최소한 그림 14-3에 보이는 주변장치가 권장된다.

- 적절한 운영체제를 갖춘 8GB 이상의 대용량 SD 카드
- 라즈베리파이와 호환되는 USB 와이파이 어댑터
- 라즈베리파이와 호환되는 전원 공급 장치(공식적으로 5V 1200mA 공급 장치가 권장되며, 모든 USB 포트를 사용해야 한다면 5V 2500mA 공급 장치가 권장된다.)
- 소중한 라즈베리파이를 보호하기 위한 케이스

- 키보드와 마우스(편의상 하나의 USB 포트만을 차지하도록 무선 제품을 고려한다.)
- 컴포지트 비디오 케이블 또는 HDMI 케이블(라즈베리파이에서 HDMI 케이블을 사용하는 방법에 대한 자세한 내용은 부록 C를 참조)

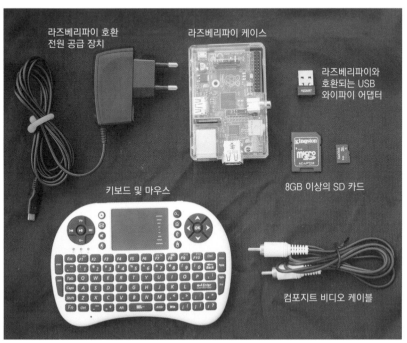

라즈베리파이 호환 전원 공급 장치
라즈베리파이 케이스
라즈베리파이와 호환되는 USB 와이파이 어댑터
8GB 이상의 SD 카드
키보드 및 마우스
컴포지트 비디오 케이블

▲ **그림 14-3** 라즈베리파이의 권장 주변기기 세트

> **참고** 라즈베리파이와 호환되는 주변장치 목록을 http://elinux.org/RPI_VerifiedPeripherals에서 확인한 다음에 구입하는 것이 좋다.

소프트웨어 설치와 구성

이제 라즈베리파이를 설정하고 파이썬 사용 환경을 구성할 차례다. 아래에서 필요한 단계를 간단히 다루고 있지만, 설치를 시작하기 전에 라즈베리파이 재단의 웹 페이지 (http://www.raspberrypi.org/help/noobs-setup/)에서 제공하는 동영상을 시청하면 도움이 될 것이다.

운영체제

이번 프로젝트에서 라즈베리파이의 운영체제와 파일은 외부 SD 카드에 위치할 것이다. 여러 운영체제 중에서 선택할 수 있지만, 여기서는 라즈비안Raspbian을 설치한다. 이 운영체제는 특정한 방식으로 설치해야 하는데 자세한 과정을 여기에 일일이 적으면 다소 지루할 것이므로(게다가 자주 바뀐다), 리눅스 위키의 http://elinux.org/RPi_Easy_SD_Card_Setup에서 'RPi 손쉬운 SD 카드 설정' 혹은 좀 더 초보자용인 'NOOBS 사용하기' 문서를 참조하자.

초기 설정

운영체제 설치가 끝났으면 첫 번째 부팅을 해보자. 포맷된 SD 카드를 끼우고, TV 또는 모니터에 컴포지트 비디오 케이블을 연결한 후, 키보드 및 마우스를 연결하고, 라즈베리파이를 전원에 연결한다. 라즈베리파이가 부팅되면서 raspi-config라는 프로그램이 호출되고 다양한 설정 옵션을 볼 수 있다(raspi-config에 대한 문서는 라즈베리파이 재단 웹사이트의 https://www.raspberrypi.org/documentation/configuration/raspi-config.md에서 읽을 수 있다). 다음과 같이 설정하자.

1. SD 카드 전부를 사용하기 위해 Expand Filesystem을 선택한다.

2. Enable Boot to Desktop/Scratch를 선택하고 이어서 Desktop을 선택한다.

3. Change Time Zone을 선택하고, Internalization Option 아래에서 시간대를 설정한다.

4. Advanced Options로 이동해 Overscan을 선택한다.

5. SSH로 이동하고 Enable or Disable SSH Server 옵션을 선택해 원격 명령 라인 접근을 활성화한다.

   마지막으로 Finish를 선택한다. 라즈베리파이가 재부팅되고 바탕화면이 표시된다.

와이파이 설정

이번 프로젝트에서는 무선으로 라즈베리파이에 연결한다. 호환되는 와이파이 어댑터를 설치했다면(앞서 언급한 http://elinux.org 사이트 참조), 라즈비안 OS는 자동으로 어댑터를 인식할 것이다. 어댑터 인식까지 아무 문제도 발생하지 않았다면, 내장된 나노Nano 편집기로 네트워크 설정 파일을 편집해 고정 IP 주소를 설정한다(나노의 UI는 매우 단순하기 때문에 금세 익숙해질 것이다. 가장 중요한 것은 파일을 저장하고 종료할 때 CTRL + X를 누르고 Yes를 입력하는 것이다).

명령은 터미널에서 실행한다. LXTerminal(라즈비안에 들어 있다)을 열고 다음과 같이 입력한다.

```
$ sudo nano /etc/network/interfaces
```

다음과 같이 네트워크 설정을 할 수 있는 interfaces 파일이 열릴 것이다.

```
auto lo

iface lo inet loopback
iface eth0 inet dhcp

allow-hotplug wlan0
iface wlan0 inet manual
wpa-roam /etc/wpa_supplicant/wpa_supplicant.conf
iface default inet static
address 192.x.x.x
netmask 255.255.255.0
gateway 192.x.x.x
```

맨 아래에 보이는 address, netmask, gateway를 여러분의 로컬 네트워크에 맞춰 추가 혹은 수정해야 한다. 네트워크의 넷마스크netmask는 255.255.255.0과 비슷한 값을 입력해야 한다. 게이트웨이 주소는 MS 윈도우에서는 윈도우 키 + R을 누른 뒤 **ipconfig/all**을 입력하고, 리눅스에서는 터미널에서 **ipconfig**를 실행하며, OS X에서는 **시스템 환경설정 > 네트워크**를 선택하면 알아낼 수 있다. 주소는 네트워크상의 다른 장치와 구별되는 정적 IP 주소여야 한다.

이제, 와이파이 구성 유틸리티를 사용해 와이파이 네트워크에 라즈베리파이를 연결하자. 이 유틸리티의 바로가기는 바탕화면에서 볼 수 있다(문제가 발생하면 https://learn.adafruit.com/에서 관련 문서를 참고하자. 아무 문제가 없다면 라즈베리파이는 내장 브라우저 미도리Midori로 인터넷에 연결된다).

프로그래밍 환경 설정하기

다음으로, 개발 환경을 설치한다. 외부 하드웨어와 통신에 필요한 RPi.GPIO 패키지, 보틀Bottle 웹 프레임워크, 그 밖에 라즈베리파이에 파이썬 패키지를 설치하는 데 필요한 도구들이 여기에 포함된다. 인터넷에 연결되어 있는지 확인하고, 터미널에서 다음 명령들을 한 번에 하나씩 실행한다.

```
$ sudo apt-get update
$ sudo apt-get install python-setuptools
$ sudo apt-get install python-dev
$ sudo apt-get install python-rpi.gpio
$ sudo easy_install bottle
```

이제, http://www.flotcharts.org/에서 자바스크립트 라이브러리인 flot의 최신 버전을 다운로드한다. 압축을 풀어서 flot 디렉토리를 만들고, 이 디렉토리를 프로그램과 같은 폴더로 복사한다.

```
$ wget http://www.flotcharts.org/downloads/flot-x.zip
$ unzip flot-x.zip
$ mv flot myProjectDir/
```

다음으로, Adafruit_Python_DHT 라이브러리를 설치한다(https://github.com/adafruit/Adafruit_Python_DHT/). 이 라이브러리는 라즈베리파이에 부착된 DHT11 센서에서 데이터를 조회할 때 사용될 것이며, 설치 방법은 다음과 같다.

```
$ git clone https://github.com/adafruit/Adafruit_Python_DHT.git
$ cd Adafruit_Python_DHT
$ sudo python setup.py install
```

이제, 날씨 모니터를 구축하는 데 필요한 모든 소프트웨어의 설치가 완료됐다.

SSH를 통한 연결

라즈베리파이를 모니터에 연결하고 마우스와 키보드를 사용해 제어하기보다는 데스크톱이나 노트북 PC에서 라즈베리파이에 로그인하여 작업하는 것이 훨씬 간편하다. 리눅스와 OS X은 이런 종류의 지원을 SSH_{Secure Shell} 형태로 제공하고 있다. MS 윈도우에서는 PuTTY 등의 프로그램을 사용해 라즈베리파이에 로그인할 수 있다.

다음 목록은 일반적인 SSH 세션을 보여준다.

```
❶ moksha:~ mahesh$ ssh pi@192.168.4.32
❷ pi@192.168.4.32's password:
❸ pi@raspberrypi ~ $ whoami
  pi
  pi@raspberrypi ~ $
```

❶에서는 내 컴퓨터에서 라즈베리파이로 로그인하고 있다. 이때 ssh 명령어, 라즈베리파이의 기본 사용자명(pi), 그리고 IP 주소가 입력된다(ssh pi@192.168.4.32). ❷에서는 패스워드 입력을 요청하는데, 기본 패스워드는 raspberry이다.

로그인된 직후에, 확인을 위해 ❸과 같이 whoami를 입력한다. 그 결과 pi가 표시되면 제대로 로그인된 것이다.

> **참고** 보안을 위해 사용자명과 암호는 변경하는 게 좋다. 라즈베리파이를 원격에서 작업하는 방법에 관한 자세한 설명은 부록 C를 참조하자.

보틀 웹 프레임워크

웹 인터페이스를 통해 라즈베리파이를 모니터링 및 제어하기 위해서는 웹 서버를 실행해야 한다. 이번 프로젝트에서는 간단한 인터페이스를 갖춘 경량 파이썬 웹 프레임워크인 보틀_{Bottle}을 사용할 것이다(전체 라이브러리가 bottle.py라는 하나의 소스 파일로 구성된다). 다음 코드는 보틀을 사용해 간단한 웹 페이지를 서비스한다.

```
from bottle import route, run

@route('/hello')
```

```
def hello():
    return "Hello Bottle World!"

run(host='192.168.x.x', port=xxxx, debug=True)
```

이 코드는 파이썬 데코레이터 @route를 사용해 클라이언트가 데이터 요청을 보낼 때 쓰이는 URL 또는 경로를 정의한다. 정의된 경로는 라우팅 함수를 호출하고, 이 함수는 문자열을 반환한다. run() 메소드는 보틀 서버를 시작하고, 이제 클라이언트로부터 연결을 받아들일 수 있다(IP 주소와 포트 번호를 여러분 환경에 맞게 수정해야 한다). 문제 진단을 쉽게 할 수 있도록 debug 플래그를 True로 설정했음을 주의하자.

이제, 로컬 네트워크에 연결된 임의의 컴퓨터에서 브라우저를 열고, http://192.168.4.4:8080/hello를 입력해 여러분의 라즈베리파이에 연결한다. 그러면 보틀이 "Hello Bottle World!"라고 표시된 웹 페이지를 보여줄 것이다. 불과 몇 줄의 코드만으로 웹 서버를 만든 것이다.

클라이언트는 AJAX 프레임워크를 사용해 라즈베리파이에서 실행 중인 보틀 서버에 요청을 보낸다. 이번 프로젝트에서는 AJAX 호출 코드를 쉽게 작성하기 위해 jQuery 라이브러리를 사용할 것이다.

파이썬 데코레이터

파이썬의 데코레이터(decorator)는 함수를 인수로 받아서 다른 함수를 반환하는 @ 구문이다. 데코레이터는 다른 함수를 사용해 어떤 함수를 '포장(래핑)'할 수 있는 편리한 방법을 제공한다. 예를 들어

```
@wrapper
def myFunc():
    return 'hi'
```

위의 코드는 다음 코드와 동일한 의미를 갖는다.

```
myFunc = wrapper(myFunc)
```

파이썬에서 함수는 변수처럼 전달될 수 있는 1급(first-class) 객체다.

---

flot으로 그래프 그리기

이제, 데이터를 그래프로 나타내는 방법을 살펴보자. flot 라이브러리는 사용하기 쉽고 강력한 API를 제공하며, 최소한의 코드로 잘 빠진 그래프를 만들 수 있다. 기본적으로, HTMLHypertext Markup Language 파일에 차트를 포함할 위치와 그 차트에 표시될 값으로 이뤄진 배열을 전달하면, 그다음부터는 flot 라이브러리가 전부 알아서 처리한다(다음 코드는 이 책 코드 저장소의 simple-flot.html 파일에 들어 있다).

```html
<html>
<head>
    <meta http-equiv="Content-Type" content="text/html; charset=utf-8">
    <title>SimpleFlot</title>
❶  <style>
        .demo-placeholder {
            width: 80%;
            height: 80%;
        }
    </style>
❷  <script language="javascript" type="text/javascript"
            src="flot/jquery.js"></script>
    <script language="javascript" type="text/javascript"
            src="flot/jquery.flot.js"></script>
    <script language="javascript" type="text/javascript">
❸  $(document).ready(function() {
        // 플롯을 생성한다
❹      var data = [];
        for(var i = 0; i < 500; i++) {
❺          data.push([i, Math.exp(-i/100)*Math.sin(Math.PI*i/10)]);
        }
❻      var plot = $.plot("#placeholder", [data]);
    });
</script>
</head>

<body>
  <h3>A Simple Flot</h3>
  <div class="demo-container">
❼  <div id="placeholder" class="demo-placeholder"></div>
  </div>
</body>
</html>
```

❶에서 CSS 클래스(demo-placeholder)를 정의해 그래프가 위치할 플레이스홀더의 폭과 높이를 설정한다. ❷에서는 이 HTML 파일에서 사용되는 라이브러리의 자바스크립트 파일 jquery.js와 flot.js를 선언한다(제이쿼리가 flot과 함께 제공되므로, 별도로 다운로드할 필요가 없다. 또한 최상위 flot 디렉토리는 이번 프로젝트의 모든 소스 코드가 들어 있는 디렉토리에 위치해야 한다).

다음으로, 자바스크립트를 사용해 그래프에 찍을 값들을 생성한다. ❸에서 제이쿼리 메소드 $(document).ready()를 사용해 HTML 파일이 불려오면 바로 브라우저에 의해 실행되는 함수를 정의하고 있다. 이 함수의 내부 ❹에서는 자바스크립트 배열을 선언한 다음 [i, y] 형태의 값을 배열에 추가❺하면서 500번 루프를 반복한다. 각 값은 아래에 보이는 흥미로운 함수의 x 좌표와 y 좌표를 나타낸다(다소 임의로 선택된 것이다).

$$y(x) = e^{\frac{-x}{100}} \sin\left(\frac{2\pi}{10}x\right), \ (단, x의 \ 범위는 \ [0, 500])$$

❻에서 flot 라이브러리의 plot()을 호출해 그래프를 표시한다. ❼에서는 plot() 함수는 플롯을 포함하는 HTML 엘리먼트(placeholder 엘리먼트)의 id를 입력으로 받는다. 브라우저에서 HTML 파일을 불려오면, 그림 14-4와 같은 그래프를 볼 수 있다.

A Simple Flot

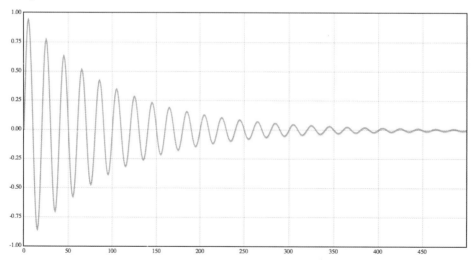

▲ **그림 14-4** flot으로 생성된 그래프의 예

여기서는 flot의 기본 설정을 사용했다. 하지만 색상을 변경하고, 선 대신에 점으로 나타내고, 범례와 제목을 추가하며, 대화식 기능을 도입하는 등 다양한 방법으로 flot 플롯을 사용자 정의할 수 있다(382페이지의 '데이터를 그래프로 나타내기' 절에서 날씨 데이터용 차트를 설계하면서 이러한 기법들을 배울 것이다).

라즈베리파이 종료하기

실행 중인 라즈베리파이의 전원 공급 장치를 갑자기 분리하면 절대로 안 된다. 파일 시스템이 손상될 가능성이 높으며, 그러면 부팅이 불가능해진다. 라즈베리파이의 사용자 인터페이스를 종료하려면, SSH를 통해 다음과 같이 입력한다.

```
$ sudo shutdown -h now
```

> **참고** 위의 명령을 실행하기 전에 라즈베리파이에 로그인됐는지 확인해야 한다. 그게 아니라면 (리눅스를 실행 중인) 호스트 컴퓨터를 종료하게 될 것이기 때문이다.

shutdown 명령을 입력하고 몇 초가 지나면, 라즈베리파이의 노란색 LED가 정확히 10번 깜박인다. 이제 안전하게 플러그를 뽑아도 된다.

하드웨어 제작

라즈베리파이와 앞서 언급된 주변기기들 외에도 다음 부품들을 준비해야 한다.

- DHT11 센서
- 4.7kΩ 저항
- 100Ω 저항
- 빨간색 LED
- 브레드보드

그림 14-5는 이 부품들을 배선하는 방법을 보여준다. DHT11의 VDD 핀은 +5V(라 즈베리파이의 핀 #2)에 연결되고, DHT11의 DATA 핀은 라즈베리파이의 핀 #16에 연결 되며, DHT11의 GND 핀은 라즈베리파이의 GND(핀 #6)에 연결된다. 4.7kΩ 저항기 는 DATA와 VDD 사이에 연결된다. LED의 캐소드cathode(음극)는 100Ω 저항기를 통해 GND에 연결되고, 애노드anode(양극)는 라즈베리파이의 핀 #18에 연결된다.

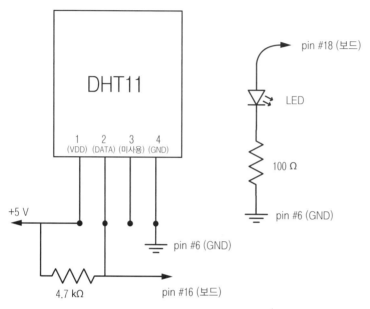

▲ **그림 14-5** 라즈베리파이, DHT11 회로, LED 사이의 연결을 나타낸 설계도

DHT11과 LED 회로를 연결하고 제대로 설정됐는지 테스트할 때 납땜할 필요가 없 는 브레드보드를 사용할 수 있다(그림 14-6 참조). 테스트가 만족스럽게 끝나면, 사용자 정의 함체(인클로저enclosure)로 회로를 옮긴다.

▲ **그림 14-6** 브레드보드로 연결된 라즈베리파이, DHT11, LED

코드

이제, 라즈베리파이에서 실행되는 코드를 작성하자(전체 프로젝트 코드는 389페이지의 '전체 코드' 절을 참조한다). 다음 코드는 main() 함수다.

```
def main():
    print 'starting piweather...'
    # 파서를 생성한다
❶   parser = argparse.ArgumentParser(description="PiWeather...")
    # 예상되는 인수들을 추가한다
    parser.add_argument('--ip', dest='ipAddr', required=True)
    parser.add_argument('--port', dest='portNum', required=True)

    # args를 파싱한다
    args = parser.parse_args()

    # GPIO 설정
❷   GPIO.setmode(GPIO.BOARD)
❸   GPIO.setup(18, GPIO.OUT)
❹   GPIO.output(18, False)
    # 서버를 시작한다
❺   run(host=args.ipAddr, port=args.portNum, debug=True)
```

❶에서 2개의 필수 명령 라인 인수를 위한 파서를 설정한다. 첫 번째 인수 --ip는 서버가 시작되는 IP 주소이고, --port는 서버의 포트 번호다. ❷에서는 GPIO 핀 설정을 시작한다. BOARD 모드는 보드의 물리적 레이아웃을 근거한 핀 번호 규칙을 사용할 것임을 의미한다. ❸에서는 LED를 제어하기 위해 데이터를 핀 #18에 기록할 것이므로 핀 #18을 출력 변수로 설정하고, ❹에서는 처음 시작될 때 LED가 꺼져 있도록 핀의 값을 False로 설정한다. 그런 다음 IP 주소와 포트 번호를 지정해 보틀 웹 서버를 시작하고, debug 변수를 True로 설정해 모든 경고 메시지를 모니터링한다❺.

센서 데이터 요청 처리하기

이제, 센서의 데이터 요청을 처리하는 함수를 간략히 살펴보자.

```
❶  @route('/getdata', method='GET')
❷  def getdata():
❸      RH, T = Adafruit_DHT.read_retry(Adafruit_DHT.DHT11, 23)
        # 딕셔너리를 반환한다
❹      return {"RH": RH, "T": T}
```

이 메소드는 /getdata라는 경로를 정의한다❶. 이 경로가 정의하는 /getdata URL에 클라이언트가 접근하면 getdata() 메소드가 호출되고❷, 이 메소드는 Adafruit_DHT 모듈을 사용해 습도와 온도 데이터를 조회한다❸. ❹에서는 조회된 데이터가 딕셔너리 타입으로 반환되고, 클라이언트에서는 이 데이터를 JSON 객체로서 사용할 수 있다. JSON 객체는 객체로서 읽히는 이름-값 쌍들로 이뤄진 목록으로 구성된다. 위 코드에서 getdata()는 2개의 쌍을 갖는 JSON 객체를 반환하는데, 하나는 습도 읽기(RH)이고 다른 하나는 온도(T)다.

데이터를 그래프로 나타내기

plot() 함수는 클라이언트의 그래프 그리기 요청을 처리한다. 이 함수의 첫 번째 부분은 HTML의 <head> 섹션을 정의하는데, 여기서는 CSSCascading Style Sheets 스타일을 설정하고 필요한 자바스크립트 코드를 불러온다.

```
@route('/plot')
def plot():
❶    return '''
<html>
<head>
    <meta http-equiv="Content-Type" content="text/html; charset=utf-8">
    <title>PiWeather</title>
    <style>
    .demo-placeholder {
        width: 90%;
        height: 50%;
    }
    </style>
    <script language="javascript" type="text/javascript"
            src="jquery.js"></script>
    <script language="javascript" type="text/javascript"
            src="jquery.flot.js"></script>
    <script language="javascript" type="text/javascript"
            src="jquery.flot.time.js"></script>
```

plot() 함수는 /plot URL에 대한 보틀 서버의 경로다. 다시 말해, /plot URL에 연결하면 plot() 메소드가 호출된다. ❶에서 전체 HTML 데이터를 하나의 문자열로 반환하며, 이 문자열은 클라이언트의 웹 브라우저에 의해 표시될 것이다. HTML 헤더, 그래프에 대한 CSS 크기 선언, flot 라이브러리를 포함하는 코드가 포함되는데, 그림 14-4에서 보여준 flot 차트 예제를 생성한 설정과 거의 비슷하다.

<body> 엘리먼트는 HTML의 전반적인 구조를 보여준다.

```
    <body>
        <div id="header">
❶            <h2>Temperature/Humidity</h2>
        </div>

        <div id="content">
            <div class="demo-container">
❷                <div id="placeholder" class="demo-placeholder"></div>
            </div>
❸            <div id="ajax-panel"> </div>
        </div>
        <div>
❹            <input type="checkbox" id="ckLED" value="on">Enable Lighting.
```

```
❺          <span id="data-values"> </span>
        </div>

    </body>
    </html>
```

❶에서는 그래프에 제목을 추가한다. ❷에서 `<placeholder>` 엘리먼트를 추가하는데, 나중에 flot 자바스크립트 코드에 의해 채워질 것이다. ❸에서는 AJAX 오류를 표시하기 위해 ID가 ajax-panel인 HTML 엘리먼트를 정의한다. 그리고 ❹에서는 ID가 ckLED인 체크박스 엘리먼트를 생성하는데, 라즈베리파이에 연결된 LED를 제어하는데 사용된다. 마지막으로 ❺에서 ID가 data-values인 HTML 엘리먼트를 생성하는데, 사용자가 그래프에서 데이터 포인트를 클릭할 때 센서 데이터를 표시한다. 자바스크립트 코드는 이 ID들을 사용해 해당 엘리먼트에 접근하고 수정한다.

이제, 센서 데이터 요청을 시작하고 LED를 켜고 끄는 작업을 수행하는 자바스크립트 코드를 살펴보자. 다음 코드는 HTML의 `<head>` 태그 아래의 `<script language="javascript"...>` 태그 아래에 위치한다.

```
❶  $(document).ready(function() {

        // 그래프 옵션
❷      var options = {
            series: {
                lines: {show: true},
                points: {show: true}
            },
❸          grid: {clickable: true},
❹          yaxes: [{min: 0, max: 100}],
            xaxes: [{min: 0, max: 100}],
        };

        // 빈 그래프를 생성한다
❺      var plot = $.plot("#placeholder", [[]], options);
```

❶의 ready() 함수는 HTML 데이터가 모두 불려온 뒤 브라우저에 의해 호출된다. ❷에서는 그래프를 사용자 정의하는 options 객체를 선언하고, 선과 점을 모두 표시하도록 지정한 뒤, ❸에서는 (사용자가 구체적인 값을 볼 수 있게) 그래프의 그리드를 클릭

가능하도록 지정한다. ❹에서는 축에 범위 제한을 설정하고, ❺에서는 3개의 인수로 plot()를 호출해 실제로 플롯을 그리고 있다. 이때 전달되는 인수는 플롯이 그려지는 엘리먼트의 ID, 값으로 이뤄진 배열(처음에는 비어 있다), 앞서 설정한 options 객체다.

다음으로, 센서 데이터를 얻는 자바스크립트 코드를 살펴보자.

```
    // 데이터 배열을 초기화한다
❶ var RH = [];
    var T = [];
    var timeStamp = [];
    // 서버에서 데이터를 얻어온다
❷ function getData() {
        // AJAX 콜백
❸     function onDataReceived(jsonData) {
❹         timeStamp.push(Date());
            // RH 데이터를 추가한다
❺         RH.push(jsonData.RH);
            // 가장 오래된 것을 제거한다
❻         if (RH.length > 100) {
                RH.splice(0, 1);
            }
            // 데이터를 추가한다
            T.push(jsonData.T);
            // 가장 오래된 것을 제거한다
            if (T.length > 100) {
                T.splice(0, 1);
            }
❼         s1 = [];
            s2 = [];
            for (var i = 0; i < RH.length; i++) {
                s1.push([i, RH[i]]);
                s2.push([i, T[i]]);
            }
            // 그래프에 데이터를 설정한다
❽         plot.setData([s1, s2]);
            plot.draw();
        }

        // AJAX 에러 처리 코드
❾     function onError(){
            $('#ajax-panel').html('<p><strong>Ajax error!</strong> </p>');
        }
```

```
        // AJAX 호출을 수행한다
❿      $.ajax({
            url: "getdata",
            type: "GET",
            dataType: "json",
            success: onDataReceived,
            error: onError
        });
    }
```

❶에서 온도와 습도 값이 저장될 배열들과 값이 수집된 시간을 저장할 timestamp 배열을 초기화한다. ❷에서 정의되는 getData() 메소드는 타이머를 사용해 주기적으로 호출된다. ❸에서는 AJAX 호출을 위한 콜백 메소드로 설정될 onDataReceived() 메소드를 정의한다. 자바스크립트는 함수를 일반 변수처럼 다른 함수 내에서 사용할 수 있으므로, onDataReceived()는 getData() 함수 내에 정의된 다음, 콜백 함수로서 AJAX 호출에 전달된다.

onDataReceived() 함수는 자바스크립트의 Date 객체를 생성해 ❹에서 데이터 별로 타임스탬프를 저장한다. 서버로부터 보내진 데이터는 jsonData 객체를 사용해 OnDataReceived()에 전달되고, ❺에서는 이 객체의 온도 데이터를 배열에 저장한다. ❻에서는 배열 요소의 개수가 100개를 넘어가면 가장 오래된 요소부터 순차적으로 제거되며, 12장의 아두이노 광센서 프로젝트에서와 비슷한 스크롤링 그래프가 생성될 것이다. 습도 데이터도 동일한 방식으로 처리한다.

❼에서는 수집된 데이터를 plot() 메소드에 전달하기에 적절한 포맷으로 변환한다. 2개의 변수를 동시에 그래프에 나타내고 있으므로, 다음과 같이 3단계 배열이 필요하다.

$$[[[i_0, RH_0], [i_1, RH_1],...],[[i_0, T_0],[i_1, T_1]]$$

❽에서는 데이터가 설정되고, 그래프에 그려진다.

❾에서는 오류 콜백을 정의한다. 화면 표시 오류가 발생했을 때 AJAX에 의해 사용되는 콜백으로서, ID가 ajax-panel인 HTML 엘리먼트가 사용된다. ❿에서 실제로 AJAX 호출을 하고 있다. getdata는 보틀 경로를 의미하며, HTTP의 GET 메소드를 사용해 서버에게 json 포맷의 데이터를 요청한다. 그리고 연결 성공 시에는

OnDataReceived() 메소드가, 실패 시에는 onError() 메소드가 콜백으로 설정되고 있다. 이 AJAX 호출은 즉시 반환된다. 즉 콜백 메소드는 데이터를 사용할 수 있게 됐을 때 비동기적으로 활성화된다.

update() 메소드

이제, getData()를 1초마다 호출하는 update() 메소드를 살펴보자.

```
// 갱신 함수를 정의한다
function update() {
    // 데이터를 얻어온다
❶    getData();
    // 타임아웃을 설정한다
❷    setTimeout(update, 1000);
}

// update()를 호출한다
update();
```

update() 메소드는 ❶에서 getData()를 호출하고 ❷에서는 setTimeout() 메소드를 사용해 1000밀리초 후에 자기 자신을 호출한다. 따라서 getData()는 1초마다 호출되면서 서버에게 센서 데이터를 보내줄 것을 요청한다.

LED를 처리하는 자바스크립트 핸들러

이제 LED 체크박스에 대한 자바스크립트 핸들러를 살펴보자. 이 핸들러 코드는 웹 서버로 AJAX 요청을 보낸다.

```
// LED 제어 버튼에 대한 클릭 핸들러를 정의한다
❶ $('#ckLED').click(function() {
❷    var isChecked = $("#ckLED").is(":checked") ? 1:0;
❸    $.ajax({
        url: '/ledctrl',
        type: 'POST',
        data: { strID:'ckLED', strState:isChecked }
    });
});
```

❶에서는 앞서 HTML 내에 생성했던 ID가 ckLED인 체크박스에 대한 클릭 핸들러를 정의한다. 이 클릭 핸들러 함수는 사용자가 체크박스를 클릭할 때마다 호출되며, 체크박스의 상태를 저장한다❷. ❸에서는 /ledctrl URL과 POST 타입의 HTTP 요청으로서 AJAX 호출이 수행되며, 체크박스에서 선택된 상태가 데이터로서 전송된다.

이 AJAX 요청에 대한 서버 측 핸들러는 라즈베리파이의 GPIO 핀을 요청에 따라서 ON 또는 OFF로 설정한다.

```
❶  @route('/ledctrl', method='POST')
   def ledctrl():
❷      val = request.forms.get('strState')
❸      on = bool(int(val))
❹      GPIO.output(18, on)
```

❶에서 /ledctrl URL에 대한 보틀 경로를 정의하는데, 이 요청을 처리하는 ledctrl() 메소드에 대한 데코레이터다. ❷에서는 보틀의 request 객체를 사용해 클라이언트 코드가 보낸 strState 매개변수의 문자열 값에 접근하며, 이 값은 ❸에서 불리언 타입으로 변환된다. 그리고 핀 #18에 연결된 LED를 켜거나 끄기 위해 GPIO.output() 메소드가 사용된다❹.

대화식 기능 추가하기

그래프에 사용자와의 상호작용이 가능하도록 몇 가지 기능을 추가해보자. flot 라이브러리는 사용자가 데이터 포인트를 클릭하면 값을 볼 수 있는 방법을 제공하는데, 앞서 plot() 함수를 호출할 때 options에 clickable:True를 인수로 전달하면서 이 기능을 활성화한 바 있다. 다음 코드는 사용자가 데이터 포인트를 클릭할 때 호출되는 함수를 정의한다.

```
   $("#placeholder").bind("plotclick", function (event, pos, item) {
      if (item) {
❶         plot.highlight(item.series, item.datapoint);
❷         var strData = ' [Clicked Data: ' +
                  timeStamp[item.dataIndex] + ': T = ' +
                  T[item.dataIndex] + ', RH = ' + RH[item.dataIndex]
                  + ']';
```

```
❸              $('#data-values').html(strData);
            }
        });
    });

</script>
</head>
```

이 함수는 ❶에서 flot의 highlight() 메소드를 호출해 사용자가 클릭한 데이터 포인트 주위에 원을 그린다. ❷에서는 ID가 data-values인 HTML 엘리먼트 내에 표시될 문자열을 준비한다. 사용자가 데이터 포인트를 클릭하면, flot는 이 함수에 item 객체를 전달하는데, 이 객체는 dataIndex라는 멤버 변수를 갖고 있다. 이 인덱스 변수를 사용해 ready() 함수 내에 정의된 타임스탬프, 온도, 습도 배열에서 관련 데이터를 조회한다. 마지막으로, 문자열이 HTML 엘리먼트에 추가된다❸.

이 작업을 수행하기 위해서는 파이썬 코드 내에 자바스크립트 코드가 포함돼야 한다. 하지만 웹 페이지가 필요로 하는 자바스크립트 파일들을 찾기 위해 보틀 경로가 하나 더 필요하다.

```
@route('/<filename:re:.*\.js>')
def javascripts(filename):
    return static_file(filename, root='flot')
```

이 코드는 하위 디렉토리인 flot/에서 자바스크립트 파일들을 찾으라고 보틀 서버에게 지시한다.

전체 코드

아래는 이번 프로젝트의 완전한 코드다. https://github.com/electronut/pp/tree/master/piweather/piweather.py에서도 확인할 수 있다.

```
from bottle import route, run, request, response
from bottle import static_file
import random, argparse
```

```python
import RPi.GPIO as GPIO
from time import sleep
import Adafruit_DHT

@route('/hello')
def hello():
    return "Hello Bottle World!"

@route('/<filename:re:.*\.js>')
def javascripts(filename):
    return static_file(filename, root='flot')

@route('/plot')
def plot():
    return '''
<html>
<head>
    <meta http-equiv="Content-Type" content="text/html; charset=utf-8">
    <title>PiWeather</title>
    <style>
    .demo-placeholder {
        width: 90%;
        height: 50%;
    }
    </style>
    <script language="javascript" type="text/javascript"
            src="jquery.js"></script>
    <script language="javascript" type="text/javascript"
            src="jquery.flot.js"></script>
    <script language="javascript" type="text/javascript"
            src="jquery.flot.time.js"></script>
    <script language="javascript" type="text/javascript">

$(document).ready(function() {

    // 그래프 옵션
    var options = {
        series: {
            lines: {show: true},
            points: {show: true}
        },
        grid: {clickable: true},
        yaxes: [{min: 0, max: 100}],
        xaxes: [{min: 0, max: 100}],
```

```javascript
};

// 빈 그래프를 생성한다
var plot = $.plot("#placeholder", [[]], options);

// 데이터 배열을 초기화한다
var RH = [];
var T = [];
var timeStamp = [];
// 서버에서 데이터를 얻어온다
function getData() {
    // AJAX 콜백
    function onDataReceived(jsonData) {
        timeStamp.push(Date());
        // RH 데이터를 추가한다
        RH.push(jsonData.RH);
        // 가장 오래된 것을 제거한다
        if (RH.length > 100) {
          RH.splice(0, 1);
        }
        // 데이터를 추가한다
        T.push(jsonData.T);
        // 가장 오래된 것을 제거한다
        if (T.length > 100) {
          T.splice(0, 1);
        }
        s1 = [];
        s2 = [];
        for (var i = 0; i < RH.length; i++) {
            s1.push([i, RH[i]]);
            s2.push([i, T[i]]);
        }
        // 그래프에 데이터를 설정한다
        plot.setData([s1, s2]);
        plot.draw();
    }

    // AJAX 에러 처리 코드
    function onError(){
        $('#ajax-panel').html('<p><strong>Ajax error!</strong> </p>');
    }

    // AJAX 호출을 수행한다
    $.ajax({
```

```
                url: "getdata",
                type: "GET",
                dataType: "json",
                success: onDataReceived,
                error: onError
            });
        }

        // 갱신 함수를 정의한다
        function update() {
            // 데이터를 얻어온다
            getData();
            // 타임아웃을 설정한다
            setTimeout(update, 1000);
        }

        // update()를 호출한다
        update();

        // LED 제어를 위한 클릭 핸들러를 정의한다
        $('#ckLED').click(function() {
            var isChecked = $("#ckLED").is(":checked") ? 1:0;
            $.ajax({
                url: '/ledctrl',
                type: 'POST',
                data: { strID:'ckLED', strState:isChecked }
            });
        });

        $("#placeholder").bind("plotclick", function (event, pos, item) {
            if (item) {
                plot.highlight(item.series, item.datapoint);
                var strData = ' [Clicked Data: ' +
                                timeStamp[item.dataIndex] + ': T = ' +
                                T[item.dataIndex] + ', RH = ' + RH[item.dataIndex]
                                + ']';
                $('#data-values').html(strData);
            }
        });
    });

</script>
</head>
```

```html
<body>
    <div id="header">
        <h2>Temperature/Humidity</h2>
    </div>

    <div id="content">
        <div class="demo-container">
            <div id="placeholder" class="demo-placeholder"></div>
        </div>
        <div id="ajax-panel"> </div>
    </div>
    <div>
      <input type="checkbox" id="ckLED" value="on">Enable Lighting.
      <span id="data-values"> </span>
    </div>

</body>
</html>
'''
```

```python
@route('/getdata', method='GET')
def getdata():
    RH, T = Adafruit_DHT.read_retry(Adafruit_DHT.DHT11, 23)
    # 딕셔너리를 반환한다
    return {"RH": RH, "T": T}


@route('/ledctrl', method='POST')
def ledctrl():
    val = request.forms.get('strState')
    on = bool(int(val))
    GPIO.output(18, on)


# main() 함수
def main():
    print 'starting piweather...'
    # 파서를 생성한다
    parser = argparse.ArgumentParser(description="PiWeather...")
    # 예상되는 인수들을 추가한다
    parser.add_argument('--ip', dest='ipAddr', required=True)
    parser.add_argument('--port', dest='portNum', required=True)

    # args를 파싱한다
    args = parser.parse_args()
```

```
    # GPIO 설정
    GPIO.setmode(GPIO.BOARD)
    GPIO.setup(18, GPIO.OUT)
    GPIO.output(18, False)
    # 서버를 시작한다
    run(host=args.ipAddr, port=args.portNum, debug=True)

# main() 함수를 호출한다
if __name__ == '__main__':
    main()
```

프로그램 실행

라즈베리파이를 DHT11과 LED 회로에 연결하고, PC에서 라즈베리파이로 SSH 연결을 한 다음, 다음과 같이 입력한다(IP 주소와 포트 번호는 여러분의 환경에 맞도록 변경한다).

```
$ sudo python piweather.py --ip 192.168.x.x --port xxx
```

이제 브라우저를 열고 다음과 같이 브라우저의 주소 표시줄에 IP 주소와 포트 번호를 입력한다.

```
http://192.168.x.x:port/plot
```

그림 14-7과 비슷한 플롯을 볼 수 있을 것이다.

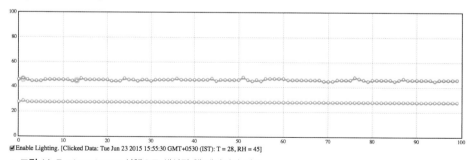

▲ **그림 14-7** piweather.py 실행으로 생성된 웹 페이지와 차트

이 그래프에서 임의의 데이터 포인트를 클릭하면, Clicked Data 영역에 그 데이터에 관한 세부 정보가 표시될 것이다. 100개의 데이터 포인트가 수집된 후부터는 새로운 데이터가 들어오면 그래프가 수평으로 스크롤되기 시작한다(LED를 켜거나 끄려면 Enable Lightning 체크박스를 클릭한다).

정리

이번 프로젝트에서는 웹 인터페이스에서 온도와 습도 데이터를 그래프로 나타내는 라즈베리파이 기반의 날씨 모니터를 구축했다. 이번 프로젝트에서 다룬 개념들은 다음과 같다.

- 라즈베리파이 설정
- 라즈베리파이의 GPIO 핀을 사용해 하드웨어와 통신하기
- DHT11 온도 및 습도 센서와 인터페이스하기
- 보틀 웹 프레임워크를 사용해 웹 서버 만들기
- flot 자바스크립트 라이브러리를 사용해 차트 만들기
- 클라이언트-서버 애플리케이션 구축
- 웹 인터페이스를 통한 하드웨어 제어

실습!

본문의 프로젝트를 다음과 같이 수정하자.

1. 센서 데이터를 외부로 내보낼 수 있는 방법을 만들어보자. 서버상에 (T, RH) 튜플로 이뤄진 리스트를 관리하면서 /export 경로에 기록을 하고, CSV 포맷으로 값을 반환하는 메소드를 작성할 수 있을 것이다. 웹 페이지에 Export내보내기 버튼을 추가하는 HTML 코드를 포함하도록 /plot 경로를 수정하고, 사용자가 이 버튼을 클릭하면 AJAX 코드가 서버에 위치하는 export() 메소드를 호출해 브라우저에 표시될 CSV 값을 전송하게 한다. 이 값들은 브라우저 창에서 사용자에 의해 저장되거나 복사될 수 있어야 한다.

2. 본문의 프로그램은 DHT11 데이터를 그래프에 나타내지만, 값이 100개를 넘어가면 스크롤하기 시작한다. 더 긴 기간에 걸쳐 데이터를 보려면 어떻게 해야 할까? 한 가지 방법은 서버상에서 (T, RH) 튜플의 리스트를 더 많이 관리하면서, 값을 100개만 표시할지 아니면 전부 표시할지 사용자가 선택할 수 있는 버튼을 포함하도록 자바 스크립트 코드와 HTML을 수정하는 것이다. 가장 최근에 라즈베리파이를 끄기 전에 생성됐던 데이터를 어떻게 조회할 수 있을까?(힌트: 서버가 종료될 때 데이터를 텍스트 파일에 기록하고, 서버가 시작될 때 이 텍스트 파일에서 데이터를 불러온다.) 좀 더 확장성 있는 프로젝트로 만들고 싶다면, SQLite 같은 데이터베이스를 사용할 수 있다.

부록 A
소프트웨어 설치

부록 A에서는 파이썬 및 이 책에서 사용된 외부 모듈과 프로젝트 코드를 설치하는 방법을 설명한다. 라즈베리파이의 설치 방법에 관해서는 14장에서 설명했으므로 여기서는 다루지 않는다. 이 책의 프로젝트들은 파이썬 2.7.8과 3.3.3 버전에서 모두 테스트됐다.

프로젝트의 소스 코드 설치

이 책에서 설명한 프로젝트들의 소스 코드는 https://github.com/electronut/pp/에서 다운로드할 수 있다. Download ZIP 버튼을 클릭하면 ZIP 포맷으로 압축된 소스 코드를 얻을 수 있다.

압축을 해제한 뒤, common 폴더의 경로(일반적으로 pp-master/common)를 PYTHONPATH 환경 변수에 추가해야 파이썬 모듈들이 이 소스 파일의 위치를 정확히 찾을 수 있다.

MS 윈도우에서는 여러분이 직접 PYTHONPATH 환경 변수를 생성하거나 (이미 존재한다면) 추가하면 된다. OS X에서는 다음과 같이 여러분 홈 디렉토리의 .profile 파일에 추가한다(필요하다면 .profile 파일을 새로 만든다).

```
export PYTHONPATH=$PYTHONPATH:common 폴더의 경로
```

리눅스 사용자는 셸에 따라서 .bashrc, .bash_profile, .cshrc/.login 등에 OS X과 비슷하게 설정한다. 현재 사용 중인 기본 셸이 무엇인지 알고 싶으면 echo $SHELL 명령을 사용한다.

이제 윈도우, OS X, 리눅스에서 파이썬 및 이 책에서 사용된 모듈을 설치하는 방법을 살펴보자.

윈도우에 설치하기

우선, https://www.python.org/download/에서 파이썬을 다운로드 및 설치한다.

GLFW 설치

이 책의 OpenGL 기반 3D 그래픽 프로젝트를 실행하기 위해서는 GLFW 라이브러리를 설치해야 하며, http://www.glfw.org/download.html에서 다운로드할 수 있다.

GLFW 설치가 끝나면, GLFW_LIBRARY 환경 변수(검색 창에서 'Edit Environmental Variables'를 입력)를 glfw3.dll의 전체 경로로 설정해야 GLFW에 대한 파이썬 바인딩이 이 라이브러리를 찾을 수 있다. 이 경로는 C:\glfw-3.0.4.bin.WIN32\lib-msvc120\glfw3.dll과 비슷할 것이다.

GLFW를 파이썬에서 사용하기 위해 pyglfw라는 모듈이 사용되는데, 이 모듈은 glfw.py라는 하나의 파이썬 파일로 구성된다. 이 책의 소스 코드에 들어 있으므로 여러분이 별도로 pyglfw를 설치할 필요는 없다. common 디렉토리에서 이 파일을 찾

을 수 있을 것이다. 하지만 최신 버전을 설치하고 싶다면 https://github.com/rougier/
pyglfw/에서 다운로드할 수 있다.

그래픽 카드 드라이버가 컴퓨터에 정확히 설치되어 있는지도 확인해야 한다. 많은
소프트웨어 프로그램(특히 게임)은 GPU를 많이 활용하기 때문에 드라이버 설치 여부에
따라서 많은 성능 차이를 보일 수도 있다.

각 모듈별로 사전에 빌드된 바이너리 설치

윈도우에서 필요한 파이썬 모듈을 설치하는 가장 간단한 방법은 이미 빌드된 바이너
리를 얻는 것이다. 각 모듈별로 링크가 아래에 나열되어 있다. 32비트 버전과 64비트
버전을 정확히 골라서 다운로드해야 한다. 윈도우의 설정에 따라서는 관리자 권한으로
설치 프로그램을 실행해야 할 수도 있다.

- **pyaudio**

  http://www.lfd.uci.edu/~gohlke/pythonlibs/#pyaudio

- **pyserial**

  http://www.lfd.uci.edu/~gohlke/pythonlibs/#pyserial

- **scipy**

  http://www.lfd.uci.edu/~gohlke/pythonlibs/#scipy

  http://sourceforge.net/projects/scipy/files/scipy/

- **numpy**

  http://www.lfd.uci.edu/~gohlke/pythonlibs/#numpy

  http://sourceforge.net/projects/numpy/files/NumPy/

- **pygame**

  http://www.lfd.uci.edu/~gohlke/pythonlibs/#pygame

- **Pillow**

  http://www.lfd.uci.edu/~gohlke/pythonlibs/#pillow

  https://pypi.python.org/pypi/Pillow/2.5.0#downloads

- **pyopengl**

  http://www.lfd.uci.edu/~gohlke/pythonlibs/#pyopengl

- **matplotlib**

  http://www.lfd.uci.edu/~gohlke/pythonlibs/#matplotlib

`matplotlib` 라이브러리는 `dateutil`, `pytz`, `pyparsing`, `six`에 의존하며, 이 라이브러리들은 다음 링크에서 얻을 수 있다.

- **dateutil**

  http://www.lfd.uci.edu/~gohlke/pythonlibs/#python-dateutil

- **pytz**

  http://www.lfd.uci.edu/~gohlke/pythonlibs/#pytz

- **pyparsing**

  http://www.lfd.uci.edu/~gohlke/pythonlibs/#pyparsing

- **six**

  http://www.lfd.uci.edu/~gohlke/pythonlibs/#six

그 밖의 옵션들

적절한 컴파일러를 설치해 여러분이 직접 패키지를 빌드할 수도 있다. 호환되는 컴파일러들의 목록은 https://docs.python.org/2/install/index.html#gnu-c-cygwin-mingw 를 참조한다. http://www.scipy.org/install.html에서 파이썬 배포판을 설치하는 방법도 있다. 대부분의 패키지가 사전에 설치되어 있다는 장점이 있다.

OS X에 설치하기

OS X에 파이썬과 모듈을 설치하는 단계는 다음과 같다.

Xcode와 MacPorts 설치

우선, Xcode를 설치하는 것부터 시작하자. Xcode는 앱스토어에서 얻을 수 있으며, 과거 버전의 운영체제를 실행 중이라면 애플 개발자 웹사이트(https://developer.apple.com/)에서 Xcode의 호환되는 버전을 얻을 수 있다. Xcode가 설치되고 나면 명령 라인 도구도 설치됐는지 확인한다. 그다음 단계는 MacPorts를 설치하는 것이다. MacPorts 안내서(http://guide.macports.org/#installing.xcode)에서 자세한 설치 과정을 읽을 수 있다.

MacPorts는 자체 버전의 파이썬을 설치하며, 이 버전을 사용하는 것이 가장 간편한다(OS X에도 파이썬에 내장되어 있지만, 설치에 문제가 있으므로 안 쓰는 편이 낫다).

모듈 설치

MacPorts를 설치한 후, 터미널 애플리케이션에서 port 명령을 사용해 모듈들을 설치할 수 있다.

파이썬의 버전은 터미널 창에서 다음 명령을 입력해 확인할 수 있다.

```
$ port select --list python
```

여러 개의 파이썬 버전이 설치되어 있다면 다음 명령으로 MacPorts에 특정 버전의 파이썬이 활성화되도록 지정할 수 있다(여기서는 파이썬 버전 2.7을 선택하고 있다).

```
$ port select --set python python27
```

이제, 필요한 모듈들을 설치할 수 있다. 터미널 창에서 다음 명령들을 하나씩 실행한다.

```
sudo port install py27-numpy
sudo port install py27-Pillow
sudo port install py27-matplotlib
sudo port install py27-opengl
sudo port install glfw
sudo port install py27-scipy
sudo port install py27-pyaudio
sudo port install py27-serial
sudo port install py27-game
```

MacPorts는 일반적으로 /opt/local/에 파이썬을 설치한다. .profile 파일에 PATH 환경 변수를 설정함으로써 터미널 창에서 언제나 정확한 버전의 파이썬 사용을 보장할 수 있다. 다음 설정은 내 환경 설정이다.

```
PATH=/opt/local/Library/Frameworks/Python.framework/Versions/2.7/bin:$PATH
export PATH
```

이렇게 설정하면 어떤 터미널에서든 정확한 버전의 파이썬 실행을 보장할 수 있다.

리눅스에 설치하기

리눅스에는 일반적으로 파이썬이 내장되어 있으며, 패키지를 빌드하는 데 필요한 개발 도구들도 함께 들어 있다. 대부분의 리눅스 배포판에서 패키지를 가져올 때 pip을 사용한다. pip 설치에 대한 자세한 내용은 http://pip.readthedocs.org/en/latest/installing.html을 참조한다.

pip을 사용해 패키지를 설치하는 예는 다음과 같다.

```
sudo pip install matplotlib
```

패키지를 설치하는 또 다른 방법은 모듈 소스의 배포 파일을 다운로드하는 것으로서, 일반적으로 .gz나 .zip 파일 포맷으로 배포된다. 내려받은 파일의 압축을 어떤 폴더에 해제한 뒤, 다음과 같이 설치할 수 있다.

```
sudo python setup.py install
```

이 책에서 요구하는 패키지들은 위의 두 가지 방법 중 하나를 사용해 설치해야 한다.

부록 B
실용 전자공학의 기초

부록 B에서는 전자 회로를 제작할 때 알아야 하는 기본적인 용어, 부품, 도구들을 설명한다. 전자공학은 능동 및 수동 전기 부품을 사용하는 전기 회로의 설계와 제작을 다루는 공학의 한 분야다.

전자공학은 매우 폭넓은 지식을 요구하므로, 부록 B에서는 아주 표면적인 내용만 다룰 것이다.[1] 하지만 취미 혹은 DIY 관점에서 전자공학을 바라볼 때는 그 모든 것을 다 알 필요는 전혀 없다. 회로를 만들어가면서 배워도 충분하며, 내 경험상 취미로 회로를 다루는 것은 매우 재미있으며 심지어 중독성이 있다. 지금부터 설명하는 내용이 여러분의 호기심을 북돋아서 스스로 회로를 설계하고 제작하는 길로 이끌기를 희망한다.

---

1   전자공학에 대한 포괄적인 참고 서적으로서, 『Practical Electronics for Inventors』(3판, Paul Scherz & Simon Monk, San Francisco: McGraw-Hill, 2013)를 추천한다.

일반적인 부품

대부분의 전자 부품은 반도체로 분류되는 재료를 사용한다. 반도체는 전자 장치 제작에 이상적인 특별한 전기적 특성을 갖고 있다.

이번 절에서는 회로에 사용되는 가장 일반적인 부품들을 알아본다. 그림 B-1은 부품들의 사진 및 그 부품을 회로도에서 표현하는 기호를 함께 보여준다.

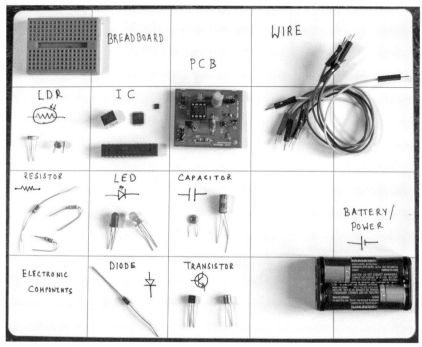

▲ **그림 B-1** 일반적인 전자 부품과 해당 기호

브레드보드breadboard

브레드보드는 전자 회로의 프로토타입을 만드는 데 사용되는 구멍이 뚫린 블록이다. 브레드보드의 구멍 안에는 스프링이 달린 클립이 들어 있으며, 단순하게 서로 연결되어 있으므로 간단한 실험에 적합하다. 납땜을 할 필요가 없이 브레드보드에 부품들을 끼우고 전선을 사용하면 쉽게 연결할 수 있기 때문이다.

LDRLight-Dependent Resistor(빛 종속 저항)

LDR은 비춰지는 빛의 강도에 저항의 크기가 감소하는 종류의 저항이다. 전자 회로에서 광센서로 사용된다.

IC_{Integrated Circuit}(집적 회로)

IC는 완전한 전자 회로를 포함하는 장치다. IC는 매우 작지만 1cm² 면적에 수십억 개의 트랜지스터를 포함하고 있다. IC는 일반적으로 특정 용도에 맞춰 제작되며, IC 제작업체의 데이터 시트에는 필요한 회로도, 전기적 및 물리적 특성, 사용 예 등이 자세하게 적혀 있다. 가장 널리 접하는 IC는 555로서, 주로 타이머로 사용된다.

PCB_{Printed Circuit Board}(인쇄 회로 기판)

전자 회로를 만들려면 부품들을 조립할 장소가 필요하다. 일반적으로 PCB 위에서 부품을 조립하는데, PCB는 전도성 물질(일반적으로 구리)의 층으로 덮인 절연체로 이뤄진 보드를 의미한다. 전도성 층은 회로의 배선을 형성하도록 만들어진다.

PCB상의 부품들은 스루홀_{through-hole} 부품이나 표면 실장_{surface-mounted} 부품으로서 탑재되며, 전도성 층과 전기적 연결을 형성하도록 납땜된다.

전선_{wires}

별로 대단한 기술이 사용되지는 않지만, 전선이 없으면 회로를 만들 수 없다. 플라스틱으로 절연된 구리 전선이 일반적으로 사용된다.

저항기_{resistor}

저항기는 회로에서 가장 흔하게 볼 수 있는 부품 중 하나다. 회로의 전류 또는 전압을 감소시키는 데 사용되며, 저항의 값을 측정하는 단위는 옴_{ohm}이다. 예를 들어 2.7k 저항기는 2.7kΩ, 즉 2,700Ω의 저항을 갖는다. 저항기는 저항 값을 나타내는 색상 밴드를 가지며, 극성이 없기 때문에 2개의 리드를 상호 교환할 수 있다.

LED_{Light-Emitting Diode}(발광 다이오드)

LED는 회로에서 흔히 볼 수 있는 깜박거리는 불빛이다. 하지만 LED는 특별한 종류의 다이오드이기 때문에, 극성을 가지며 그에 맞춰 연결해야 한다. 저항기와 함께 사용되는 경우가 많은데, 전류를 제한함으로써 손상을 막을 수 있기 때문이다. LED는 색상에 따라서 '발광 시작' 전압이 다르다.

커패시터capacitor

커패시터는 전하를 저장하는 데 사용되는 장치로서 2개의 리드를 갖고 있다. 커패시턴스capacitance의 값으로 측정되며, 단위는 패럿farads이다. 전형적인 커패시터는 마이크로패럿(μF) 단위로 측정되는 정전용량을 갖고 있다. 극성이 있는 것과 그렇지 않은 것 두 종류가 있다.

다이오드diode

다이오드는 전류를 한 방향으로만 통과시키는 전자 장치다. 다이오드는 일반적으로 정류기rectifier로서 사용된다. 즉 AC 전류를 DC 전류로 변환한다. 다이오드는 양극과 음극, 2개의 리드를 갖는다. 즉 극성을 가지므로, 회로의 다른 부품들과 정확하게 일치시켜야 한다.

트랜지스터transistor

트랜지스터는 전자적인 스위치라고 생각할 수 있는데, 전류 또는 전압의 증폭기 역할도 할 수 있다. 트랜지스터는 집적 회로의 기초가 되는 구성 단위로서, 가장 중요한 전자 부품 중 하나다. 트랜지스터는 여러 종류가 있지만, 주로 쓰이는 것은 BJTbipolar junction transistor(바이폴라 접합 트랜지스터)와 MOSFETmetal-oxide-semiconductor field-effect transistor(금속 전계 효과 트랜지스터)이다. 트랜지스터는 일반적으로 3개의 리드를 갖는다. BJT의 경우는 베이스base, 컬렉터collector, 이미터emitter라고 부르고, MOSFET의 경우는 게이트gate, 소스source, 드레인drain이라고 부른다. 트랜지스터가 스위치로서 사용될 때, BJT의 베이스로 흐르는 전류 혹은 MOSFET의 게이트에 걸리는 전압은 컬렉터와 이미터에 전류가 흐를 수 있게 만들며, 이런 특성을 이용해 LED나 릴레이 같은 외부 부하에 대한 ON/OFF 스위치 역할을 수행할 수 있다.

배터리battery/전원 공급 장치power supply

대부분의 전자 제품은 3~9볼트 수준의 저전압에서 동작하며, 이 정도의 전압은 배터리 혹은 벽에 있는 AC 콘센트에 전원 어댑터를 꽂아서 공급할 수 있다.

필수 도구

지금까지 설명한 부품들 외에도 전자 회로를 제작하려면 몇 가지 필수 도구가 추가로 필요하다. 그림 B-2는 일반적으로 전자 회로 취미가의 작업대에서 볼 수 있는 필수 도구들이다.

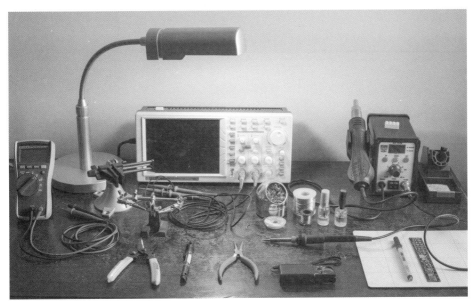

▲ **그림 B-2** 일반적인 전자제품 작업대. 멀티미터, 작업 램프, 클램프, 와이어 스트리퍼, 스크루 드라이버, 펜치, 라우프, 납땜기, 플럭스, 오실로스코프, 납땜 스테이션이 보인다.

멀티미터multimeter

멀티미터는 전압, 전류, 커패시턴스, 저항 같은 회로의 전기적 특성을 측정하는 데 사용되는 도구다. 또 연속적인 전류의 흐름을 의미하는 연속성continuity을 측정하기 위해서도 사용된다. 멀티미터는 회로를 디버깅할 때 매우 유용하다.

납땜 인두와 액세서리

여러분이 제작한 회로가 브레드보드에서 제대로 동작하는 것을 확인했다면, 그다음 단계는 PCB로 옮기는 것이며 이를 위해서는 납땜soldering이 필요하다. 납땜은 가열된 충전재 금속을 이용해 2개의 금속을 접합하는 과정을 의미한다. 과거에는 충전재 또는 솔더solder가 납을 함유했으나, 최근에는 좀 더 환경 친화적인 무연 솔더 합

금이 주로 사용된다. 어떤 부품을 납땜하기 위해서는 우선 PCB에 배치한 뒤 플럭스flux(납땜 작업을 쉽게 만드는 화학 물질)를 적용하고 인두로 가열된 솔더를 적용한다. 솔더는 냉각되면서 부품과 구리 층 사이에 물리적 결합 및 전기적 연결을 형성한다.

오실로스코프oscilloscope

오실로스코프는 전자 회로의 전압을 측정하고 표시하는 데 사용되는 도구로서, 전기 파형을 분석할 때 유용하다. 예를 들어, 센서로부터 얻어지는 디지털 데이터를 디버깅하거나 오디오 앰프에서 나오는 아날로그 전압을 측정할 때 사용할 수 있다. 또한 FFTfast Fourier transform(고속 푸리에 변환)와 RMSroot mean square(실효 값) 같은 전문적인 측정도 가능하다.

그림 B-2에는 이 밖에도 회로 제작에 유용한 도구들이 있다. 멀티비트 스크루 드라이버, 펜치, 와이어 스트리퍼, 납땜 중에 PCB를 담을 클램프, 작업 공간에 좋은 조명을 제공하기 위한 테이블 램프, 작은 부품과 솔더 조인트를 다룰 때 유용한 돋보기, 납땜 인두 촉의 클리너 등을 확인할 수 있다.

회로 제작

회로를 제작할 때는 우선 회로도 혹은 설계도schematic를 그려야 한다. 회로도는 부품들이 어떻게 서로 연결되는지 알려준다. 회로도를 그린 다음에는 일반적으로 부품을 브레드보드의 구멍에 꽂고 전선으로 연결해 회로를 브레드보드상에 구성한다. 브레드보드에서의 회로 테스트가 만족스러웠다면, 이제 PCB로의 이동을 고려한다. 브레드보드는 편리하지만, 느슨하게 연결된 전선들로 인해 배포용으로는 신뢰하기 어렵기 때문이다.

바닥에 구리의 패턴이 고정된 범용 PCB를 사용할 수도 있고, 여러분이 직접 PCB를 설계할 수도 있다. 범용 PCB는 소규모 회로에서 문제없이 동작한다. 일반적으로 부품들을 납땜하고, 이미 존재하는 구리 연결을 사용한 다음, 필요에 따라 추가로 전선을 납땜해 나머지를 완성한다. 그림 B-3은 어느 간단한 회로의 회로도, 브레드보드 프로토타입, PCB의 구성을 보여준다.

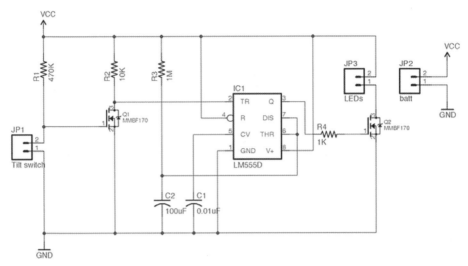

▲ **그림 B-3** 회로도에서 브레드보드 프로토타입 및 PCB 회로로의 변환

정말로 잘 빠진 PCB를 갖고 싶다면, 여러분이 직접 설계해 저렴하게 만들 수 있다. PCB 설계에 사용되는 소프트웨어 패키지 중에서 가장 널리 쓰이는 (무료) 패키지로 EAGLE[2]과 KiCad[3]가 있다. EAGLE 소프트웨어는 상업적 목적으로 사용하지 않는다면 무료로 사용할 수 있는 라이트 버전을 제공한다. 라이트 버전에는 몇 가지 기능상의 제약은 있지만(예를 들어 구리 층은 2개까지, PCB 크기는 최대 4×3.2인치, 프로젝트당 하나의

---

2   CadSoft EAGLE PCB 설계 소프트웨어, http://www.cadsoftusa.com/eagle-pcb-design-software/

3   KiCad EDA 소프트웨어 스위트, http://www.kicad-pcb.org/display/KICAD/KiCad+EDA+Software+Suite/

회로도만 가능), 취미 목적으로 사용하기에 큰 문제는 되지 않는다. 하지만 EAGLE은 제대로 익히는 데 다소 시간이 걸리며, 내가 보기에 인터페이스가 다소 혼란스럽다. 먼저 비디오 튜토리얼을 시청하고 시작할 것을 권장한다.[4]

EAGLE의 일반적인 작업 흐름은 다음과 같다. 우선, 회로도 편집기에서 회로도를 생성한다. 회로에서 사용될 부품을 추가하고 전선으로 연결해야 한다. EAGLE에는 상당히 많은 수의 부품 라이브러리가 제공되며, 여러분이 필요로 하는 부품이 이미 라이브러리에 들어 있을 가능성이 높다(여러분이 직접 사용자 정의 부품을 만들 수도 있다). 회로도 설계가 끝나면 이로부터 PCB를 생성할 수 있다. 이것은 부품들을 물리적으로 표현한 것이다. 그런 다음, PCB상의 구리 층 연결 경로를 설계하기 위해 회로를 배치 및 배선해야 한다. EAGLE에서 생성된 설계의 예가 그림 B-4에 보인다. 왼쪽은 회로도이고, 오른쪽은 이에 대응되는 보드다.

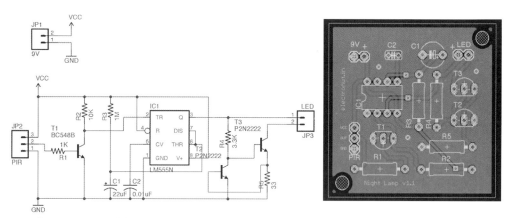

▲ **그림 B-4** EAGLE로 생성된 회로도와 PCB 설계

PCB 설계가 끝났으면 이제 제작을 할 차례다. 일부 PCB 제작은 집에서 재미있게 할 수 있지만,[5] 좀 더 전문적인 기술을 이용하기 위해서는 PCB 제작업체에 여러분의 설계를 보내야 한다. PCB 제작업체들은 거버Gerber라는 설계 포맷으로 접수하는데,

---

4   Jeremy Blum, 'Tutorial 1 for Eagle: Schematic Design', 유튜브(2012년 6월 14일), https://www.youtube.com/watch?v=1AXwjZoyNno

5   집에서 PCB를 제작하는 데 유용한 정보를 https://embeddedinn.wordpress.com/tutorials/home-made-sigle-sided-pcbs/에서 확인할 수 있다.

EAGLE에서 약간의 설정으로 이 포맷의 파일을 생성할 수 있다.[6] 많은 수의 PCB 제작업체가 있으며, 내가 만족스럽게 이용했던 곳은 OSH Park이다.[7]

PCB가 제작되고 부품들이 모두 납땜됐으면, 이제 인클로저를 고려한다. 레이저 프린팅, 3D 프린팅 등의 기술을 사용하면 여러분도 전문가 수준의 인클로저를 설계 및 구축할 수 있다. 2D[8] 소프트웨어와 3D[9] 소프트웨어를 조합해 설계하는 것도 가능하다. 리치 데시벨즈Rich Decibels의 프로젝트는 이번 절에서 논의한 제작 과정 전체를 보여준다.[10]

더 많은 내용 배우기

두 가지 방향에서 실용적인 전자 제품에 접근할 수 있다. 첫 번째는 밑바닥부터 시작하는 것으로서, 간단한 회로의 조립 방법을 배우고, 아날로그 및 디지털 회로에 대해 배운 다음, 최종적으로 마이크로컨트롤러 및 컴퓨터와 회로의 인터페이스를 배우는 접근 방법이다. 또 다른 접근 방법은 프로그래밍 관점으로서, 아두이노와 라즈베리파이 같은 하드웨어 친화적 보드로 시작하고, 이러한 보드를 위한 센서 및 액추에이터를 구축하면서 회로에 대해 배우는 것이다. 두 가지 접근 방법 모두 좋은 방법으로서, 여러분은 아마도 두 방법의 중간 어딘가에 위치하고 있을 것이다.

여러분이 성공적으로 전자 제품 프로젝트를 수행하기를 희망한다. 그리고 무언가 제작이 끝나면, 여러분의 결과물을 문서화하고 세계와 공유하는 데 시간을 들이기를 바란다. 인스트럭터블Instructables(http://www.instructables.com/) 등의 웹사이트에서 프로젝트를 공유하거나 지구 상의 다른 DIY 족이 공유한 프로젝트에서 영감을 얻을 수 있다.

---

6 Akash Patel, 'Generating Gerber files from EAGLE', 유튜브(2010년 4월 7일), https://www.youtube.com/watch?v=B_SbQeF83XU

7 https://oshpark.com/

8 2D 소프트웨어의 경우 Inkscape를 확인한다(http://www.inkscape.org/en/).

9 3D 소프트웨어의 경우 SketchUp을 확인한다(http://www.sketchup.com/).

10 Rich Decibels, 'Laser-Cut Project Box Tutorial', Ponoko(2011년 8월 9일), http://support.ponoko.com/entries/20344437-Laser-cut-project-box-tutorial/

부록 C
라즈베리파이 팁

14장에서 배웠듯이 라즈베리파이는 운영체제를 갖춘 컴퓨터로서, 사용을 시작하기 전에 몇 가지 설정 과정이 필요하다. 14장에서 기본적인 설정은 설명했지만, 여기서 라즈베리파이를 준비하기 위한 추가 팁과 트릭을 소개한다.

와이파이 설정

14장에서는 라즈베리파이에 내장된 와이파이 설정 유틸리티를 사용해 와이파이를 설정할 것을 권장했다. 하지만 명령 라인을 사용하면 같은 일을 더 빠르게 할 수 있다. 우선 다음 명령을 터미널에서 입력하면 나노 편집기에서 설정 파일을 볼 수 있다.

```
$ sudo nano /etc/wpa_supplicant/wpa_supplicant.conf
```

내 설정 파일은 다음과 같다.

```
ctrl_interface=DIR=/var/run/wpa_supplicant GROUP=netdev
update_config=1

network={
    ssid=와이파이 네트워크 이름
    psk=현재 사용 중인 패스워드
    proto=RSN
    key_mgmt=WPA-PSK
    pairwise=TKIP
    auth_alg=OPEN
}
```

파일의 내용을 편집하고, 특히 ssid와 psk를 여러분의 와이파이 설정에 맞도록 수정한다. network 설정 전부가 없다면 위 내용을 참고해 설정을 새로 입력한다.

라즈베리파이 연결 여부 검사

라즈베리파이가 로컬 네트워크에 연결되어 있는지 여부를 확인하려면, 다른 컴퓨터에서 ping 명령을 사용한다. ping 세션은 다음과 같이 실행된다.

```
$ ping 192.168.4.32
PING 192.168.4.32 (192.168.4.32): 56 data bytes
64 bytes from 192.168.4.32: icmp_seq=0 ttl=64 time=13.677 ms
64 bytes from 192.168.4.32: icmp_seq=1 ttl=64 time=8.277 ms
64 bytes from 192.168.4.32: icmp_seq=2 ttl=64 time=9.313 ms
--생략--
```

이와 같이, ping 출력에서는 전송된 바이트의 수와 응답을 받기까지 걸린 시간을 알 수 있다. Request timeout... 메시지가 나타난다면 라즈베리파이는 네트워크에 연결되어 있지 않은 것이다.

와이파이 어댑터의 절전 모드 방지

ping을 보냈지만 응답이 돌아오지 않는다면, USB 와이파이 어댑터가 절전 모드로 전환된 것이 원인일 수 있다. 전원 관리를 비활성화하면 절전 모드 전환을 미리 막을 수 있다. 우선 다음 명령을 입력해 전원 관리를 제어하는 파일을 연다.

```
$ sudo nano /etc/modprobe.d/8192cu.conf
```

그런 다음 아래 내용을 이 파일에 추가한다.

```
# 전원 관리를 비활성화한다
options 8192cu rtw_power_mgnt=0
```

라즈베리를 재부팅하면, 이제 와이파이 어댑터는 언제나 깨어 있을 것이다.

라즈베리파이의 코드와 데이터 백업

여러분의 라즈베리파이에 코드를 많이 저장하다 보면, 파일을 백업할 방법이 필요해진다. rsync는 2개의 폴더 간에 파일을 동기화하는 뛰어난 유틸리티로서, 폴더가 각기 다른 컴퓨터에 있는 경우에도 동작할 수 있다. rsync 유틸리티는 매우 강력하므로, 신중하게 사용하지 않으면 자칫 원본 파일이 없어지는 사태로 이어질 수 있으니 주의하자. 처음 사용할 때는 우선 테스트용 파일을 백업하고 -n 플래그를 사용하는 것이 좋다. 그러면 rsync는 실제로 백업을 하지 않고 단지 무엇을 할 것인지 알려만 준다. 따라서 실수로 무언가 삭제하는 일 없이 rsync 프로그램에 익숙해질 수 있다. 다음 코드는 내가 라즈베리파이상의 코드 디렉토리 및 그 하위 디렉토리들을 OS X을 실행하는 PC에 백업할 때 사용하는 스크립트다.

```
#!/bin/bash
echo Backing up RPi \#1...

# 라즈베리파이의 IP 주소를 설정한다
PI_ADDR="192.168.4.31"
```

```
# 라즈베리파이의 코드가 위치하는 디렉토리를 설정한다
# 슬래시 (/) 가 꼭 있어야 한다
PI_DIR="code/"

# 로컬 코드 (백업) 디렉토리를 설정한다
BKUP_DIR="/Users/mahesh/code/rpi1/"

# rsync를 실행한다
# 아래 명령을 테스트용으로 먼저 사용할 것
# rsync -uvrn pi@$PI_ADDR:$PI_DIR $BKUP_DIR
rsync -uvr pi@$PI_ADDR:$PI_DIR $BKUP_DIR

echo ...
echo done.

# 소리를 재생한다 (OS X만)
afplay /System/Library/Sounds/Basso.aiff
```

여러분이 사용하는 디렉토리와 일치하도록 이 코드를 수정한다. 리눅스와 OS X에는 rsync가 내장되어 있으며, 윈도우에서는 grsync를 사용할 수 있다.[1]

라즈베리파이 전체 OS 백업

라즈베리파이에서 실행되는 OS를 백업하는 것은 좋은 생각이다. 부적절한 종료로 인해 SD 카드의 파일 시스템이 손상되더라도, 설정을 처음부터 다시 할 필요 없이 SD 카드에 OS를 다시 기록할 수 있기 때문이다. 또한 기존의 설치본을 다른 라즈베리파이에 복제하는 용도로도 좋다. 스택익스체인지StackExchange에 게시된 글에 따르면[2] 리눅스와 OS X에서는 dd 유틸리티를, 윈도우에서는 Win32 Disk Imager 소프트웨어를 사용하는 것이 좋다고 한다.

---

1 grsync(윈도우용 rsync 포트)는 http://grsync-win.sourceforge.net/에서 내려받을 수 있다.
2 라즈베리파이의 SD 카드를 백업하는 방법은 'How do I backup my Raspberry Pi?'(http://raspberrypi.stackexchange.com/questions/311/how-do-i-backup-myraspberry-pi/)에서 읽을 수 있다.

SSH로 라즈베리파이에 로그인

14장에서 SSH를 사용해 라즈베리파이에 손쉽게 로그인하고 작업하는 방법을 논의했다. 동일한 컴퓨터에서 이 기능을 자주 사용하다 보면, 매번 패스워드를 입력하는 일이 성가시게 느껴질 수 있다. 패스워드를 입력하지 않으면서도 라즈베리파이에 안전하게 로그인하기 위해서는 SSH와 함께 제공되는 ssh-keygen 유틸리티를 사용해 공개/개인키 체계를 설정할 수 있다. OS X과 리눅스에서는 다음 절차를 따른다(윈도우 사용자는 PuTTY로 비슷한 작업을 수행할 수 있다[3]). 터미널 창에서 다음과 같이 명령을 입력한다.

```
$ ssh-keygen
Generating public/private rsa key pair.
Enter file in which to save the key (/Users/xxx/.ssh/id_rsa):
Enter passphrase (empty for no passphrase):
Enter same passphrase again:
Your identification has been saved in /Users/xxx/.ssh/id_rsa.
Your public key has been saved in /Users/xxx/.ssh/id_rsa.pub.
The key fingerprint is:
--생략--
```

이제 이 파일을 라즈베리파이로 복사한다. 단, IP 주소는 여러분이 사용하는 주소로 변경한다.

```
$ scp ~/.ssh/id_rsa.pub pi@192.168.4.32:.ssh/
The authenticity of host '192.168.4.32 (192.168.4.32)' can't be
established.
RSA key fingerprint is f1:ab:07:e7:dc:2e:f1:37:1b:6f:9b:66:85:2a:33:a7.
Are you sure you want to continue connecting (yes/no)? yes
Warning: Permanently added '192.168.4.32' (RSA) to the list of known hosts.
pi@192.168.4.32's password:
id_rsa.pub                          100%   398    0.4KB/s   00:00
```

---

3   'How to Create SSH Keys with PuTTY to Connect to a VPS', DigitalOcean(2013년 7월 19일), https://www.digitalocean.com/community/tutorials/how-to-create-ssh-keys-with-putty-to-connect-to-a-vps/

그런 다음, 라즈베리파이에 로그인한다.

```
$ ssh pi@192.168.4.32
pi@192.168.4.32's password:

$ cd .ssh
$ ls
id_rsa.pub known_hosts

$ cat id_rsa.pub >> authorized_keys
$ ls
authorized_keys id_rsa.pub known_hosts
$ logout
```

다시 라즈베리파이에 로그인해보면, 패스워드를 물어오지 않을 것이다. 여기서 ssh-keygen에서 비어 있는 passphrase를 사용하고 있음에 주의하자. 이렇게 하면 안전하지 못한 것이 사실이지만, 보안성이 주요 고려사항이 아닌 라즈베리파이 하드웨어 프로젝트에서는 이 정도로 충분하다. 하지만 SSH 암호구문에 대한 좀 더 자세한 설명을 원한다면, 깃허브GitHub의 'SSH 키 암호구문으로 작업하기Working with SSH Key Passphrases' 문서를 참조할 수 있다.[4]

라즈베리파이 카메라 사용

라즈베리파이로 사진을 촬영하려면 전용 카메라 모듈을 사용할 수 있다.[5] 이 모듈의 카메라는 초점 거리 및 초점이 고정되어 있으며, 사진(5메가픽셀)과 동영상(초당 30프레임에 1080픽셀)을 모두 지원한다. 그리고 리본 케이블을 통해 라즈베리파이에 연결된다. 카메라 모듈의 설치가 끝나면, raspistill 명령으로 사진이나 동영상을 찍을 수 있다. 라즈베리파이를 처음 부팅할 때 카메라 지원이 활성화되어 있는지 확인해야 한

---

4 'Working with SSH Key Passphrases', GitHub Help, https://help.github.com/articles/working-with-ssh-key-passphrases/

5 라즈베리파이의 카메라 모듈에 대해 설명한 제품 설명 페이지(http://www.raspberrypi.org/product/cameramodule/)를 참조한다.

다. 카메라를 설치하기 전에 설치 동영상을 미리 볼 것을 권장한다.[6] 이 동영상에는 `raspistill` 명령의 사용법도 포함되어 있다.

라즈베리파이의 사운드 활성화

라즈베리파이에는 오디오 출력 단자가 내장되어 있다. 하지만 단자에 스피커를 연결했음에도 불구하고 아무 소리도 들리지 않는다면, ALSA 유틸리티를 설치할 필요가 있다. 설치 방법은 CAGE Web Design의 웹 페이지에 소개되어 있다.[7]

라즈베리파이의 텍스트-음성 변환 기능 사용

사운드 기능을 활성화하는 데 성공했다면, 라즈베리파이가 말을 하게 만드는 일은 그리 어렵지 않다. 우선, 파이썬의 텍스트-음성 변환 라이브러리인 `pyttsx`를 설치한다.[8] 설치 방법은 다음과 같다.

```
$ wget https://pypi.python.org/packages/source/p/pyttsx/pyttsx-1.1.tar.gz
$ gunzip pyttsx-1.1.tar.gz
$ tar -xf pyttsx-1.1.tar
$ cd pyttsx-1.1/
$ sudo python setup.py install
```

그다음에는 아래와 같이 `espeak`를 설치한다.

```
$ sudo apt-get install espeak
```

---

6   TheRaspberryPiGuy, 'Raspberry Pi—Camera Tutorial', 유튜브(2013년 5월 26일), https://www.youtube.com/watch?v=T8T6S5eFpqE

7   'Raspberry Pi—Getting Audio Working', CAGE Web Design(2013년 2월 9일), http://cagewebdev.com/index.php/raspberry-pi-getting-audio-working/

8   pyttsx(텍스트를 음성으로 변환하는 파이썬 라이브러리)의 깃허브 저장소 위치는 https://github.com/parente/pyttsx/이다.

이제 라즈베리파이의 오디오 출력 단자에 스피커를 연결한 후, 다음 코드를 실행한다.

```
import sy:
import pyttsx

# main() 함수
def main():
    # 필요하다면 sys.argv를 사용한다
    print 'running speech-test.py...'
    engine = pyttsx.init()
    str = "I speak. Therefore. I am. "
    if len(sys.argv) > 1:
        str = sys.argv[1]
    engine.say(str)
    engine.runAndWait()

# main() 함수를 호출한다
if __name__ == '__main__':
    main()
```

HDMI 사용

HDMI 케이블을 사용해 여러분의 라즈베리파이를 모니터나 TV에 연결할 수 있다. 라즈베리파이가 부팅될 때 HDMI를 사용할 수 있으려면, 라즈베리파이의 SD 카드를 PC에서 연 다음 최상위 디렉토리에 있는 config.txt 파일에 다음 코드를 추가한다.

```
hdmi_force_hotplug=1
```

이제 라즈베리파이를 부팅하면 HDMI를 통한 출력을 볼 수 있을 것이다.

라즈베리파이를 모바일 기기로 만들기

라즈베리파이에 언제나 전원 어댑터를 연결해 사용할 수 있지만, 가끔은 전원 공급선 없이 라즈베리파이를 들고 다니며 사용하고 싶을 때가 있다. 이렇게 하려면 배터리 팩이 필요하며, 호환되는 마이크로 USB 출력을 갖춘 충전 가능 배터리 팩이 좋은 선택이 될 수 있다. 내 경우 Anker Astro Mini 3000mAh 외부 배터리를 애용하는데, 온라인에서 20달러 정도면 살 수 있다.

라즈베리파이 하드웨어의 버전 확인

라즈베리파이는 종류가 다양하다. 여러분이 갖고 있는 하드웨어의 버전을 확인하고 싶으면, 로그인한 후 다음 명령을 터미널에서 입력한다.

```
$ cat /proc/cpuinfo
```

내 터미널에서 위 명령을 실행한 결과는 다음과 같다.

```
processor : 0
model name : ARMv6-compatible processor rev 7 (v6l)
BogoMIPS : 2.00
Features : swp half thumb fastmult vfp edsp java tls
CPU implementer : 0x41
CPU architecture: 7
CPU variant : 0x0
CPU part : 0xb76
CPU revision : 7

Hardware : BCM2708
Revision : 000f
Serial : 00000000364a6f1c
```

리비전 넘버의 의미를 이해하고 싶다면, http://elinux.org/RPi_HardwareHistory 에서 하드웨어 리비전 이력을 참조할 수 있다. 내가 갖고 있는 것은 모델 B로서, PCB Rev 2.0이고 2012년 4분기에 제조된 것이다.

찾아보기

파이썬 플레이그라운드

호기심 많은 프로그래머를 위한 14가지 창의적 프로젝트

인 쇄 | 2016년 11월 11일
발 행 | 2016년 11월 18일

지은이 | 마헤시 벤키타찰람
옮긴이 | 이 정 문

펴낸이 | 권 성 준
편집장 | 황 영 주
편 집 | 나 수 지
디자인 | 이 승 미

에이콘출판주식회사
서울특별시 양천구 국회대로 287 (목동 802-7) 2층 (07967)
전화 02-2653-7600, 팩스 02-2653-0433
www.acornpub.co.kr / editor@acornpub.co.kr

한국어판 ⓒ 에이콘출판주식회사, 2016, Printed in Korea.
ISBN 978-89-6077-925-9
ISBN 978-89-6077-771-2 (세트)
http://www.acornpub.co.kr/book/python-playground

이 도서의 국립중앙도서관 출판시도서목록(CIP)은 서지정보유통지원시스템 홈페이지(http://seoji.nl.go.kr)와
국가자료공동목록시스템(http://www.nl.go.kr/kolisnet)에서 이용하실 수 있습니다.(CIP제어번호: CIP2016026906)

책값은 뒤표지에 있습니다.